民國歷史與文化研究

八　編

第 9 冊

西南聯大文人群生活文化之研究

劉順文 著

花木蘭文化事業有限公司

國家圖書館出版品預行編目資料

西南聯大文人群生活文化之研究／劉順文 著 — 初版 — 新北
市：花木蘭文化事業有限公司，2018〔民 107〕
目 2+216 面；19×26 公分
（民國歷史與文化研究 八編；第 9 冊）
ISBN 978-986-485-499-8（精裝）
1. 大學教師 2. 生活史研究
628.08   107011562

ISBN-978-986-485-499-8

民國歷史與文化研究
八 編 第 九 冊   ISBN：978-986-485-499-8

西南聯大文人群生活文化之研究

作　　者　劉順文
總 編 輯　杜潔祥
副總編輯　楊嘉樂
編　　輯　許郁翎、王　筑　美術編輯　陳逸婷
出　　版　花木蘭文化事業有限公司
發 行 人　高小娟
聯絡地址　235 新北市中和區中安街七二號十三樓
　　　　　電話：02-2923-1455／傳眞：02-2923-1452
網　　址　http://www.huamulan.tw 信箱 hml 810518@gmail.com
印　　刷　普羅文化出版廣告事業
初　　版　2018 年 9 月
全書字數　191138 字
定　　價　八編 10 冊（精裝）台幣 18,000 元

西南聯大文人群生活文化之研究

劉順文　著

作者簡介

　　劉順文，1981 年生，臺北人，國立政治大學中文碩士。現任教於私立延平高級中學，曾先後兼任級導師、社團活動組長、國文科主席及教師會理事，致力於中學國文教育、班級經營與輔導。

　　曾公開發表〈不容青史盡成灰──劉紹唐的《傳記文學》理念及其實踐〉等多篇學術論文，嘗試進行文學與歷史的跨領域研究。對抗戰時期文學興趣濃厚，撰寫本書期間，曾赴北京大學、清華大學蒐集史料，到昆明西南聯大舊址實地踏查，努力進入歷史情境，讓文學史能呈現更豐富的文人生活。

提　　要

　　西南聯大為蘆溝橋事變後，北京、清華和南開三所大學所合併之聯合大學，為抗戰時期高等教育第一學府，校址設於昆明。其中不少任教者，同時也是文化界知名人士。本書提出以「西南聯大文人群」，稱呼這群在抗戰時期堅守教育、學術和文化思想崗位的西南聯大學者。

　　有別於以作家個人、文本分析、思想論辯之研究策略，本書重視歷史細節的運用及日常生活的再現，除了文集之外，大量採取校史檔案、回憶錄、傳記、日記等資料，試圖追溯其生存的歷史時空。全書分為學校背景、自我空間、學院空間和文學空間四個部分加以探討：首先，了解西南聯大的成立背景，師生如何在顛沛流離中，形塑出「堅毅」、「自由」的校風。進而探究食衣住行等日常生活面向，藉由薪俸表、物價指數和最低生活費的計算，了解到文人群必須各自開發副業之苦。接著分析文人群在「學院空間」中所擔負的行政、教學、研究和社會責任，觀察他們的文學教育理念，乃至於產生不同政治傾向的關鍵事件。最終以馮至、沈從文、聞一多、朱自清、王力等個別作家為代表，歸結其創作特色，探究文人群此時文學風格轉變與時代之關聯性。

謝　辭

　　研究生最大的壓力，來自於自我要求。從決定研究論題、蒐集資料，到研究計畫通過的期間，怎麼也沒料想到一篇論文竟要花上整整兩年的時間。啓屏老師曾說：「別以爲撰寫十萬字的碩士論文，就像完成十篇一萬字的期末報告一樣。」每一章、每一節、甚至每一段落，都必須蓄積足夠的思索能量，才能準確下筆，而且本文大部分的章節，至少重寫了三次才能通過自己這第一關。過程中的甘苦，唯有同樣用心於文學研究的人才能體會。

　　研究之路雖然孤獨而艱辛，但幸運的是身旁的關心和鼓勵從不曾間斷。我在政大中文系這個溫馨的大家庭被呵護了九年，系上每位老師的專業能力和人格風範都令人深深景仰。在此，特別感謝啓屏主任、美娥老師、桂惠老師、雙英老師和歷史所劉維開老師的指導，使我了解一份紮實的學術工作所應顧及之各個面向，以及研究者需要具備的多重能力。還有最敬愛的堂錡老師，是在政大中文最早認識、也是最後送我離開的師長，師生緣分相當深厚。從擔任現代散文課班長、準備研究所甄試、教育實習、學報助理到碩士論文指導，不論課業或生活上，堂錡老師均爲學生設想周全。堂錡老師引領我進入現代文學的世界、總是放下手邊的工作解答學生疑惑、給予足夠的自由空間安排研究理路和論文進程、爲學生安排在異鄉查找資料時的照應……，點點滴滴，感念在心。能夠在求學階段遇上這樣一位恩師，眞是難得的福氣。

　　碩士論文的完成，除了研究能力的養成之外，還有許多願意在關鍵時刻助一臂之力的貴人。感謝中央大學李瑞騰教授、南京大學徐興無教授，以及北京的朋友清芳、駿弦、朱丹和馮晶，使得蒐集資料的過程十分順利。感謝中研院史語所陳熙遠教授指點迷津，歷史所同學俊傑的時相討論並協助文稿

校對。最後，感謝母親在生活上日復一日、無微不至的照顧，父親、姊姊和姊夫在撰寫學位論文和生涯規劃方面的經驗分享，以及親朋好友們不定時的問候和加油打氣。因為有你們，論文才得以順利完成，生命的這一段才如此溫馨而充實。

順　文　2008.07.07

目
次

第一章　緒　論

一、研究動機與目的

（一）西南聯大在抗戰文學史上的特殊地位

1937 蘆溝橋事變改變了中國的命運，隨著全民族的大流亡，知識份子也出現了全面位移：從政治、經濟文化中心的北京、上海等沿海城市，轉向內地和偏遠地區。國立西南聯合大學，便是在戰爭的特殊情況下，由北京、清華、南開三所北方大學聯合成立於雲南昆明，爲中國抗戰時期高等教育第一學府，校齡幾乎與抗戰相始終。

沒有一本現代文學史會忽視西南聯大的文科教授，它常常以「西南聯大教授群」、「西南聯大知識份子群」、「西南聯大作家群」、「昆明文人」等名稱，出現在飽受戰爭影響的「第三個十年（1937～1949）」中。西南聯大在抗戰時期，代表著一股思想獨立、兼容並蓄、堅守教育崗位和藝術創造的高度精神文明力量。這群文人「以剛毅、堅忍、持久的努力，沉潛於文化（學術、文學）創造，維繫民族文化的血脈，保持民族文化創造的活力。聯大精神傳統中生命立場、文化立場、民族立場是同時並重的。」[註1] 他們的處境是既要關注現實，又不能不超越現實，西南聯大教授賀麟曾指出：「一個精神自由的民族，軍事政治方面必不會久居人下，而學術文化居二三等國地位，政治軍備卻爲一等強國的國家，有如無源之水，無本之木。若不急從文化學術方面作固本浚源工夫，以期對於人類文化，世界和平，有所貢獻，終將自取滅亡，

〔註 1〕　姚丹：《西南聯大歷史情境中的文學活動》（桂林：廣西師範大學出版社，2000），頁 27。

此乃勢理之必然。」〔註2〕因而這個時期，馮友蘭、賀麟、金岳霖紛紛建立了自我的理論體系，沈從文、馮至、王力達到個人創作高峰，朱自清的《新詩雜談》、李廣田的《詩的藝術》深化了詩的理論，學生劉兆吉《西南采風錄》、錢能欣《西南三千五百里》紀錄了邊疆少數民族的習俗和歌謠，提供民俗學和口頭文學研究的第一手資料。還有日後在文壇佔有一席之地的穆旦、杜運燮、吳訥孫（鹿橋）、汪曾祺等人，都正在聯大進行創作試鍊。

（二）缺乏關注「整體」與「現實環境」的相關學位論文

在西南聯大任教的文學家、思想家、教育家的卓越成就，早已被學者以個人、個別作品、思想主題、文類派別等不同界定的場域加以探討，在學位、期刊或研討會議等各類型論文之中，常見以聯大文人及其作品、思想爲論題者。文學方面諸如探討朱自清散文的美學特徵、德國謠曲對馮至敘事詩的影響、或論沈從文湘西小說的詩化特徵等；理論思想方面如聞一多的莊子學研究、馮友蘭的人生境界說、金岳霖如何看待休謨歸納問題、湯用彤的漢魏兩晉南北朝佛教史；派別方面包括對戰國策派、學衡派、《觀察》月刊、抗戰時期的文學團體的相關研究等。

這些具有明確方向、強調個性或特色的研究成果，固然有其獨到之處，然而聯大文人群所共同體現的文化成就，雖是每個獨立個體的自我實現，卻不能忽視整個時空環境爲作家帶來的隱形力量。西方部份文學理論，如文學社會學，即重視「環境」對文學活動和文學現象的作用力。「環境」一詞可以指「自然環境」，譬如：地理位置的東西南北、地勢的高低起伏、天候的冷熱乾濕；也可以指「人文環境」，譬如：人群的種族和民族性、文化的水準和思想潮流、政治的昇平或紛亂、經濟的繁榮或蕭條等。〔註3〕藉此可推想：西南聯大文人群所處的地理位置由北方沿海轉向西南內陸、天候由四季分明變得四季如春、時代是第二次世界大戰時期、經濟是由優渥、小康轉而赤貧、同事間的思想水準和所受的思想潮流近似……等。諸多社會學上可觀察之共同點，若僅就各人的作品和思想深入探討的話，那麼產生中國現代高度文化的背景成分，自然容易被忽略。

時代的變動，牽引著知識份子的行爲選擇。不同環境影響下，聯大文人群將創作出不同作品或採取不同觀點和作爲。事件之點、線、面和人心之關

〔註2〕 賀麟：〈抗建與學術〉，《文化與人生》（上海：上海書店，1990），頁212。
〔註3〕 張雙英：《文學概論》（台北：文史哲出版社，2002），頁31。

連，可謂牽一髮而動全身，遠則影響著歷史文化的脈動，近則導致己身不同的命運和歷史評價，而這些是個別的、單取向的和抽象思維論述的研究中所無法觸及的部分。因此本文著重「整體」和「現實」兩大原則，以能兼顧「西南聯大文人群」此一整體的實際事件，呈現其生活文化之風貌。

（三）本文研究策略

有別於以作家個人、文本分析、思想論辨之研究論題，本文的研究策略將以「西南聯大文人群」此一文人群體為中心，試圖追溯、還原其生存的歷史時空。

本文將藉由社會事件、日常瑣事、會議發言、師生與親友互動等不同事例，探索這群知識精英生存時代的各個面向，進而對聯大文人群之生活水準、學術成就、文學發展，以及群體中個人之所知、所感、所想、所欲，擁有較為全面的了解。觀點上力求兼顧知識份子受時代環境左右的刺激與反應，以及改變社會、推動時代、自我選擇和判斷的主動性。

研究過程中筆者不斷反思：「西南聯大的獨特性為何？」「西南聯大文人群的生活文化可分為哪幾個層面探討？又該選取哪些代表事物呈現之？」、「顛沛流離、物資匱乏影響聯大文人生活的程度高低？」、「聯大文人群的學術和文學成就是否有著共通點？又，他們在困頓中如何自處，才得以激發燦爛的思想火花？」、「群體中的個人，在大環境之中如何同中存異、異中求同，表達相同或不同的觀點和作為？」筆者將回歸西南聯大文人群的生活與文化視野，一步步追尋疑問的解答，進行外緣式的現代文學史研究。

二、研究範圍

（一）「西南聯大文人群」構想的提出

跟隨學校遷至昆明的著名教授甚多，如：聞一多、朱自清、吳宓、王力、浦江清、馮友蘭、金岳霖、陳寅恪、楊振聲、雷海宗、潘光旦、陳岱孫、羅常培等，使昆明一時成為人文薈萃之地。文學研究者不難發現這長長的名單裡，有許多知名的文學作家名列其中，僅僅研究其文學思想或創作特色即相當可觀。不過不少學者認為：昆明的這批文學家很難和周圍的其他學者分開，他們既有創作，又作研究，他們是作家同時又是學者，而且正是大學區濃厚

的人文氛圍啓發並涵養了他們作爲文學家的靈感。〔註4〕因此單單抽離其文學成就而無視其生存於其間的文化氛圍，對研究西南聯大的文人群體並不合宜。這群教授雖然並不都是文學作家、學科專業亦不同，但學識廣博、文化素養深厚卻是一致的，正如今日大學中文系所的研究範圍，亦非只有文學作品，還有思想、文學理論、文學史、語言文字、書法、戲劇、文學教育和創作等，故不採「作家群」一詞稱之。另外，「知識份子」的定義太廣，包括爲數不少的理工科教授和大學生。他們的生活方式和態度，雖然有些和文人相似，也會進入人文學科教授的視野產生影響，卻非本文之研究對象，因此亦不以「知識份子群」爲名。幾番推敲，筆者選擇以「文人群」一詞，總括這批在文學、思想、藝術等人文領域，曾貢獻一己之力的聯大教授們。

文學研究中，文人群體通常由於先天稟賦相近、後天境遇相仿、文體風格類似，文學主張相同等原因，經過刻意經營或自然而然地，透過自我認同或被他人歸納爲一個團體或流派。〔註5〕西南聯大文人群沒有明顯的文學主張、共同的文學風格，或組成具體的文學社團、發行文學刊物，但是我們可以透過其他指標將他們定位爲一個群體：他們處於相同的時代和社會階層、擁有相同的社會身分、貧富的經濟條件相等、文化知識水平接近、工作價值相當。內遷經歷使他們擁有類似的心理感受，比如離鄉背井跋涉千里，從沿海繁榮城市到內陸淳樸小山城，從四季分明的北京到四季如春的昆明，從學院象牙塔到民間混居，雖置身相對平靜的「大後方」，卻深刻體會到政治混亂和經濟蕭條帶來的生活壓力，背負著文化傳遞的使命，同時又憂心國家社稷之盛衰等等。因此，文人各自複雜不一的背景，經過西南聯大這個抗戰產物的連結，在某個基礎上，呈現聯大群體特有的風貌。故本研究以「西南聯大」此一具有共同意義又包含所有文人角色的關鍵點，提出「西南聯大文人群」爲研究對象。

（二）時間範圍

西南聯大存在的時間，是自 1938 年 5 月在昆明正式上課開始，至 1946 年 5 月梅貽琦校長在結業典禮上代表聯大常委會宣布西南聯合大學正式結束爲止，整整八個年頭。兩個明確的時間斷限，與 1937 年 7 月盧溝橋事變，和

〔註4〕 李書磊：《1942：走向民間》（濟南：山東教育出版社，1998），頁 67～68。
〔註5〕 張雙英：《文學概論》，頁 256。

1945 年 8 月日本正式投降兩個政治事件有密切的關係。本研究原則上以西南聯大存在的八年爲時間範圍，但是北大、清大、南開形成的校風，和三校在長沙組成的臨時大學，與聯大精神和體制有密切的關聯性；聯大教授的家庭、家鄉、治學過程等個人際遇，亦非隨著抗戰開始或告終而能截然劃分的。因此視研究需要，引述的資料也將往前追溯或往後推展幾年，尤以 1937 年至 1946 年這十年的時間爲主。

（三）材料範圍

材料取捨上，由於同一個時空背景下的生活文化大致相同，因此凡能呈現當時西南聯大師生生活側面的資料，都在參考的範圍內，這是異中求同的一種方式。相反地，每個人的生活不盡相同，研究者不可能一一細述，類型的歸納和態度立場的化約勢在必行，現實的複雜程度遠比資料呈現和文字二手敘述高出許多，這點筆者深知卻不得不然。爲了集中論述，人物上仍需鎖定幾位學術文化貢獻良多、在聯大任教時間長、或活躍於昆明文藝界等具有代表性的先生。包括：朱自清、沈從文、羅常培、王力、聞一多、馮至、卞之琳、吳宓、梅貽琦、馮友蘭、金岳霖等人。任教時間不長而與聯大關係甚淺的著名學者，如錢鍾書、顧頡剛、錢穆、陳寅恪等先生，則不在討論之列。

三、研究方法

（一）新著現代文學史的啟發

近幾年，學者開始檢討四十年來現代文學史的寫作方式，提出十分精到的觀點，並嘗試重寫文學史。錢理群、孔慶東、李書磊三位學者，即在研究方法上給予筆者不少啓發之處。

錢理群提出現代文學與大學文化的關係，從大學裡的三派勢力：校長、教授、學生作爲了解大學文化的媒介。切入角度包括校長的教育思想、辦學方針、學校體制、課程設置、教學活動、研究工作、社團組織、報刊翻譯等著作、各種演講集會，以及食衣住行娛樂等日常生活。而具體表象之下的精神追求、價值關懷、哲學思潮、道德尺度、情感思維、人際關係、審美形態、文化氛圍、校風傳統等等，更是我們所關懷的對象。寫作方法上希望研究者以設身處地的立場，通過大量原始資料的發掘，努力進入歷史情境獲得歷史

感，重視歷史細節的運用和日常生活的再現。〔註6〕其他如「尋找典型現象」、「以偶然事件作典型象徵」也深具啓發性。

孔慶東從人的內在生命欲求討論「革命」與「文學藝術」的相通，其著作《1921：誰主沉浮》專闢兩章，以斷簡殘篇跳躍雜陳的方式，描繪「亂世圖景」、剪輯「文化鏡頭」，目的在通過對時代文化生活各個側面的描述，揭示 1921 前後百廢乍興、既旺盛又混亂、既自覺又幼稚的亂世局面。〔註7〕看似未經剪裁的材料編排，讓人立刻置身於 1921 年的時空之中，教室內、電影院門口、水溝旁、市集中……，在不同地點一個個不同的故事正同時發生著，是頗具新意的書寫方式。

李書磊則提出「學習中國紀傳體史書」的寫作方式，追求文學史能進入文人生活。他說：文學史不僅是單調平面的作品發表史，而且還應該是作家的生活史；了解與敘述作家的生活不單是爲了更深地理解其作品，作家生活本身就應是文學史獨立的對象與內容。「只有文而不見人的文學史是不完全的」，「使文人互見，將文學史寫成文學界的歷史，寫成文學生活的歷史。」〔註8〕

（二）霍夫斯塔德文化身分的啓發

「文化身分」是文學研究的一個新視角，經常用於國家或民族間，跨文化的討論，其中對文化的界定、文化的構成、文化的性質等觀點，有助於本論文思考。學者吉爾特·霍夫斯塔德（Gerrt Hofstede）認爲：文化是一個集體現象，被生活在同個環境的人們學習與分享，形成共有的思維架構，使某一群體的成員和其他群體分隔開來。文化是一個社群的精神構成而非固有屬性，是由後天習得而非先天繼承的動態實體。由於個人往往同時屬於數個不同層面或身分，如國家層面、地域、種族、信仰、語言、性別、世代、階級、組織或職業等等，因此不可能談論群體成員的「確定」身分，只能在「比較」的基礎上，突顯該文化的特性和共性。

Hofstede 把身分和文化視爲一整套相互關聯的結構，以三個因素爲基礎：（1）時空：在特定歷史時期與那個群體相關的表面特徵，包括一些事實和統

〔註6〕 錢理群：〈《二十世紀中國文學與大學文化》叢書序〉，《二三十年代清華校園文化》（桂林：廣西師範大學出版社，2000），頁 1～19。
〔註7〕 孔慶東：《1921：誰主沉浮》，（濟南：山東教育出版社，1998）。
〔註8〕 李書磊：《1942：走向民間》，序言頁 1～6。

計數據；（2）心理：在特定共同體的基礎上，文化身分被內在地構造出來，形成特定共同體的「心理構成」，即影響行為判斷的價值觀；（3）外在形象：外來者對集團內特性進行選擇、詮釋和評價的方式。以上三方面因素構成文化身分的三邊互動，通過考察彼此關係，文學研究將切入該時代重要的歷史和社會問題，重新導回文本與社會語境關係的研究視野。〔註9〕

（三）本研究採取的研究方法

以上觀點為本文帶來許多值得思考和嘗試的方向。筆者希望採取諸位學者的文學史寫作方式進行研究，除了從現代文學和大學文化的角度觀察西南聯大文人群和新文學的關係，更警醒自己勿將文學史研究，成為單調平面的作品發表史，必須將作家生活作為獨立的研究對象。人在生活中扮演的角色十分複雜，一個人可能同時是中華民族的一份子、大學教授、系主任、國民參政會議員、作家，也同時為人子女、丈夫、父親、朋友或排隊買煤炭、賣二手衣以求溫飽的尋常百姓，這些生活側面對作家心理的影響，遠勝於作家在文集中所能呈現之冰山一角。從「生活文化」所涵蓋的包羅萬象的各個層面，整理出樹狀結構，往下思索能代表文人生活的脈絡，即為本文選擇安排各章節內容的思路。

由於研究目標不同，研究的方式也有所改變，從過去以作家文集為主要文本的研究方式，必須轉而大量採用校史檔案、期刊、回憶錄、傳記、日記、書信、記事散文，參考教育部檔案、經濟物價指數、國際情勢剪報等資料。遇到可能因時間、立場和心境不同，而對於同一事件產生不同記述的資料時，筆者將依據是否為當事人所記述、時代先後、公信力之強弱等標準多方比較判斷，難以取捨的部分則盡量不予採用，避免誤導其他研究者進行進一步分析。

研究進程則是由小而大，由實際而抽象，於了解西南聯大的成立背景和校風特色之後，先論述食衣住行育樂等基本生活，繼而論述其身份所擔負之校園內行政、教學、研究、和社會責任，最終以個別作家為例，探求其創作之特色，以及作家文學風格轉變與時代之關聯性。

〔註9〕　以上對文化身分的理解，參見萊恩・T・塞格爾斯：〈「文化身分」的重要性〉，樂黛雲、張輝主編：《文化傳遞與文學形象》（北京：北京大學出版社，1999），頁 327～344。

四、相關文獻探討

　　關於西南聯大的研究資料，原件大部分仍存放於北大、清大和雲南師範大學之檔案館，其中不少已整理出版成書，如《西南聯大校史資料》等，因此在台灣蒐集和瀏覽資料較過去容易許多。加上台灣的教育部檔案、國史館檔案、中央研究院近史所珍藏的戰時報紙和雜誌，亦有助於查詢當時政府政策及社會消息。研究成果方面，兩岸的學術論文比例十分懸殊：台灣方面，依國家圖書館的「中華民國期刊論文索引系統」和「全國碩博士論文資訊網」搜尋題名有「西南聯大」一詞者，僅 1 篇碩士論文，2 篇期刊學術論文，和 7 篇一般期刊文章〔註 10〕；大陸方面依 CNKI 系列數據庫搜尋相同題名，博士論文 2 篇，碩士論文 7 篇〔註 11〕，而一般期刊文章多達 206 篇，可見西南聯大在兩岸受關注的程度有相當大的差距。

　　以下筆者分別就學位論文、專書、檔案、回憶錄、日記、其他資源等類別，整理、回顧並分析與本研究關係密切的相關參考資料。

（一）學位論文

　　目前台灣研究西南聯大的學位論文，僅有楊正凱〈西南聯大的研究〉一篇。楊正凱在進行碩士論文撰寫之前，即以西南聯大撰寫過四篇學期報告，因此對資料十分嫻熟，列舉多能紮實精當。全文分四章論述：成立、運作、校園文化、危機與解散。其中第三章校園文化的部分，以「學生與教師」、「課程、教學與學術表現」、「校園生活素描」三節，呈現聯大師生適應環境的方式，與本文關係較密切。但該論文以校史的角度撰寫，關於文人群的活動的資料有限。另外，研究汪曾祺、鹿橋、朱自清、沈從文等人的論文，亦有部

〔註 10〕　碩士論文為楊正凱：〈西南聯大的研究〉，台北：國立政治大學歷史學系碩士論文，1992。學術論文有翟志成：〈西南聯大校歌歌詞作者考辨〉，《中央研究院近代史研究所集刊》，2001 年 12 月；劉惠璇：〈抗戰時期知識份子的困境——以西南聯大師生為主體的研究〉，《警專學報》，1990 年 6 月。查詢日期為 2008 年 3 月 15 日。

〔註 11〕　博士論文有封海清：〈西南聯大的文化選擇與文化精神〉、王喜旺：〈學術與教育互動——西南聯大歷史時空中的觀照〉，碩士論文有熊萬曦：〈西南聯大的學術研究與人才培養〉、宮兆敏：〈從「絕橄移栽」看西南聯大的人才培養〉、張建：〈西南聯大愛國精神的形成及其歷史作用〉、趙俊姝：〈西南聯大文學翻譯研究〉、儲德天：〈西南聯大知識份子共同體研究〉、劉青怡：〈論「西南聯大詩人群」的客觀化抒情策略〉、臧明華：〈西南聯大知識份子心態研究〉。查詢日期為 2008 年 3 月 15 日。

分關於研究對象在西南聯大時期的生平資料可供背景說明和比較之用。或可在抗戰時期相關研究中，找到具參考價值的部分，如莊焜明：〈抗戰時期中國高等教育之研究〉、樊中原：〈抗戰時期中國高等教育的興革〉、陳清敏：〈抗戰時期的災荒與救濟——國民政府統治地區之研究（1937～1945）〉等。

（二）學術論著

學術論著方面，研究西南聯大的專書有 Israel, John：*"Lianda : a Chinese university in war and revolution"*〔註 12〕、謝泳：《西南聯大與中國知識份子》〔註 13〕、姚丹：《西南聯大歷史情境中的文學活動》〔註 14〕、封海清：《西南聯大的文化選擇與文化精神》〔註 15〕，以及楊紹軍：《西南聯大時期的文學創作及其外來影響》〔註 16〕。

Israel 和封海清的論著皆屬於校史方面的研究，前者著墨長沙臨大徒步三千里前往昆明，和師生推動民主的政治關係；後者則深入分析聯大制度、治校理念，和聯大行政體系如何處理危機。謝泳進行的是知識份子群的研究，全書可分為兩部分：前半部的研究對象泛指與聯大曾發生任何關係的知識份子群，後半部的主要研究對象為羅隆基與觀察社的活動。姚丹和楊紹軍的研究自文學的角度出發，前者從外部條件考察聯大的文學活動，將其置於歷史情境中，以期獲得更合理、更貼切的解釋；後者分新詩、小說、新詩評論三部分，論述西南聯大師生的文學創作成績。

姚丹的研究對教師和學生的份量並重，若以劉若愚所統整的文學理論四大關係：作家、作品、讀者、宇宙（社會環境）來分析其研究視角，該著作於作者方面，分別論析教師和學生的文學主張；作品方面，著力於現代文學的突破，特別是新詩和小說兩種文類；讀者（寫作對象）方面，結合政治事件反映在學生活動的角度觀察，從刊物走向壁報、從文字走向聲音、從上層知識份子走向平民群眾、從精神的走向行動的；社會方面則廣及國民政府教

〔註 12〕 Israel, John："Lianda : a Chinese university in war and revolution", Stanford, Calif. : StanfordUniversity Press,1998.

〔註 13〕 謝泳：《西南聯大與中國現代知識份子》，（長沙：湖南文藝出版社，1998）。

〔註 14〕 姚丹：《西南聯大歷史情境中的文學活動》，（桂林：廣西師範大學出版社，2000）。

〔註 15〕 封海清：《西南聯大的文化選擇與文化精神》，（昆明：雲南人民出版社，2006）。

〔註 16〕 楊紹軍：《西南聯大時期的文學創作及其外來影響》，（北京：作家出版社，2007）。

育方針、校長理念、教授會議、課程設置、雲南的地理環境和民風、通貨膨脹、國共內戰等具體事件對文學發展的影響。參考資料方面，使用最多的史料是日記和文集，次多的是《國立西南聯合大學史料》，再次，是國立西南聯合大學北京校友會所編輯的回憶錄。藉由姚丹這份研究，不但對聯大的文學活動有初步了解，也對日後進一步蒐集史料，指引了較明確的方向。

《西南聯大歷史情境中的文學活動》是引發筆者研究興趣的緣起之一，文人群既為文學活動的參與者，本研究與該著作的研究對象和方式上，應有些許相仿之處。然而，筆者仍選擇進行西南聯大文人群的研究，有以下幾點原因：

一、該書出版距今已八年，而八年內又有不少聯大和抗戰背景資料已整理出版，如：《聯大歲月與邊疆人文》、《精神的雕像：西南聯大紀實》、《西南聯大·昆明記憶》、《百年冷暖──20 世紀中國知識份子生活狀況》……等，本研究擁有時間上與材料上的一些優勢。

二、受限於地域的關係，台灣方面的資料姚丹不易取得，或容易有所忽略，因而所參考的多是後來留在大陸的聯大畢業生或老師的文字資料。兩岸的研究發展不盡相同，亦使研究者產生不同的研究視野。

三、姚丹是長期接受中國共產黨教育的學子之一，雖然極力想排除立場和偏見就事論事，仍不免在文字和比例上流露出政治傾向。例如有一段她說：「當時大家都對蔣介石抱著信任感，以為上有一個『英勇堅毅』的領袖，下有幾百萬勇敢用命的兵士，抗戰勝利沒有問題。知識份子把前線勝利的希望寄託在領袖和兵士身上，而把自己的主要任務確定為建國。」不但「英勇堅毅」特別用引號括起來，尤其「以為」和「沒有問題」這樣的用字遣詞，很明顯是一種反諷口吻，研究論著應該避免諸如此類的字眼。章節比例上，國民政府鎮壓學生的「一二·一」運動和聞一多被刺殺，就佔了一整章來敘述，似乎也過於強調，偏離了研究目標。

四、本論文和該書的研究目的不同：姚丹關注的是發生在聯大及其週遭的文學活動，人數佔多數的學生身居要角，科系上則特別提出中文系和外文系，文體流變則集中篇幅談奧登、艾略特、燕卜遜等人對新詩的影響，這些都和筆者意圖探究當時文人生活文化的研究目的頗有出入。

（三）學校檔案、校史

西南聯大校方檔案有多種版本，《國立西南聯合大學史料》、《國立西南聯合大學校史資料》、《國立西南聯合大學校史》、《清華大學史料選編》、《北京大學紀事》……等。

《國立西南聯合大學史料》爲六卷精裝本，於聯大校慶六十週年之後出版，由北京大學、清華大學、南開大學、雲南師範大學四校聯合編纂。〔註17〕其檔案資料來自四校所保存的檔案、雲南省檔案館和中國第二歷史檔案館，共分爲六卷編排：（1）總覽卷（2）會議記錄卷（3）教學科研卷（4）教職員卷（5）學生卷（6）經費、設備、校舍卷。由於分類清楚、資料影本清晰，作爲工具書查找校方紀錄十分便利，如校園規劃、會議經費、教員學生名單和其他統計數字。學校是介於社會和個人之間的團體，其檔案可與國民政府官方檔案和私人的回憶錄、日記相互對照。

（四）回憶錄

回憶錄是當事人追記往事的記實性文字資料，或記本人經歷，或記他所熟悉之人物的往事。有的以人物爲中心，有的以事件爲中心，其形式較爲自由，不刻意於完整性，因此經常是往事片段的連綴。要回到一般平民的當時感受，回憶錄是不可或缺的參考資料。近幾十年，回憶錄在中國大陸有長足的發展，全國政協文史資料研究委員會在周恩來的號召之下廣泛徵稿，編輯出版《文史資料選輯》，各省、市、自治區也紛紛起而效尤。〔註18〕回憶錄資料常因記憶差錯、片面觀察、得自不準確的傳聞或他人代筆等原因而失實，因此對於同一件事情，幾個人的記述往往不一致、甚至相反。這種史料呈現不一致的情況，在記載聯大後期的學生運動，以及沈從文、聞一多等名師在聯大的活動尤爲明顯，記憶或觀察片面多半是因政治立場使然。以西南聯大爲中心撰寫的回憶錄有《聯大八年》〔註19〕、《笳吹弦誦在春城——回憶西南

〔註17〕北京大學、清華大學、南開大學、雲南師範大學編：《國立西南聯合大學史料》，（昆明：雲南教育出版社，1998）。

〔註18〕一九五九年四月，周恩來在政協招待六十歲以上之委員的茶會上，號召大家：「將六、七十年來看到的和親身經歷的社會各方面的變化，幾十年來所積累下來的知識、經驗和見聞掌故，自己寫下來，或者口述讓別人記下來，傳給我們的後代。」詳見張憲文：《中國現代史史料學》，濟南：山東人民出版社，1985，第五章第一節。

〔註19〕西南聯大除夕副刊主編：《聯大八年》，（昆明：西南聯大學生出版社，1946）。

聯大》〔註20〕、《笳吹弦誦情彌切——國立西南聯合大學五十週年紀念文集》〔註21〕、《學府紀聞：國立西南聯合大學》〔註22〕、《中國教育史上的一次創舉——西南聯合大學湘黔滇旅行團記實》〔註23〕等。

《笳吹弦誦在春城》和《笳吹弦誦情彌切》的書名，乃源自校歌歌詞「盡笳吹弦誦在春城，情彌切」。前者收錄了七十餘篇文章，是聯大校友從不同側面記述作者自己對母校感受最深的人和事。收入的篇章較多生活層面與社團活動的回憶，例如〈泡茶館〉、〈大草坪及其他〉、〈一場遭遇戰——記1942年昆明倒孔運動〉、〈橫過湘黔滇的旅行〉、〈回憶聯大文藝社〉、〈聯大女同學會〉……等等。書中並附有多張聯大時期的照片，但清晰度不如十年後出版的《國立西南聯合大學史料》。依《笳吹弦誦在春城——回憶西南聯大》前言所云：西南聯大的畢業校友對母校一直懷有特殊的感情，希望將那段時期經歷的風風雨雨集結起來，不致被歷史的洪流淹沒。因此，校友會成立之後，將校史編寫工作列入主要工作日程，北京大學也積極支持，把《西南聯大校史》的編寫列爲北大的科研課題之一。由此可知，本書是西南聯大校史工作的一部分，希望校友撰寫回憶聯大的文章，從不同的角度補足聯大校史。

1987年11月1日是西南聯大50週年校慶，《笳吹弦誦情彌切》爲該校慶之紀念文集。雖然同樣屬於回憶性質的文章，但是紀念的意味濃厚，風格較《笳吹弦誦在春城》嚴肅得多，將兩書所收錄篇章舉隅可見一斑。本書收錄的篇章有〈一二・一運動始末記〉、〈懷念金岳霖先生〉、〈最完整的人格——悼朱佩弦先生〉、〈科學的楷模——我們的理學院長吳有訓〉、〈回憶西南聯大化學系〉、〈憶西南聯大註冊組〉、〈從軍行——印緬戰場記事〉、〈憶聯大的音樂活動——兼憶西南聯大校歌的創作〉……等，偏重於教授們的啓發和重大影響事件的回顧，撰寫者較多聯大教授和在社會上頗有聲望的校友。

〔註20〕 西南聯合大學北京校友會、校史編輯委員會編：《笳吹弦誦在春城：回憶西南聯大》，（昆明：雲南人民出版社；北京：北京大學出版社，1986）。

〔註21〕 西南聯合大學北京大學校友會編：《笳吹弦誦情彌切——國立西南聯合大學五十週年紀念文集》，（北京：中國文史出版社，1988）。

〔註22〕 董霖編：《學府紀聞：國立西南聯合大學》，（台北：南京出版公司，1981）。

〔註23〕 張寄謙編：《中國教育史上的一次創舉——西南聯合大學湘黔滇旅行團記實》，（北京：北京大學出版社，1999）。

（五）日記

日記方面，主要有黃延復、王小寧整理：《梅貽琦日記 1940～1946》〔註24〕、吳學昭整理：《吳宓日記》〔註25〕、和浦江清：《清華日記──西行日記》〔註26〕。

《梅貽琦日記》的記載方式較精簡，因為梅貽琦具有校長的特殊身分，其日記不僅可觀察該年齡及地位的文人生活，還包含了部份行政主管決策時的意見和對話，也有以校長角度對校內同仁的為人處事的評判，作為了解西南聯大文人群的參考資料十分恰當。

《吳宓日記》記載詳盡，內容完整，全套一共 10 冊，時間跨度自 1910年至 1948 年，對於文學活動、文學批評、文學史、學術史幫助甚大。吳宓自 1906 年開始寫日記，直至文革末期才中斷。由於時代混亂，家人保存其手稿不易，因此出版的時候已有殘缺。吳宓的日記，有很豐富的內容，記天氣、記穿著、記食糧、記物價、記時事……，對了解當時的生活實況很有幫助。此外他對人物的品評也毫不客氣，故從日記中也可以看到不少聯大教授的生活側面；吳宓在日記中對錢鍾書的批評還曾經引發錢鍾書迷的大舉撻伐；對鹿橋桀傲不馴的求學態度也是我們研究作家性格背景的好材料。

（六）其他資源

西南聯大文人群之中，朱自清、聞一多、沈從文、馮友蘭、馮至、卞之琳等人已有全集出版，此外，書信及年譜亦有諸多相關資料，如《聞一多年譜長編》除了聞一多的事蹟之外，還附上當時所發表的文字以及他人的批評，對於其人其事能更完整的認識。

「國立西南聯合大學網站」http://www.luobinghui.com/ld/，由雲南師範大學所架設，站上存放不少關於西南聯大的文章和圖檔，為本研究提供便捷的資訊平台。2006 年 5 月 26 日，雲南師範大學召開「雲南西南聯大研究會籌備會」，對該會的名稱及章程、會員、籌備事項等諸方面進行規劃安排，其相關成果亦值得持續留意。

〔註24〕 黃延復、王小寧整理：《梅貽琦日記1940～1946》，（北京：清華大學出版社，2001）。
〔註25〕 吳宓著、吳學昭整理：《吳宓日記》，（北京：生活‧讀書‧新知三聯書店，1998）。
〔註26〕 浦江清：《清華日記──西行日記》，（北京：生活‧讀書‧新知三聯書店，1987）。

第二章　西南聯大的精神塑造

前　言

　　西南聯大連同其前身長沙臨時大學，僅存在短短九年，不僅在形式上絃歌不輟，更在極艱苦的物質和精神條件下，培養出新一代國內外知名學者和優秀人才。陳岱孫認為這項成果不得不歸功於同學的求知願望和教職員的敬業精神，而此二者又是根植於「對抗戰必勝的信念」和「對國家和民族前途所具有的責任感」。〔註 1〕相信很多人同意陳岱孫的觀點，不過這樣的信念和責任感或許普遍存在於抗戰時期的中國人民和知識份子心中，不可謂為西南聯大所獨有。那麼為何西南聯大能創造如此輝煌的成就？西南聯大的精神風貌是從何塑造而來？是什麼經歷促成了有別於其他人的「對抗戰必勝的信念」和「對國家和民族前途所具有的責任感」？這些問題的答案，仍須回溯到「聯大人」與眾不同的共同經驗之上，這自然又和聯大誕生於烽火中的歷史背景有著無法割裂的關係。

　　與其他抗戰時期的大學相比，西南聯大的獨特之處在於名校合併、徒步邊區三省的遷校經歷，以及領導人的態度和辦學理念。名校合併，為西南聯大創造許多有利條件：一流學者兼得英才可教之，師與師、生與生之間的互動亦有利於學術發展，各異的學風能互取所長……但在併校之前，三校對國內政治和日軍侵華的態度為何、師生從戰爭爆發到聯大開學經歷了哪些心理階段？合併的提議出自誰手、併校過程是否順利，個別教授們的態度支持與否，以及不同的校風和管理制度是否會有互別苗頭或多頭馬車的情形等

〔註 1〕　陳岱孫：西南聯合大學北京校友會編：《國立西南聯合大學校史：一九三七至一九四六年的北大、清華、南開》（北京：北京大學出版社，2006），頁 2。

等，更是值得考察的問題。而教育史上的長征——徒步由長沙到昆明的歷練，
與聯大師生日後能在物質條件惡劣的環境下，保持高度的進取心和愛國的責
任心是否有正面的幫助？此外，梅貽琦的治校理念和辦學理念爲何，他又如
何能統合三校資源，並且贏得眾人之信服？以上皆爲關於西南聯大精神塑造
的重要環節，本章將對此進一步探究之。

第一節　全面抗戰與三校合併

　　大學是探索新知識、培育社會中堅份子的場所，也是引領社會風氣，左
右輿論的思想中心。對日抗戰期間，日軍刻意攻擊中國的大學校園，迫使大
專院校數量和教職員生人數大幅減少，阻斷中國日後進行建設與動員的人力
資源，並且使中華文化面臨前所未有的存亡浩劫。國民政府爲了不使僅佔全
國人口萬分之一的大專院校師生損傷於戰亂之中或爲敵所用，精心輔助學校
展開遷移行動，退居大後方保存實力。西南聯大就是成立於這樣的大背景之
下，爲了節省人力物力，國民政府將北大、清華、南開三校合併，抗戰結束
即完成其階段性使命，光榮復員，各校又回歸本位。整體而言，西南聯大師
生在戰爭爆發當下到正式開學上課的醞釀期間，經歷了錯愕、奮起、抉擇、
沉潛四個心理階段，本節即集中探討這四段歷程及其在西南聯大精神塑造中
的意義。包括蘆溝橋事變發生時，三校校長、教授和學生是否已有心理準備？
日軍攻擊校園的原因和目的爲何，大學教育因此面臨什麼樣的挑戰？國土淪
陷之後，政府如何安置淪陷區的師生？大學教授選擇隨校南遷，在西南聯大
群體精神的形塑過程中，代表何種意義？以及西南聯大吸引了一大批知名度
甚高的學者文人共事，他們包含哪些成員？以下將一一展開探討。

一、中日戰起

　　對日抗戰，肇端於 1937 年 7 月 8 日凌晨之蘆溝橋事變。〔註2〕在此之前，
日軍已在東北建立滿州國，一方面滲透其僑民和情報人員在華北建立社會、

〔註2〕　日人於 1937 年 7 月 7 日晚間十點藉口士兵失蹤欲入城盤查遭拒，遂於 8 日凌
　　　　晨發動攻擊。一說日本人迷信，重要軍事均於 8 日發動，例如九一八事變、
　　　　一二八事變、珍珠港事變（12 月 8 日）等，蘆溝橋事變亦爲 7 月 8 日之事，
　　　　但中國人故意將錯就錯，觸其霉頭，而俗稱「七七」事變。張起鈞：〈西南聯
　　　　大紀要〉，《學府紀聞：國立西南聯合大學》，頁 25。

經濟等關係，一方面則由軍方在交界處不斷製造雙方零星衝突，圖謀華北平原。長期以來，中央政府雖對日本的侵略早有戒心，卻礙於武器落後、國際情勢不利等因素而內部意見紛歧，地方派系又擁兵自重，各有盤算，乃對日本的挑釁多以讓步收場。因此多數人當下都以為蘆溝橋事變只是另一次地方性的衝突，沒有料到大戰降臨得如此迅速。

事變發生當時，學校正值暑假，少數學生已返鄉，多數仍留北平，參加夏令營、找工作或準備各項考試，教職員則照例辦公。蔣介石邀集國內知名人士召開廬山座談會，北京大學校長蔣夢麟、清華大學校長梅貽琦、南開大學校長張伯苓，和多位平、津地區的教授亦應邀出席。17 日，蔣介石對受訓的將領發表演說，聲明守土保國的決心：「如果戰端一開，那就是地無分南北，年無分老幼，無論何人，皆有守土抗戰之責任，皆應抱定犧牲一切之決心。」〔註3〕明白而強硬的宣示，正式點燃中日戰火。然而負責駐守北平的冀察政務委員會委員長宋哲元（兼任國民革命軍第二十九軍軍長）錯估情勢，不但對外宣稱蘆溝橋事件已和平解決，要求中央部隊停在保定，19 日還下令拆除北平城內準備巷戰的防禦工事，並且謝絕各方陸續匯來的勞軍捐款。〔註4〕因此面對違反停戰協議猛烈進攻的日軍，中方戰事一開始即節節失利，部隊傷亡慘重，倉皇撤退。7 月 29 日，北平失守；8 月 8 日，日軍進入北平。這段期間，北上交通中斷，各校負責人至南京探聽各方消息，以求應對之策。梅貽琦不斷與滯留在清華園的教職員進行聯繫，加上清華早有南遷之議，因此動員速度快，損失亦較少，「搶救出的圖書約有五百餘箱，各系也運出一部份重要儀器。」〔註5〕而北大方面，校內負責人鄭天挺遲遲未接獲蔣夢麟指示，喪失分秒必爭的搶救時機，不僅校產損失泰半，人員撤出的過程亦倍加艱辛。

二、高等教育的衝擊

蘆溝橋事變發生之前，平、津大學院校抗日情緒高昂。1935 年，冀東行政督察殷汝耕在日本策動之下，於通縣宣布自治，北平教育界蔣夢麟、梅貽

〔註3〕 蔣介石時任軍事委員會委員長，以時局已屆最後關頭，乃於 7 月 17 日對蘆溝橋事變作出嚴正聲明，並於 1937 年 7 月 19 日將這篇講辭發表於《大公報》。全文見（上海）《大公報》，民國 26 年 7 月 20 日，第 3 版。

〔註4〕 中國人民政治協商會議全國委員會文史資料研究委員會編：《文史資料選輯》（中國文史出版社，1986），第一輯，頁 18。

〔註5〕 清華大學校史編寫組：《清華大學校史稿》（北京：中華書局，1981），頁 290。

琦等二十餘人立即發表反對聲明：

> 我們北平教育界的同仁，鄭重的宣言：我們堅決的反對一切脫離中
> 央和組織特殊政治機構的陰謀的舉動，我們要求政府用全國力量，
> 維持國家的領土及行政的完整。〔註6〕

清大、北大學生也發起「一二・九」〔註7〕、「一二・一六」〔註8〕等大規模激烈的請願遊行活動，高喊「反對華北自治」、「武裝保衛華北」、「打倒漢奸賣國賊」等口號，堅決維護主權獨立、領土完整。南開大學更是早在九一八事變之後，便把校內那口大鐘的鳴響數目，從每年的畢業生人數改爲「九一八」，以警示國人。〔註9〕張伯苓校長又曾於校內組織「東北研究會」，由教授組團赴東北，實地蒐集日本侵略資料。〔註10〕這些反日的舉動，自然引起日本人仇視，這是日軍攻擊大學校園的一個表層原因。另一個較深層的原因，是日本人深知要擊垮一個民族，除了武力征服之外，更重要的是精神上的文化征服，同時期的台灣正如火如荼地推動皇民化運動，可爲明證。不同於殖民地可操控教育和社會制度，灌輸奴化的殖民思想，日軍對中國文化改採徹底摧毀的方式，在軍事作戰的同時，有計畫地破壞大學校園和學術文化機構，企圖從文化上根本地消滅中華民族。首先遇難的是天津南開大學，校園先遭日軍連續兩日猛烈轟炸，繼之以砲自海門寺射擊，再由數百名騎兵滿載煤油

〔註6〕 胡適：〈華北問題〉，《獨立評論》，179 號（1935 年 12 月），頁 2。

〔註7〕 1935 年 10 月，日本政府扶植殷汝耕建立傀儡政權——「冀東防共自治政府」，國民政府欲成立「冀東政務委員會」以因應，態度消極。對此，北平 15 所大、中學校聯合發起大規模請願，反對日本帝國主義以反共自治爲包裝併吞中國華北，並提出九項政治綱領、六項要求，向軍政部長何應欽請願，請願活動訂於 12 月 9 日。學生隊伍遭軍警以木棍、鞭子、水龍、大刀的攻擊，百餘人受傷，三十多人被捕，是爲「一二九運動」。

〔註8〕 在「一二・九運動」之後，學生再度上街請願。1935 年 12 月 16 日，由清華大學學生率領，向北平城前進，仍被拒於城門外，學生以接力的方式，終於衝開城門，相互接應。當日，有兩萬多名市民和一萬多名學生在「天橋」舉行「市民大會」，通過「不承認冀察政務委員會」、「反對華北任何傀儡組織」、「收復東北失地」等決議案，欲前往外交大樓請願未果。軍警以刀、棍、石塊攻擊遊行隊伍，受傷和被逮捕的人數比 12 月 9 日更多，此爲「一二・一六運動」。

〔註9〕 南開大學內有一口大鐘，原爲李鴻章祝壽而鑄，重一萬三千多斤，鐘面鑄有《金剛經》全文，其鳴聲悠悠，可傳方圓數里。每年南開舉行畢業典禮，皆以鐘聲來報告畢業生人數。張曼菱編撰：《照片裡講述的西南聯大故事》（北京：人民文學出版社，2003），頁 13～15。

〔註10〕 吳大猷：《八十述懷》（台北：遠流出版社，1990），頁 156。

闖入四處縱火。〔註 11〕整個南開大學幾乎被夷為平地，珍貴圖書被劫，師生個人財物也喪失殆盡。各大學數十年累積下來極其珍貴而又無法彌補的文化產物，例如北京大學珍藏的中國地質研究文獻、清華大學蒐集的近代史檔案、南開大學調查華北地區的研究資料等，均毀於戰火，其損失已非金錢所能衡量。〔註 12〕八一三事變後，上海和南京各大學損失尤為慘重，《申報》曾嚴正指出：「敵軍此種蓄意破壞文化建設之行為，實不啻對整個世界文化宣戰，猙獰面目，暴露益顯。」〔註 13〕因此，對於大學裡的文化菁英來說，延續中國的教育事業和民族精神，成為首要之務，而保護這些教育界、文化界的知識份子，事關民族存亡，政府責無旁貸。

　　平、津、滬相繼淪陷，教育部緊急頒布〈設立臨時大學綱要計畫草案〉，計畫在長沙、西安等地暫時設置臨時大學，以安頓廣大師生。〔註 14〕因為各校的圖書、儀器多數損毀或來不及遷出，唯有合併現有人力、精簡組織，共同利用資源，才是最切合實際的辦法。於是北京大學、清華大學、南開大學三校合併為長沙臨時大學的建議，由胡適、傅斯年、王世杰等人提出，教育部與三校校長磋商後決定實施，此即西南聯大之前身。〔註 15〕而北平師範大學、北平大學、北洋工學院三校亦遷至陝西組成臨時大學，後改稱「國立西北聯合大學」。8 月底，教育部指定張伯苓、梅貽琦、蔣夢麟、楊振聲，以及湖南大學校長皮宗石、湖南教育廳長朱經農等人，組成長沙臨時大學籌備委員會，負責校址勘定、經費支配、院系設置、聯絡師生、建築設備諸事宜。〔註 16〕全校共設文、理、工、法商等 4 個學院 17 個學系，校本部以及理、工、法商學院租用長沙韭菜園聖經學校，理、工學院部分科系因教學設備需求，分別於湖南大學、南昌航空機械學校和重慶大學寄讀，文學院則因校舍不足，

〔註11〕　李鍾湘：〈國立西南聯合大學始末記（上）〉，《傳記文學》，39 卷 2 期（1981年 8 月），頁 72。
〔註12〕　金以林：《近代中國大學研究》（北京：中央文獻出版社，2000），頁 229。
〔註13〕　〈同濟大學被毀〉，《申報》，1937 年 9 月 3 日，第一版。
〔註14〕　清華大學檔案：〈教育部設立臨時大學計畫綱要草案〉，北京大學、清華大學、南開大學、雲南師範大學編：《國立西南聯合大學史料》（昆明：雲南教育出版社，1998），總覽卷，頁 53。
〔註15〕　胡頌平：《胡適之先生年譜長篇初稿》（台北：聯經出版事業公司，1984），第五冊，頁 1613～1614。
〔註16〕　清華大學校史編寫組：《清華大學校史稿》，頁 290。

另設於南嶽衡山的聖經書院。〔註17〕費時月餘,該校順利在 11 月 1 日正式上課,此爲西南聯大校慶紀念日之由來。這學期只上課兩個月,日軍沿長江流域步步進逼,年底攻陷南京,武漢、長沙危在旦夕,於是長沙臨時大學奉命再遷昆明,更名爲「國立西南聯合大學」。師生從 2 月中旬啓程,分兩路輾轉入滇,新學期始於 1938 年 5 月 4 日。

三、知識分子的選擇

學校南遷的決定十分倉促,雖然新校址已緊鑼密鼓進行布置,政府並沿途設站招待接應,但滯留北平的師生從廣播或報紙等方式獲知消息後,必須各憑本事穿越封鎖線逃離淪陷區,零散、無組織、人身安全毫無保障。「他們往往不只穿越一道火線才能到達自由區,途中受盡艱難險阻,有的甚至在到達大後方以前就喪失了性命。」〔註18〕西南聯大教授絕大多數來自原本在北大、清大和南開任教的老師,自蘆溝橋事變一年多以來,跟隨學校越過了大半個中國,不僅過著顚沛流離、居無定所的生活,精神上也飽受砲火、警報聲和物價起伏等各種恐懼,許多人在這八年期間賠上了自己的健康,甚至也有的與至親好友從此天人永隔。然而,隨校南遷並不是他們的唯一宿命,這段期間的中國,就統治區域而言劃分爲四塊:日本人佔領了東北和華北,在北京建立名義上由中國人控制的傀儡政權;汪精衛領導的另一個傀儡政權,以南京爲中心,統治著包括上海等中國最富庶的長江流域;中國西北部,有共產黨以陝西延安爲根據地,控制範圍延伸到鄰近的甘肅、寧夏、山西和河北;擁有法統地位的國民政府,則掌控了中國的南部和西南部。知識份子在國難關頭作出去留決定時,勢必經過一番激烈地內心糾葛,絕非盲從而被動的。可惜的是,多數聯大教授的回憶文章,把這段時期的焦點著重於學校成立的前因後果,而忽略了將自己在行爲選擇過程中的主觀能動性留下可供追溯的線索,彷彿南遷之事理所當然,根本不假思索。

〔註17〕 參見清華大學檔案:〈長沙臨時大學籌備委員會工作報告書〉(1937 年 11 月 17 日),清華大學校史研究室編:《清華大學史料選編》(北京:清華大學出版社,1994),第三卷(下),頁 1~4。

〔註18〕 蔣夢麟的兒子在上海交通大學讀書,前往昆明途中就遇到好幾次意外。有一次和朋友共乘小船,企圖在黑夜中偷渡一座由敵人把守的橋樑,結果被敵人發現而遭射擊。另一次,走在他們前頭有人被發現學生的眞實身分,日本人殺了他並懸掛其首級於樹上示眾。蔣夢麟:《西潮》(台中:晨星出版有限公司,2006),頁 288。

資料顯示，教授們的去留潛藏著多種可能性。早在北平尚未淪陷前，吳宓就從傳統文人的歷史經驗中，替自己設計了幾條道路：「或自殺、或為僧、或抗節、或就義」〔註 19〕，得知清華遷長沙之議後，又希望能隱居北平閉門讀書。他在 9 月 20 日和 23 日的日記中，分別留下這樣的文字：「宓以性實懶動，故思苟安，而暫留此。」、「寅恪甚贊同宓隱居北平讀書一年之辦法。」〔註 20〕隱居讀書的想法，胡適也頗為認同，9 月中旬鄭天挺曾接到胡適以「藏暉」署名的信，當時胡適誤以為北大幾位教授決定留在北平，信中寫道：「知兄與莘（羅常培）建（魏建功）諸公皆決心居留，此是最可佩服之事。彼意以為諸兄定能在此時期埋頭著述，完成年來未完成之著作。人生最不易得的是閒暇，更不易得的是患難，今諸兄兼有此兩難，此真千載一時，不可不充分利用，用作學術上的埋頭閉戶著作。」〔註 21〕而這幾位最終都名列聯大新學期的教員名單中。當然，對許多人來說，落腳點的選擇是由個人的從屬關係或思想傾向決定的〔註 22〕：比如北大日文系教授錢稻蓀與日本人關係密切，他追到天津力勸鄭天挺等教授為了「北大」的存亡而留下，後任日人治下的北京大學校長〔註 23〕；周作人決定留在北平繼續他的寫作和學術生涯，也正與他留學日本、又娶日本妻子有極大的關連性。

就結果歸納起來，三校教授至少有六種不同的人生規劃：

（1）不願離開北平的，可以接受日本人的治理，在北平的大學院校繼續任教，領日本政府的薪俸工作，如錢稻蓀、周作人。

（2）不便離開北平卻又不恥食周粟者，可閉門讀書，專事研究及寫作，如孟森。〔註 24〕

（3）離開北平，前往西南聯大任教。

（4）離開北平，改往他校任教，如朱光潛到武漢大學。

〔註 19〕　吳宓 1937 年 7 月 14 日日記。吳學昭整理：《吳宓日記》，第 6 冊，頁 168。
〔註 20〕　吳學昭整理：《吳宓日記》，第 6 冊，頁 217、219。
〔註 21〕　胡適：〈致鄭天挺〉，耿雲志、歐陽哲主編：《胡適書信集》（北京：北京大學出版社，1996），頁 733。
〔註 22〕　史景遷：《天安門：知識份子與中國革命》（北京：中央編譯出版社，1998），頁 278。
〔註 23〕　鄭天挺：〈南遷歲月——我在聯大的八年〉，南開大學校史研究室編：《聯大歲月與邊疆人文》（天津：南開大學出版社，2004），頁 5。
〔註 24〕　羅常培：〈七七事變後北大的殘局〉，《傳記文學》17 卷 6 期，1970 年 12 月，頁 89。

（5）接受中英庚款董事會的補助，前往雲南、四川、廣西等邊省大學開設講座，如邱椿、蕭公權、吳大猷等人。〔註25〕

（6）前往國外大學任教或轉任他職，如北大文學院長胡適臨危受命，轉任駐美大使。

因此我們可以說，西南聯大成立之時，會選擇不遠千里來到昆明的教授們，已經在某程度上經過篩選和洗滌。不論是源於「共赴國難」的愛國心、「同校進退」的向心力、同儕建立的歸屬感、對學生的責任心，或是其他因素，在判斷事物的價值觀上應有一定程度的相合之處，亦可謂西南聯大文人群在形成之前，已經經過了一次洗禮。而這種群體組成之先天同質性，是目前論者在探究西南聯大三校合作成功之因素時，尚未關注到的部分。

四、西南聯大文人群的聚合

西南聯大是在抗戰爆發的特殊歷史條件下而產生的，這個偶然事件把當時中國的一流學者凝聚到一處，其師資陣容，令人嘆為觀止。北京大學的錢穆、湯用彤、羅常培、羅庸、毛準、崔書琴、饒毓泰、吳大猷，清華大學的朱自清、聞一多、劉文典、金岳霖、馮友蘭、雷海宗、潘光旦、陳達，南開大學的柳無忌、皮名舉等人，都在各校參加西南聯大服務的名單之列。〔註26〕如此人文薈萃的「第一學府」，恐怕不論在古今中外，都是空前絕後的。

文、史、哲等學科領域本身多有互通之處，交談容易產生共鳴；外加校舍依學院劃分，文學院教授不僅上課時間接觸機會頻繁，初期在南嶽、蒙自的時候，由於校舍空間有限，且家眷尚未南遷，教授們多是比鄰而居或共住一室，自然而然形成互動較緊密的交遊圈。他們除了在生活上彼此相互扣合、有著獨特的文人情態之外，更為人矚目的，是跳出西南聯大的院牆，從整個文壇、思想界或抗戰文藝的角度來看，可以輕易觀察到這群文學院教授在文化上的成就，具有突出性的地位。從早期白話詩的代表詩人和散文大家朱自

〔註25〕 見〈教育部函長沙臨時大學關於選送教授支援邊遠事〉（1937年9月8日），清華大學校史研究室編：《清華大學史料選編》第三卷（下），頁30～31；吳大猷：〈我在抗戰中的西南聯大〉，北京大學校友聯絡處編：《笳吹弦誦情彌切》，頁209。中英庚款委員會因待遇問題處理方式不佳，因此吳大猷1938夏即由成都飛昆明，加入西南聯大。

〔註26〕 參見〈三校參加西南聯大教職員名錄〉，北京大學、清華大學、南開大學、雲南師範大學編：《國立西南聯合大學史料》，教職員卷，頁293～300。

清、學衡派領袖吳宓、沉鐘社創辦人之一馮至、新月派重要人物聞一多，到「上承新月、下啓九葉」的卞之琳、「漢園三詩人」之一的李廣田，和三十年代已蜚聲文壇的多產作家沈從文，都陸續加入了西南聯大，在這個特殊時空下同行於人生與藝術道路上。因此，不同於有明顯主張、特色或組織成員的社團流派，這群因著抗戰機緣而結合到昆明一隅的教授群體，憑著相似的生命經驗、學術地位、文化處境、思想水平，形成所謂的「西南聯大文人群」。

　　然而，戰時教授流動率高，「西南聯大文人群」的成員究竟包含哪些人，往往隨著不同的界定方式而有所變動。早年謝泳提出「西南聯大知識份子群」時，「不以在西南聯大的時間長短來界定這個群體，而將所有曾和西南聯大發生過關係的知識份子都算作西南聯大知識份子群。」〔註27〕其中不但包括了教師和學生，也包括了錢鍾書、錢穆、羅皚嵐等只在聯大任教一、二個學年的，甚至包括了被聘而未到校任職的文學院院長的胡適、中文系講師熊十力、政治系教授蕭公權等人。謝泳所討論的是「知識份子群」，談論對象包含短暫停留聯大的教師和學生尚無可厚非，但是包含未到任的教師則似乎過於牽強，他們既未受到聯大影響，更不能影響聯大，或代表聯大。

　　本文既以「西南聯大文人群」作為研究課題，除了不可忽視「文人」本身具備的身份意義，還必須注意到他們作為聯大群體的代表性。因此，首先摒除與教師的生活和相處方式不同，且尚未有相當成就的學生。其次，聘任而未到校、任職時間過短，或對西南聯大、對文化思想方面影響力甚低者，亦不宜列入。緣此，「西南聯大文人群」至少應當包含下列成員：

常務委員：梅貽琦

中國文學系：朱自清、聞一多、羅常培、羅庸、楊振聲、浦江清、王力

外國語文學系：馮至、吳宓、卞之琳

歷史學系：鄭天挺、雷海宗、姚從吾、吳晗

哲學心理系：湯用彤、馮友蘭、賀麟、金岳霖

師範學院國文學系：沈從文、李廣田

　　不論時間的先後長短，他們曾經俯仰於春城，共事於西南聯大，在砲火威脅的艱難歲月彼此切磋，為各自的理想追求奮戰。錢理群認為正是民族命運的深刻聯繫和校園內濃厚的哲學氛圍，影響了聯大文人的新文學觀念，而

〔註27〕謝泳：〈西南聯大知識份子群的形成與衰落〉，《西南聯大與中國現代知識份子》，頁4。

做出如此評價：「以西南聯大爲中心的 40 年代的校園文學，爲中國緊貼現實、著重於表現戰爭中的民族情緒的抗戰文學，提供了另一種範式，從而使 40 年代中國文學獲得了一種豐富性。」〔註28〕抗戰無意間提供文人群聚合的契機，不僅深化了學術研究，也爲中國文化歷程寫下輝煌的一頁。

第二節　湘黔滇的民間文化滋潤

　　西南聯大的第二次搬遷——從長沙到昆明，是經過計畫和組織的。學校發給路費津貼教職員每人 65 元、學生每人 20 元，規劃出陸路和海路兩條路線，安排師生分批入滇。海路乃繞道境外，自長沙乘粵漢鐵路到廣州，轉廣九鐵路至香港，再由香港改搭海輪到越南海防，乘火車沿滇越鐵路抵達昆明，雖是數易舟車，卻遠比陸路直線前進便捷得多。教職員、家眷、女學生、體弱者及不願步行者等八百多人，協助學校運送器材和個人物資走海路。師生自行前往，學校在廣州、香港、海防、河口等四處設站沿途照料，全程約耗費 10 至 14 天，視候車候船的時日長短而有不同。〔註29〕陸路是穿越地勢起伏大、衛生經濟等各條件相對落後的湘、黔、滇三省，無交通工具的路段採取步行，故稱爲「湘滇黔步行隊」或「湘黔滇旅行團」。

　　「讀萬卷書，不如行萬里路」，一向生活在富庶沿海地區的教員和學生，其世界觀囿於經驗而有所侷限。走海路的師生不幸在海上遇到颱風，劇烈搖晃的船身讓他們飽受食不下嚥、寢不得眠之苦；又在越南看到殖民制度下，人民無端被踢打、刁難、重複收稅等種種不合理的現象，使他們對民族生存的思考躍升到另一個境界。而沿途見聞對湘黔滇旅行團的刺激更不亞於前者。輾轉於湖南、貴州、雲南的日子，他們進入到一個生存環境幾乎異質的空間，不斷從見聞驗證過去所學，並充實從書本上學不到的知識，對於自己國家的宏偉壯麗和幅員遼闊有了更眞切的感受，也對邊區的偏遠貧困感到憂心忡忡。這群知識份子的思考變得開放且實際，不再只是關在學術象牙塔裡，

〔註28〕　錢理群：〈二十世紀中國文學與大學文化叢書序〉，姚丹：《西南聯大歷史情境中的文學活動》，頁 16。

〔註29〕　學校於各辦事處指派負責人給予師生介紹、指引、證明等必要協助。河口：雷樹滋；海防：徐錫良；香港：葉公超、陳福田；廣州：鄭華熾。〈長沙臨時大學常委會關於遷校的決議〉，清華大學校史研究室：《清華大學史料選編》，頁 108。

還必須思索眼前的國家和人民該往何處去。因此，聯大的第二次遷移不只是單純的座標移動，而是富有深刻意義的。本節由湘黔滇旅行團為出發點，找尋邊區文化如何豐富聯大師生的視野，內化為聯大精神的一部分。

一、教育界的長征——湘黔滇旅行團

「湘黔滇旅行團」由國軍黃師嶽中將擔任團長，實行軍事管理，分為兩個大隊三個中隊，其規劃路程如下：

一、自長沙至常德 193 公里，步行。

二、自常德至芷江 361 公里，乘民船。

三、自芷江至晃縣 65 公里，步行。

四、自晃縣至貴陽 390 公里，乘汽車。

五、自貴陽至永寧 193 公里，步行。

六、自永寧至平彝 232 公里，乘汽車。

七、自平彝至昆明 237 公里，步行。〔註30〕

全程 1707 公里，號稱 3500 華里，其中 983 公里是乘坐交通工具。由於臨時狀況多，行進路線和方法不得不視情況調整。根據吳徵鎰的記載，行進實際里程為 1663.6 公里，自 2 月 20 日至 4 月 28 日，共行 68 天，扣除乘船、乘車、休息、阻滯等時間，實走了 40 天，每天平均步行 65 里。〔註31〕此行可說是教育史上最有意義、最為人所知、最為社會津津樂道的遷移壯舉。胡適在聯大校慶九週年紀念會上曾稱許：「後來到美國，臨大決遷昆明，當時有最悲壯的一件事引得我很感動和注意：師生徒步，歷六十八天之久，經整整三千餘里之旅程。後來我把這些照片放大，散佈全美。這段光榮的歷史，不但聯大值得紀念，在世界教育史上也值得紀念。」〔註32〕美國弗吉尼亞大學歷史系教授 John Isreal 在《1938～1946 年的西南聯合大學：抗日戰爭時期中國最卓越的高等學府的寫真》一書中，以「從長沙到昆明：西南聯大的長征

〔註30〕　〈長沙臨時大學關於步行赴滇路線之佈告〉，清華大學校史研究室：《清華大學史料選編》，頁 116。

〔註31〕　吳徵鎰：〈「長征」日記——由長沙到昆明〉，西南聯大除夕副刊主編：《聯大八年》，頁 17。

〔註32〕　〈胡適在聯大九週年紀念會上的演講〉，北平《益世報》，1946 年 11 月 2 日，第四版。收錄於西南聯合大學北京校友會編：《笳吹弦誦在春城》，頁 514。

是歷史也是神話」爲題，用了整整一章來敘述這段過程；而日本同志社大學的楠原俊代教授，更以這次長征爲主軸出版了長達 356 頁的研究論著──《關於中日戰爭時期中國知識份子研究──另一個長征，走向國立西南聯合大學之路》。1999 年北大歷史系教授張寄謙在西南聯大校友的通力合作下，出版《中國教育史上的一次創舉──西南聯合大學湘黔滇旅行團紀實》，蒐羅史料並譯介了前述兩位學者的研究。該書由兩部分組成，第一部份「眞實的紀錄」爲途中所攝的 200 多幅珍貴照片，第二部分「歷史的進程」爲檔案、書信、日記、回憶等第一手文字資料，可謂相關史料之集大成者。足見「湘黔滇旅行團」做爲西南聯大歷史的一部份，其代表之意義非凡。

不過這份聯大的驕傲，參與的學生人數僅 284 人，約佔全部的四分之一，而且加入旅行團可能是一種無可奈何的決定。出發前，學校爲全體學生注射傷寒預防針，並爲男同學安排體格檢驗，健壯者發給甲種赴滇許可證，「持有甲種許可證而不入旅行團者，學校不給津貼，川資概需自理」，「加入者自長沙至昆明之膳宿由學校經理，行李由學校運輸，健康由學校醫生及護士隨隊照料，安全由學校請地方當局沿途保護。」〔註 33〕相較之下，許多已斷絕家庭經濟支援的流亡學生，在半自願的狀況下只能加入步行的行列。教職員絕大多數選擇走較輕鬆的海路，或者像朱自清、馮友蘭、湯用彤和錢穆等十餘人，另外規劃路線：從南嶽出發經桂林、柳州、南寧、龍州，出鎮南關入安南，再乘火車到河內轉昆明，沿途遊山玩水。然而聞一多等 11 位教職員也加入了湘黔滇旅行團，他們不同於經濟有困難的學生，而是完全出於個人自願的。〔註 34〕有人問聞一多何苦要受這個罪，他的回答是：「雖然是一個中國人，而對於中國社會及人民生活，知道的很少，……現在應該認識認識祖國了！」〔註 35〕事後證明，這趟長途跋涉的確成爲聞一多人生中具關鍵性的轉折點，自此開始關注民間原始而質樸的生命力，而對青年學子而言，湘黔滇旅途提供了客觀的條件挑戰自我和認識大西南，意外地拓展了他們生命體驗的深度。

〔註 33〕 〈長沙臨時大學關於頒佈學生赴滇就學手續的佈告〉，清華大學校史研究室編：《清華大學史料選編》，頁 110～113。

〔註 34〕 這 11 位教授分別是聞一多、許駿齋、黃子堅、吳徵鎰、李嘉言、李繼侗、袁復禮、王鐘山、曾昭掄、毛應斗和郭海峰。參見吳徵鎰：〈「長征」日記──由長沙到昆明〉，西南聯合大學北京校友會編：《笳吹弦誦在春城》，頁 1。

〔註 35〕 劉兆吉：〈由幾件小事認識聞一多先生〉，《大公報》，1951 年 7 月 16 日。

二、走出象牙塔

　　湘黔滇旅行團的成員都是生平第一次經歷這樣的長途跋涉。有的學生因為沒紮好綁腿，有的因為沒準備草鞋或布鞋而將就穿著皮鞋，才第一天就起水泡或磨破了腳，其中有人因此腳掌過度腫脹，被隨團醫生用手術刀緊急劃破讓鮮血流出，才解除危機。〔註36〕行軍是不分晴雨的，「哪怕是下著傾盆大雨，當集合的號音吹響之後，也只得撐開雨傘，讓雨滴飄灑在衣服上出發了。」旅行團有不少時間行進於惡劣的天氣和崎嶇的山路中，穿著草鞋的雙腳浸在污水裡，不僅難受，泥水濺到綁腿或褲腳上，亦增加行進的困難。在沅陵至辰谿遇上大雪，雪深二尺，受阻四日；有時陰而不雨，同樣路滑難行。而途中的食宿自然更是絲毫不得講究，鄉村艱苦的條件也是團員們事前所想像不到的。旅行團的宿營地經常是學校、官衙、破古廟或民房，「有時候你的床位邊也許會陳列得有一口褐色的棺材，有時候也許有豬陪著你睡，發出陣陣難聞的腥臭味。」〔註37〕「有一回才剛睡下，忽聽見牆上沙沙作響，打開手電一照，只見糊在牆上的舊報紙上血跡斑斑，成千上百的臭蟲在紙上亂爬，嚇得團員們只好露天過夜。」〔註38〕4 月 11 日，本擬宿營於哈馬莊，但山頂小村，水菜無著，只好臨時決議再行十八里宿於安南（當日行 95 里）。「到了小城街上，賣炒米糖泡開水的小販被搶購一空，後來的只好枵腹就寢。晚間因鋪蓋、炊具多耽擱在盤江東岸，同學一大群如逃荒者，飢寒疲憊，在縣政府大堂上挨坐了一夜。」〔註39〕這些際遇，諸位教師不因身份而有較好的享受，他們始終和學生同甘共苦，風采足為表率。

　　千里征途充滿了難以言說的艱辛，但是另一方面，多樣的自然景物也帶給旅行團成員們終生難忘的人生體驗。過益陽不遠，至桃花源，見有後人附會〈桃花源記〉在桃花洞洞口題著「秦人古洞」四字。洞內又有石碑刻有明代王陽明的墨跡，上書：「桃源在何處，西風崖源處。不用問漁人，沿溪踢花

〔註36〕馬伯煌：〈徒步三千，流亡萬里〉，西南聯合大學北京校友會編：《笳吹弦誦在春城》，頁 41。

〔註37〕向長清：〈橫過湘黔滇的旅行〉，西南聯合大學北京校友會編：《笳吹弦誦在春城》，頁 18。

〔註38〕楊啟元：〈湘黔滇旅行團雜憶〉，張寄謙編：《中國教育史上的一次創舉——西南聯合大學湘黔滇旅行團紀實》，頁 341。

〔註39〕吳徵鎰：〈「長征」日記——由長沙到昆明〉，西南聯大除夕副刊主編：《聯大八年》，頁 15。

去。」〔註40〕雖知陶淵明詩中「土地平曠，屋舍儼然，阡陌交通，雞犬相聞」，只是理想國的假托，亦能隨詩境神遊，樂在其中。到了鎮寧遊覽石灰岩地形的火牛洞，洞內石筍、石鐘乳、石柱星羅棋布，光滑潔白如凝脂，形狀各異，石鐘乳上不時有水緩慢聚集尖端滴下。師生以手電或秉燭照之，奇妙之極。繞過絕壁後有一深潭，復下，又達另一室，「作歌其中，四壁共振，發種種微妙之音如大合唱。」聞一多興奮地哼起美國名曲〈桑塔·露琪亞〉和〈胡安妮塔〉（Juanita），用歌聲讚美眼前的絕妙奇景。〔註41〕如果說火牛洞以精巧綺麗爲勝，那麼黃果樹大瀑布則是以萬馬奔騰之勢，震撼人心。河水不分晴雨旱潦長年流貫，傾瀉在犀牛潭中。在「觀瀑亭」賞瀑聽瀑，洗滌一身疲勞和塵俗。還有陡峭的關索嶺〔註42〕，小路垂直地升上山腰，眾人爬得上氣不接下氣，汗水直流、氣喘不停。攻頂之後迎風而立，寇準詩句「只有天在上，更無人與齊。舉頭紅日近，回首白雲低」〔註43〕的壯闊氣象立刻浮現眼前。一路上險峻的山巒，使得居庸關、山海關、南口也變得平淡無奇，人們可以征服高山險阻，卻不得不對大自然油然生起敬畏之情。

三、民間印象

在這群遷徙者眼中，雖然僅走過中國的三個省分，卻像是經歷了好幾個不同的國度。湖南的民風剽悍，自古有「無湘不成軍」的說法。他們的脾氣固執，要就是你的朋友，要就是你的敵人，公路車站時常可見「不要開口罵人」、「不要動手打人」的標語，不過爽直、眞摯、健壯，而且刻苦耐勞。〔註44〕湘西夾路的山水，偶而香霧迷濛偶而大雨滂沱，充滿著唯美的古老傳說和令人不安的土匪威脅。貴州的崇山峻嶺，綿延不絕，人煙稀少，民風孱弱，物質、精神和體魄上的貧乏，與湖南形成極大反差，印證了「天無三日晴，地無三里平，人無三兩銀」之說。而且貴州的可怕名聲不僅僅出自於貧窮，有瘴氣的地區滋長著瘧蚊，居民喜抽鴉片和從事巫術。也傳說某些苗人會下

〔註40〕 錢能欣：〈西南三千五百里〉，張寄謙編：《中國教育史上的一次創舉——西南聯合大學湘黔滇旅行團紀實》，頁 152。

〔註41〕 John Isreal：〈從長沙到昆明：西南聯大的長征是歷史也是神話〉，張寄謙編：《中國教育史上的一次創舉——西南聯合大學湘黔滇旅行團紀實》，頁 528。

〔註42〕 傳聞因關羽的兒子關索曾駐兵此地，故名。又稱關嶺。

〔註43〕 馬伯煌：〈徒步三千，流亡萬里〉，西南聯合大學北京校友會編：《笳吹弦誦在春城》，頁 38。

〔註44〕 蔣夢麟：《西潮》，頁 278。

蠱：把蛇、蟾蜍、蜥蜴、蠍子、蜈蚣等五種有毒的動物放在容器中互相殘殺，將最後活下來的、最強的那種動物輾成粉末給受騙者服下，該人即遭巫師的控制。〔註45〕隊伍小心翼翼的通過貴州，氣氛神秘而緊張。入滇之後地勢豁然開朗，天氣晴而多風，「一路各色杜鵑盛開，氣象與黔省迥然不同。」平原「阡陌縱橫，麥浪已黃，油菜、蠶豆將熟，爲常德以來所僅見。」〔註46〕昆明的小胡同、矮牆門，和城西的翠湖，又像是回到了故都北平。

　　旅行團師生將自己化身爲探險家、發現家、觀察家，以興奮、好奇、比較的態度，試圖了解途中各地的經濟、民俗、民族、歷史傳說等種種側面。例如學生發現在湘黔交界的晃縣，爲了增加家中勞動力，男孩子才十一、二歲便娶妻，而媳婦的年紀總比丈夫大，甚至有大上七、八歲者。這與長沙「寧肯男大一十，不肯女大一春」的習俗恰恰相反。〔註47〕途經益陽、漢壽、常德、桃源、鄭家驛、界寧、沅陵各處，發現在外操作者泰半爲女性。曾見一女子身材不高，二十出頭，體重應不超過五十公斤，竟能肩負白米兩大麻袋，且舉重若輕，連旅行團這批年輕男子都自愧不如。〔註48〕但他們也意外地發現，這裡女子的社會地位仍不及男子。而與少數民族接觸也是沿海地區少有的經歷，旅行團趁此機會訪問了侗家村落、生苗山寨，並開漢苗聯歡會與仡兜族人增進友誼。他們發現苗民生活簡樸、自耕自織，苗人還分成好幾種，可視「包頭」區別青苗和黑苗……等。

四、匪患與煙害

　　湘黔滇的旅程給師生心中留下的印象十分複雜，既優美悲壯又沈痛傷感。他們看到湘西的小學生還在念四書五經，學校實爲私塾變相；晃縣城中，兩大旅社皆爲娼寮，禹王宮內供奉著他處不經見的數尊巫神和「皇帝萬歲」牌；時常可見因爲缺乏碘的攝取，而出現甲狀腺腫大（大脖子）症狀的人。而最令旅行團成員感到痛心和無奈的，莫過於土匪出沒和鴉片煙害。

〔註45〕 John Isreal：〈從長沙到昆明：西南聯大的長征是歷史也是神話〉，張寄謙編：
　　　　《中國教育史上的一次創舉──西南聯合大學湘黔滇旅行團紀實》，頁522。
〔註46〕 吳徵鎰：〈「長征」日記──由長沙到昆明〉，西南聯大除夕副刊主編：《聯大
　　　　八年》，頁16。
〔註47〕 錢能欣：〈西南三千五百里〉，張寄謙編：《中國教育史上的一次創舉──西南
　　　　聯合大學湘黔滇旅行團紀實》，頁157。
〔註48〕 蔡孝敏：〈舊來行處好追尋〉，《學府紀聞‧國立西南聯合大學》，頁98。

　　當隊伍行經湘西，遇上中央軍校第 14 期學生兵，據聞 13 期學生兵路過此處曾遭土匪襲擊，有 3 名死於接火中，且云數百名土匪正渡江向這邊開來，聽者無不提心吊膽。當晚爲了避免驚動土匪，禁用手電筒，摸黑走細田埂三里多，來回扛行李，同學多半不得好眠，幸虧只是一場虛驚。學生向茶館老掌櫃問起爲何此地有這麼多的土匪，得到的回答是：「幾個月裡頭就抽了幾次壯丁，五個丁要抽四個，抽的抽走了，逃的逃上了山啦。」〔註 49〕一個飯店小老板描述官員像野獸似的在當地抓過四次兵，第五次即將來臨，而可應徵的士兵已很少。〔註 50〕爲了領取獎賞，官員不顧家庭人口數或者未成年小孩尚在就學，便抓去從軍。聽著徵兵制度的弊端，想起路上常見被綑綁而過的男丁，學生從原來抱持著抗戰救國時期不該逃兵役的心理，開始體會爲什麼有那麼多人寧願捨棄自己安樂的家，跑到深山野地餐風露宿。到了貴州的匪區，又聽聞一位長者小心地說道：「出了錢就是匪也可以保出來，沒有錢你就千眞萬確地是匪。要砍頭！而且每回每回，一有軍隊過路，就挨家挨戶的派糧食。」〔註 51〕這些賄賂、栽贓、暴力索糧的惡行，比起土匪更令人氣憤。

　　鴉片之禍國殃民，自清末林則徐禁煙以來仍無法斷絕，進入貴州省境，鴉片煙害頗深，不分男女老幼均有吸食者，市上尚可見鴉片舖。向長清曾勸過一個一天要吃兩錢煙膏的 16 歲小孩，他卻回說：「上癮啦，先生，一下戒不脫的，誰不曉得戒了好呢？」還有面黃肌瘦的茶館小伙子自我介紹：「打從我出娘胎，大人吸食鴉片，就用煙噴我了！」〔註 52〕人們因毒害而顯得蒼白、削瘦、孱弱，店鋪到了十點鐘還不開門，蔡孝敏感慨道：「黔省天然環境差，無話可說，但男同胞泰半好吃懶做，以吸食鴉片煙爲榮，終日不事生產，焉得不貧？」〔註 53〕當地政府表示要禁煙，公路沿線的確不見煙苗，但穿行小路即可看見大片紅的白的罌粟田，花朵豔麗奪目。而且「越禁則價越高，獲得越大，以致地方軍閥強令農民種煙，以煙稅收入充作內戰資本，有的還直

〔註 49〕　向長清：〈橫過湘黔滇的旅行〉，西南聯合大學北京校友會編：《笳吹弦誦在春城》，頁 20。

〔註 50〕　John Isreal：〈從長沙到昆明：西南聯大的長征是歷史也是神話〉，張寄謙編：《中國教育史上的一次創舉——西南聯合大學湘黔滇旅行團紀實》，頁 504。

〔註 51〕　向長清：〈橫過湘黔滇的旅行〉，西南聯合大學北京校友會編：《笳吹弦誦在春城》，頁 20。

〔註 52〕　蔡孝敏：〈舊來行處好追尋〉，《學府紀聞·國立西南聯合大學》，頁 99。

〔註 53〕　蔡孝敏：〈舊來行處好追尋〉，《學府紀聞·國立西南聯合大學》，頁 99。

接經營煙土買賣，或派軍隊爲商人押運煙土，收取高額報酬。」〔註54〕瘦弱的同胞像是被猛虎扼住了咽喉，種植、吸食、販賣鴉片，似乎永遠不得解脫。

五、光輝的結晶

　　莘莘學子透過旅行經驗加深對國情的認識，長途跋涉兩個多月，領略了壯麗的山河風光，近距離觀察少數民族風俗，萌起研究邊疆的興趣，亦留下許多珍貴的文化資產。學生們在學校的鼓勵下，對沿途民情風俗多所留意，記日記者甚多，著眼點各有不同。〔註55〕錢能欣寫的日記配合當地方志，記載少數民族的風俗文化，除了服裝、長相、身材、自由戀愛、婚姻、習俗、語言與歷史之外，也記載了苗人的種種苦難，諸如食鹽的缺乏、嚴重的眼病、漢人的壓迫等等，而後出版爲《西南三千五百里》一書。劉兆吉等人亦在聞一多的指導下，沿途採集歌謠二千多首，並選編部分歌謠出版爲《西南采風錄》，是了解西南邊區文化、少數民族習俗和民間歌謠的重要資料，至今仍不斷再版。外文系學生查良錚（穆旦）將感懷寫成新詩〈出發——三千里步行之一〉和〈原野上走路——三千里步行之二〉」：

> 我們終於離開了漁網似的城市，
>
> 那以窒息的、乾燥的、空虛的格子
>
> 不斷地撈我們到絕望去的城市呵！
>
> 而今天，這片自由闊大的原野
>
> 從茫茫的天邊把我們擁抱了，
>
> 我們簡直可以在濃郁的綠海上浮游。
>
> ……
>
> 在軍山鋪，孩子們坐在陰暗的高門檻上
>
> 曬著太陽，從來不想起他們的命運……

〔註54〕余道南：〈三校西遷日記（北大、清華、南開三校自長沙遷昆明）〉，張寄謙編：《中國教育史上的一次創舉——西南聯合大學湘黔滇旅行團紀實》，頁400。

〔註55〕長沙臨時大學在步行計畫的佈告中鼓勵學生各分小組沿途觀察：「查本校遷滇原擬有步行計畫，藉以多習民情，考察風土，採集標本，鍛鍊體魄，務使遷移之舉本身即是教育。」並在綱要第五條註明「步行隊到昆明後得將沿途調查或採集所得作成旅行報告書，其成績特佳者學校予以獎勵。」《清華大學史料選編》，頁109～110。

在太子廟，枯瘦的黃牛翻起泥土和糞香，

背上飛過雙蝴蝶躲進了開花的菜田⋯⋯

在石門橋，在桃源，在鄭家驛，在毛家溪⋯⋯

我們宿營地裡住著廣大的中國的人民，

在一個節日裡，他們流著汗掙扎、繁殖！

⋯⋯

我們不能抗拒

那曾在無數代祖先心中燃燒著的希望

這不可測知的希望是多麼固執而悠久

中國的道路又是多麼自由而遼遠呵⋯⋯〔註56〕

　　他把這些學子比喻成魯濱遜，在海島上茫然望著遠方，顯示出對未來充滿不確定感，並且憂心和自己緊緊聯繫的中國廣大人民的命運。但是心理的憂鬱不妨礙精神的昂揚，他們用腳掌「拍打著鬆軟赤紅的泥土」，「走在熱愛的祖先走過的道路上」，為著「那曾在無數代祖先心中燃燒著的希望」，苦難使他們感到肩上有許多擔子必須去扛。〔註57〕除了留下文字的結晶之外，中國社會科學院的學者聞黎明曾指出：「今日，翻開湘黔滇旅行團名冊時，可以看到許多兩院院士和學者專家，如查良錚（穆旦）、任繼愈、何善周、季鎮淮、丁則良、唐敖慶、屠守鍔、楊起、劉兆吉、劉重德、孫昌熙、王玉哲等等。」〔註58〕旅行團成員日後多有所成就，不能無視「長征」砥礪心性之功。

　　「湘黔滇旅行團」的成員在路遙勢險、物質與衛生條件不足的情況下，以徒步行軍的組織形式，通過體力與意志的雙重考驗，也加強了集體觀念。「徒步事在個人，它可以鍛鍊一個人單槍匹馬的精神毅力；行軍事關集體，它可以養成同學們齊心協力的集體觀念。」這次文化人的長征，鍛鍊出不畏艱險、同心協力的堅韌精神，同時也培養出民胞物與、任重道遠的高遠情懷。在西南聯大精神結構中，成為不容小覷的組成部分。〔註59〕

〔註56〕穆旦：《穆旦詩文集》（北京：人民文學出版社，2006），頁205～208。

〔註57〕穆旦：《穆旦詩文集》，頁205～208。

〔註58〕聞黎明：〈長沙臨時大學湘黔滇「小長征」述論〉，《抗日戰爭研究》，2005年第1期，頁13。

〔註59〕馬伯煌：〈徒步三千，流亡萬里〉，西南聯合大學北京校友會編：《笳吹弦誦在春城》，頁41。

第三節　自由開明的聯大校風

　　教授和學校是互相依存的關係，良師可以挖掘、啓發優秀人才，學校聲望因此提高；相對地，學校也需提供相當的工作環境，在良善的制度、校園氣氛和理念指引下，協助教師發揮教學成效，完成自我實踐。西南聯大是學界中公認戰時最成功的一所大學，研究者在探索聯大校風或精神文化這方面，已有相當豐碩的成果，由於著眼點不同，分析的面向也經常南轅北轍。研究者經常從三校的創立背景、校歌、校訓、學潮或政與學、中與西的校風傳統等角度追溯聯大精神。上承五四的愛國、民主、科學，和北大早年的優良學風——學術自由、兼容並蓄，皆爲聯大精神傳統中被公認的價值標準。

　　比較特別的是謝本書以多重文化的交會與碰撞爲著眼點，將西南聯大的精神歸納爲九個面向進行解讀，分別是：1.中西文化、2.新舊文化、3.東西部文化、4.民主與科學文化、5.名校與名師文化、6.德育與智育文化、7.教育與科研文化、8.教與學文化、9.校內與校外文化等。〔註60〕謝本書從多重文化分析聯大精神的論述方式，涵蓋面較廣，可以藉此觸及到聯大教授多有留學歐美的學歷背景、中國傳統文化和西方先進思潮並存的現象、促進雲南經濟文化事業與民族文化豐富視野的互利情形、教授認眞負責的教學使命感、和名師薈萃、人才備出的輝煌成果等方面，有助於我們掌握西南聯大精神之輪廓。但細究之下不難發現，這些敘述的立足點相當混亂，它們有的是原因，有的是結果；有的是抽象的追求，有的是具體的貢獻；有的是由傳統承接的，有的是教授或學生自主發展的，有的是因時地特殊關係造成的，很難把握出何者才是代表聯大精神的核心。

　　謝泳則立足於傳統私人講學轉型爲現代教育的發展歷程，強調中國現代大學雖然起步晚，但是起點很高。他以清華大學爲例，自正式成立到抗戰爆發，僅十餘載光景，已成爲世界知名的大學，其中最重要的原因，是在開始時即能汲取西方大學的辦學精華——大學獨立和教授治校。〔註61〕追求學術獨立和教授治校的機制，由梅貽琦和清大教授移植到西南聯大並發揚光大，確實可謂成就西南聯大精神的核心價值之一。但相對來說，此一觀察容易偏重於制度面的探討，難以顧及上述多元文化兼容並存的諸多層面。

〔註60〕謝本書：〈西南聯大——多重文化的交匯與碰撞〉，周本貞主編：《西南聯大研究》（北京：中國大百科全書出版社，2005），頁 1～10。

〔註61〕謝泳：〈西南聯大與中國現代大學教育〉，《西南聯大與中國現代知識份子》，頁 36。

　　因此，綜合前人所歸結的眾多特點，筆者認爲西南聯大的精神可以「自由」二字概括，上至規章制度，下至師生言行，在在體現著自由之可貴。〔註62〕「自由」精神，知之甚易，行之甚難，這項特點，不僅可以將聯大精神一以貫之，並且能較大幅度地涵括聯大師生在群己關係間高度自主與個性化的行爲選擇。

一、「自由」精神一以貫之

　　西南聯大的「自由」精神含有豐富的內涵。在制度管理上，有討論並決策校務的自由、有選用人才的自由、有組織並參與社團活動的自由；個人言行上，有品評人物的自由、有在報刊針砭時政的言論自由、有選擇黨派的自由、有參與集會遊行的自由。因而光就政黨這一層面來說，聯大校園內就包容了國民黨、共產黨、民主社會黨、民主同盟等各黨各派的教授；當國民黨要求各大學院長加入國民黨時，陳序經可以一派輕鬆地說：「如果一定要我參加國民黨，我就不做這個院長。」〔註63〕而學生也有充分表達意見的言論自由，新校舍大門兩旁的「民主牆」上，總是貼滿各種各樣的壁報，政論、漫畫、詩歌、小說均有。對一件事情贊成或反對的意見，幾小時內即可以貼滿一牆「論戰」。聯大後期，學生亦舉辦經常性的戲劇、歌詠、演講等宣傳活動，並一再掀起倒孔運動〔註64〕、五四紀念活動〔註65〕、

〔註62〕　汪曾祺曾在〈新校舍〉文末留下這樣一段話：「有一位曾在聯大任教的作家教授在美國講學。美國人問他：西南聯大八年，設備條件那樣差，教授、學生生活那樣苦，爲什麼能出那樣多人才？有一個專門研究聯大校史的美國教授以爲聯大八年，出的人才比北大、清華、南開三十年出的人才都多。爲什麼？這位作家回答了兩個字：自由。」《人間草木》，頁193。正好與筆者提出以自由概括聯大精神的觀察相互呼應。

〔註63〕　林元：〈憶愛國學者陳序經先生〉，西南聯合大學北京校友會編：《笳吹弦誦情彌切》，頁146。

〔註64〕　1941年12月7日，太平洋戰爭爆發。不久，日軍攻擊香港，不少著名人士，如何香凝、柳亞子、茅盾，以及聯大教授陳寅恪等人，仍滯留香港無法撤離。而孔祥熙卻壟斷航空公司的飛機，專事運送私人財物，包括家中的狗也用飛機運回重慶。消息由重慶大公報揭露，昆明學生十分憤慨，聯名發表討孔宣言，書寫標語，上街遊行，是爲倒孔運動。經校方勸說，事件才逐漸淡化。

〔註65〕　1944年，前線軍事節節失利，使聯大師生憂心如焚，更加熱切關心國事。5月3日，歷史學會舉辦紀念「五四」25週年晚會，學生們認爲五四運動是打破思想與文化上的束縛，社會制度和經濟制度的束縛，同時也是青年救亡運動的代表，因此年年盛大舉行。除了各種議題的講演之外，對國是慷慨陳詞，並要求青年團結起來呼籲改革，以求早日實現民主。

反內戰遊行〔註66〕、「一二・一」罷課運動等大規模的學潮。

　　而最為人所知自由精神表現在學術層面：教師有教學與研究的自由、選用或自編教材的自由、發表研究成果的自由、選擇工作地點與進行學術交流的自由；而學生有跨系、跨院選修和旁聽的自由，有和教師共同研討、質疑和商榷學術觀點的自由……等。倡導學術自由並非西南聯大的發明，早在蔡元培掌理北大時即成功地樹立「學術自由，兼容並蓄」的價值觀作為北大學風，梅貽琦相當推崇蔡元培的主張並努力延續之。至 1945 年，校內外國、共勢力愈趨壁壘分明時，梅貽琦仍明確堅持「對於校局則以為應追隨蔡孑民先生兼容並包之態度，以恪盡學術自由之使命。昔日之所謂新舊，今日之所謂左右，其在學校應均予以自由探討之機會，情況正同。此昔日北大之所以為北大，而將來清華之為清華，正應予此注意也。」〔註67〕雖有校長支持，但當時中國內部才剛結束軍閥割據，地方勢力仍強大，國民政府採取以黨領政的專制體制，面臨強敵入侵，外界對於「學術為何必須自由」、「學術為何可以自由」尚不能完全理解。在充滿各種壓力的環境下，堅持學術自由實屬不易。

　　賀麟曾寫過〈學術與政治〉一文，表達學術與政治之間互為體用的關係，並以「入國問禁，入境隨俗」，說明政治或學術均有其獨立自由的至高性，務必相互尊重，不得以強勢干涉弱勢：

> 學術在本質上必然是獨立自由的，不能獨立自由的學術，根本上不能算是學術。學術是一個自主的王國，它有它的大經大法，它有它的神聖的使命，它有它的特殊的廣大的範圍和領域，別人不能侵犯。……一個學者爭取學術的自由獨立和尊嚴，同時也就是爭取他自己人格的自由獨立和尊嚴，假如一種學術，只是政治的工具，文明的粉飾，或為經濟所左右，完全被動的產物，那麼這一種學術就不是真正的學術。〔註68〕

〔註66〕 1945 年 11 月 1 日聯大校慶。校慶周期間，張奚若等五位教授在壁報上發表反對內戰的文章，其他壁報紛紛響應。西南聯大、雲南大學、中法大學，和英專四所學校聯合發起在 11 月 25 日舉行反內戰時事講演會。軍隊在會場外鳴槍擾亂會場秩序，隔日竟報載是匪警槍戰，企圖混淆視聽，學生進而發動罷課遊行，後演變為「一二・一」慘案。

〔註67〕 1945 年 11 月 5 日日記，黃延復、王小寧整理：《梅貽琦日記 1941～1946》，頁 184。

〔註68〕 賀麟：〈學術與政治〉，《當代評論》第 1 卷第 16 期，1941 年 10 月 20 日，頁 30。收錄於《文化與人生》，頁 201。

把學術的獨立與尊嚴看做學者自身人格的獨立與尊嚴，視學術自由爲生命自由的一部份，顯示學術自由在西南聯大教師心目中的地位之重。

西南聯大歷史系的「中國通史」課程，由雷海宗、吳晗、錢穆等三位政治和學術觀點各異的先生同時開設：雷海宗喜好斯賓格勒的歷史形態學說，宣揚歷史週期理論，注重歷史的編年；吳晗信奉唯物主義，採取以專題爲線索的講授方式；錢穆則著重中國文化的嬗變。各自發揮而互不干擾，堅持己見而不傷和氣。中文系羅庸和聞一多兩位教授也是一例，他們對《楚辭》均有深入的研究，特別是〈九歌〉這一章。羅庸從歷史語言學的角度研究《楚辭》，聞一多在語言學的基礎上還加上了人類學的角度，兩人見解雖不同，但各有卓見。〔註69〕他們不但同時在中文系開設《楚辭》課，並在北大文科研究所多次進行講座，私底下亦經常交流心得。自由研究、自由討論、彼此尊重的風氣，不論對教師本身、對學生或是整個學術界而言，均受益匪淺。

西南聯大的維護自由的精神亦表現在抵制不合理的政府指令上。1939年，國民政府要求高等院校院長以上的教職員都必須加入國民黨，又在聯大公開設立國民黨黨部，稱爲區黨部，各學院再分立區分部；學生中則設立了三民主義青年團分團部，並以訓導處爲中心對學生的生活和思想進行「訓導」，公開地以黨治校。〔註70〕雖然聯大的實際運作並沒有因政治因素而受干預，但是這些表面措施，引起許多教授不滿，於教授會中嚴詞批評。隔年，教育部爲「提高一般大學之水準，且與國家文化及建設之政策相吻合」，重新編定課程表。〔註71〕各院系之必修、選修課程須一律在部定之範圍內，並對學分、授課時數、考試方式等均加以規定。此舉被認爲是侵犯其學術自由，聯大教授曾致函常委會強烈抵制。文中藉孫中山權能分立之說而言：「教育部爲有權者，大學爲有能者，權、能分職，事乃以治。」故「如何研究教學，則宜予大學以迴旋之自由。」〔註72〕言大學爲最高學府，「要當同歸而殊途，一致而百慮，豈可刻板文章，勒令從同。」且措辭強硬地表示，訓令若爲落後之大學而樹立標準，亦可共諒苦心，「本校承北大、清華、南開三校之舊，

〔註69〕 封海清：《西南聯大的文化選擇與文化精神》（昆明：雲南人民出版社，2006），頁94。
〔註70〕 馮友蘭：《三松堂自序》（新店：古風出版社，1987），頁359。
〔註71〕 沈雲龍主編：《第二次教育年鑑》（台北：文海出版社，1986），頁495～496。
〔註72〕 〈西南聯大教務會議就教育部課程設置諸問題呈常委會函〉（1940年6月10日），《清華大學史料選編》第三卷（下），頁191～192。

一切設施均有成規……，似不必輕易更張。」同樣的，當教育部要重新審定教授們的資格時，不少教授把教員資格審查表扔進了字紙簍拒絕填表，情緒非常激憤。〔註 73〕同樣一道政令，對水準之下的學校是建立規範，對大師雲集的西南聯大卻變成了限制。西南聯大之所以能捍衛學術自由傳統，不是把學術自由霸道而盲目地當作自己的特權，亦非唱高調般的追求理想，而是出自於充分地自知與自信。西南聯大擁有一流的老師和學生以及龐大的學術成就作為無形資本，以之適足以鞏固學術空間保持自由開展，自由的學術環境又有助於繼續產出高深之研究成果，因此得以形成良性循環。

「不合理的自由，為聯大所不取，合理的不自由，同為聯大所尊重。」〔註 74〕儘管生活十分艱難，校內、校外各種壓力不曾斷絕，但是聯大教授對世界始終保持清醒的認識，敢於發抒觀點、敢於據理力爭。自由的價值觀使他們忠於自我，不做違心之論，內心寧靜、坦蕩而光明。人各有其遭遇、各有其思想，可以呈顯出聯大師生自由精神的事例不勝枚舉，但是比起所有激進或非激進的舉動和話語，「認為正確的事情就去做」的那份無愧於心的氣度，才是聯大精神的根源，也是聯大精神中最難能可貴之處。

二、以師為本的開明領導

在中國風氣未開時，「自由」一詞經常被曲解濫用。由前述可知，西南聯大所體現的自由精神，建立於尊重和包容兩大基礎之上，因為懂得尊重和包容的自由真諦，才能使許多人聚在一起沒有糾紛，成就所謂的兼容並蓄、百家爭鳴、民主典範。然而，自由風氣的延續，固然需要靠相對穩定的教授群體，一個開明的領導者更是功不可沒。比如教授治校的傳統雖源於北大，卻不被繼任者認同，蔣夢麟就任北大校長時提出的是「教授治學、校長治校」，不願教授干預校務。因而教授治校的制度後來在北大消失，反倒在清華大學確立下來，發揚於西南聯大，這樣的發展實與梅貽琦的開明領導和謙卑性格密不可分。

早年清華校長在任時間都不長，有的只做幾個月，有的未上任就被抵制，羅家倫、喬萬選、吳南軒等人都曾被迫辭去校長職務。〔註 75〕而梅貽琦以一

〔註 73〕　清華大學校史編寫組：《清華大學校史稿》，頁 299。
〔註 74〕　陳雪屏：〈國立西南聯合大學簡介〉，《學府紀聞：國立西南聯合大學》，頁 5。
〔註 75〕　參考清華大學校史編寫組：《清華大學校史稿》，頁 100～108。

貫廉潔公正的作風，堅持民主辦學方針，受到全體師生的歡迎和敬重，自 1931年擔任清華校長直到 1962 年逝世。梅貽琦，字月涵，1889 年生於天津。1909年考取第一批留美公費生，畢業於美國吳斯特理工學院電機工程系，歸國後在清華學堂，先後擔任教員、童子軍教練、教授、教務長、代理校長，和清華留美學生監督處監督，與清華有很長的歷史淵源。

梅貽琦相當尊重教授，並且擁有虛懷若谷、沉靜溫和、寡言慎思、凡事不專斷妄爲的人格特質，是他之所以能服人的重要因素。對人有禮貌，對事有主張，葉公超曾以「慢、穩、剛」三字形容之。遇到問題，他總是先問旁人「你看怎麼辦好？」〔註 76〕不論同意與否，語氣相當委婉，從無疾言慍色。辦學方面，總是誠懇地邀請教授參與教學行政管理工作，仔細聽取教授們的意見，慎重看待教授會的決議並貫徹執行，常云：「吾從眾」〔註 77〕，不把個人意見強加於人。梅貽琦如此尊重教授意見，可溯源自他的「大師說」——一個大學之所以爲大學，端賴大師之有無。孟子云：「所謂故國者，非謂有喬木之謂也，有世臣之謂也。」1931 年 12 月 3 日，梅貽琦在清華校長就職典禮上套用這句話說：「所謂大學者，非謂有大樓之謂也，有大師之謂也。」〔註 78〕抗戰勝利復員後，又在《校友通訊》重述這一概念：「縱使新舊院系設備尚多欠缺，而師資必須蔚然可觀，則他日校友重返故園時，勿徒注視大樹又高幾許，大樓又添幾座，應致其仰慕於吾校大師又添幾人，此大學之所以爲大學，而吾清華最應致力者也。」〔註 79〕突出了教授在大學中的地位，也使教授們樂於進修以提升能力。

緣此，梅貽琦竭力羅致有學術名望的教授，盡量爲教授爭取薪資、休假、食宿等待遇，認爲「教授是學校的主體，校長不過是率領職工給教授搬搬椅

〔註 76〕 鄭天挺：〈梅貽琦先生和西南聯大〉，《笳吹弦誦在春城》，頁 69。

〔註 77〕 關於西南聯大的研究資料中，不只一處提及梅校長有「吾從眾」的領導風範，但不知這評價源自何時。以筆者目前查到最早提及此語的文章爲朱自清〈清華的民主制度〉：有人也許驚奇，爲什麼梅先生在種種事件上總不表示他的主見，卻只聽大家的。是的，這的確可驚奇，但是可驚奇而且可敬佩的是他那「吾從眾」的態度和涵養。朱喬森編：《朱自清全集》（江蘇省：江蘇教育出版社，1990），第 4 卷，頁 415。

〔註 78〕 〈梅校長到校視事〉，《國立清華大學校刊》第 341 期，1931 年 12 月 4 日。引自清華大學校史編寫組：《清華大學校史稿》，頁 106。

〔註 79〕 施嘉煬：〈懷念梅貽琦先生〉，《笳吹弦誦情彌切》，頁 13。

子凳子的」〔註80〕，自己完全以「公僕」的身份擔任聯大常務委員：學校配
的校長專用汽車捐做學校公用，外出開會時，近則步行，遠則搭蔣夢麟或別
人的車；念聯大的四個子女不准領教育部補助金，全家經常吃白飯拌辣椒；〔註
81〕有一回開會由成都返回昆明，堅決退去已訂好的機位，改搭郵政汽車的便
車，為公家節省兩百多元。〔註82〕當別人誇讚其辦學成績時，他把自己比做
京戲裡頭演「王帽」（即帝王角色）的，說：「他每出場總是王冠齊整，儀丈
森嚴，文武將官，前護後擁，像煞有介事。其實會看戲的絕不注意這正中端
坐的『王帽』。因為好戲並不要他唱，他因為運氣好，搭在一個好班子裡。」
〔註83〕這種不居功、不掌權的態度，加上梅貽琦除了忙於校務，平時極關心
每位教授，深獲教授們支持。

三、重人文育通才的教育觀

西南聯大的另外兩位常務委員——蔣夢麟和張伯苓，都是著名的教育
家：蔣夢麟是美國哥倫比亞大學教育學博士，張伯苓是考察日本和美國教育
熱心辦學的傳統文人。然而自聯大設立之初，張伯苓便因恢復南開中學並擔
任國民參政會副議長而常駐重慶，他把權力交給了蔣夢麟，對他說：「我的錶
你戴著」，此即天津方言「你做我代表」之意。〔註84〕蔣夢麟負責對外，溝通
於政府高層與昆明地方人士之間，而校內繁瑣的日常事務，則請梅貽琦全權
主導。〔註85〕論年紀和辦教育的學經歷，出身工科的梅貽琦都不如另外兩位，
但領導與決策能力毫不遜色，對教育亦有獨到之見解。他秉持著儒家培養「君
子」的教育理想，以「修己」為始階，為眾人與社會謀福利為最終目的，相

〔註80〕 清華大學校史編寫組：《清華大學校史稿》，頁106～107。
〔註81〕 韓詠華：〈同甘共苦四十年〉，《笳吹弦誦在春城》，頁59～61。
〔註82〕 鄭天挺：〈梅貽琦先生和西南聯大〉，《笳吹弦誦在春城》，頁68。
〔註83〕 清華大學校史編寫組：《清華大學校史稿》，頁106～107。
〔註84〕 鄭天挺：〈梅貽琦先生和西南聯大〉，《笳吹弦誦在春城》，頁67。
〔註85〕 「……實際上只有兩個校長在校。北大校長蔣夢麟負責對外，清華校長梅貽
    琦負責對內，處理日常事務。」（馮友蘭：《三松堂自序》，頁356。）由梅貽
    琦日記可知，梅貽琦經常至蔣夢麟住處交換意見，接觸頻繁。部分學者以為
    蔣夢麟因經常不在昆明，必然未替聯大貢獻心力，似乎不盡真確。蔣夢麟曾
    在1943年1月2日給胡適信中寫道：「數月前在渝，孟真責我不管聯大事，
    我說，不管者所以管也。」胡適：《胡適來往書信選》（中）（香港：中華書局，
    1983），頁550。若不了解三位校長的讓權和分工，是不能理解「不管者所以
    管也」這句話的。

當重視人文教育和通才教育，他的辦學理念充分體現於 1941 年所發表的〈大學一解〉。〔註86〕

〈大學一解〉以半文言的語體，透過古代典籍《論語》和《大學》，反思現代社會中大學教育種種未盡良善之處，指出辦學者和治學者在此階段應努力的方向。《論語》有云：「修己以敬」、「修己以安人」、「修己以安百姓」，及至《大學》一書開宗明義即曰：「大學之道，在明明德，在新民，在止於至善」，究其細目，則格物、致知、誠意、正心、修身屬「明明德」；齊家、治國、平天下屬「新民」。梅貽琦認為今日之大學教育，欲通過個人之修習達到社會之進步，其意終不脫「明明德」與「新民」二義，然執此二者視之，尚有諸多「體認未盡」而「實踐不力」之處，是以作此文分而述之。其思想之要，可歸為以下數點：

（一）人格之完整

明明德之修己功夫，乃指整個人格而非人格之片段，今日大學教育在知、情、志三方面僅留意知識技能一方面而已，「舉其一而遺其二」。大學課程屬於教務範圍，「課程以外之學校生活，即屬於訓導範圍之種種，以及師長持身、治學、接物、待人之一切言行舉措，苟於青年不無幾分裨益，此種裨益亦必於格致誠正之心理生活見之。」執教者需善誘之、善喻之，幫助學子認識自我。

（二）身教之楷模

梅貽琦認為情意方面之修養，教師須以身教樹立楷模。他將學校喻為水、師生喻為魚，大魚前導，小魚尾隨，故古者學子從師受業，謂之從游。「其濡染觀摩之效，自不求而至，不為而成。」今日教師或曰：此乃訓育之事，與教學無關；或孜孜於知識積累，無暇講求持志養氣之道，難以責人；或與學生於講授時間之外幾乎不相謀面，致使學子在日常生活之無形中難以有所取法。

（三）慎獨之重要

《大學》嘗論及「無自欺，必慎獨」之理，又言：「知止而後有定，定而

〔註86〕 梅貽琦：〈大學一解〉，原載《清華學報》第 13 卷第 1 期，「清華三十週年紀念號」上冊，1941 年 4 月，收錄於清華大學校史研究室：《清華大學史料選編》，頁 192～203，以下關於梅校長教育理念的引言皆引自此篇，不另作註。

後能靜，靜而後能安，安而後能慮，慮而後能得。」要獲得定、靜、安、慮、得五步功夫，必於獨處之時。然而「近代之教育，一則曰社會化，再則曰集體化，卒使黌舍悉成營房，學養無非操演，而慎獨與不自欺之教亡矣。」青年學子的學習方式已迥異於前，社團、壁報、實驗等活動佔去了許多時間，宿舍、課堂、遊賞，又難以與人保持充分距離，致使「學子無復有『獨』之機會，亦無復作『獨』之企求」，「充其極，乃至於學問見識一端，亦但知從眾而不知從己，但知附和而不敢自作主張、力排眾議。」集體生活雖容易管理，卻容易被煽動情緒，或缺乏思考、人云亦云。梅貽琦在集體化、社會化的口號喊得震天價響之時，憂心將會導致青年開始浮躁與盲從，由西南聯大後期學術氣氛之瓦解，以及中國十數年後荒謬的政治措施等發展看來，此時提出慎獨之重要，相當具有先見之明。

（四）通才重於專才

言及大學教育，常謂「通」與「專」兩原則，而社會上普遍有重視專科的傾向。梅貽琦認為：

> 通專雖應兼顧，而重心所寄，應在通而不在專。

> 以無通才為基礎之專家臨民，其結果不為新民，而為擾民。

通才之訓練，乃為一般生活作準備，不僅潤身，亦可助於人與人之間認識與溝通，而事業不過為人生之一部分，為特定事業服務之專才，自有研究院、藝術學校、技術學校，或職業訓練培養之。故社會所需要者，應以通識為本，專識為末。造就通才才是大學應有的任務。

（五）教育勿圖近功

不論培養學生知、情、志並進之完整人格，或者替社會造就通才之理想，均可知梅貽琦首重人格和文化的養成，此非長期之教育薰陶不可得也。故云：

> 新民之大業，非旦夕可期也。既非旦夕可期，則與此種事業最有關係之大學教育，與從事於此種教育之人，其所以自處之地位，勢不能不超越幾分現實，其注意之所集中，勢不能為一時一地所限止。
> 其所期望之成就，勢不能為若干可以計日而待之近功。

由於識見高遠，因此大學之一份子，所言必有部分「不合時宜」之言，不合於現在乃或合於將來，好比新文化運動之影響，達成新民之大業。

　　面臨民族危機，輿論易傾向於認同社會本位、現實本位的價值觀。當時教育部爲了因應國防與生產需要，曾推行「提倡理工，限制文法」、「注重實用科學」的方針。〔註 87〕西南聯大傳統中，亦潛藏肯定社會的整體利益高於個人利益的價值觀：張伯苓爲南開制訂「允公允能」的校訓，即意在「培養學生愛國愛群之公德，與服務社會的能力」，強調基礎知識和基本技能的學習，並鼓勵學生多接觸社會實際。〔註 88〕梅貽琦雖認同教育之最終目的乃謀「眾人與社會之福利」，卻極言「新民之責事先必有充分之準備」、「明德功夫即爲新民功夫之最根本之準備」，否則不爲新民而爲擾民，格外凸顯修身的價值。在此間提出從游、愼獨、師友古人等成德達才之道，並直指「我儕以今日之眼光相繩，頗病理學教育之過於重視個人之修養，而於社會國家之需要，反不能多所措意。末流之弊，修身養性幾不復爲入德育才之門，而成遁世避實之路。」〔註 89〕其重視人文教育、道德教育、通才教育、全人教育，於時代背景下有其獨到的前瞻性，爲嚴重偏向實用與科學的價值天平加以均衡，默默發揮其「新民」之效，使西南聯大在動盪時代仍散發人文之光輝。由「明明德」和「新民」兩大要旨所推演出的現代大學使命，在人文素養愈趨缺乏的今日看來，格外發人深省。

小　結

　　抗戰爆發之後，部分北大、清大與南開的教授選擇加入西南聯大，其中不少人是聞名遐邇的學者或新文學作家，他們擁有相似的生命經驗、學術地位、文化處境和思想水平，形成了西南聯大文人群。西南聯大不只是一所大學，更有其精神上的象徵地位。聯大精神所涵括的愛國、堅毅、卓越等精神，均可溯源於三校之傳統，和草創時期彼此同舟共濟的團結心。日軍蓄意破壞大學校園並摧毀文化資產的舉動，使得西南聯大師生致力於學術文化之延續與創造，在各項條件低劣的動盪時代依然潛心向學。湘黔滇旅行團對自己國家的宏偉壯麗和幅員遼闊有了更貼切的感受，同時也目睹了中國邊區的貧困、匪患和煙害，而把眼光放得更遠，將抗戰之後的建國大業視爲己任，締造出輝煌的成果。行政決策方面，由於蔣夢麟和張伯苓兩位校長讓權，不致

〔註 87〕　清華大學校史編寫組：《清華大學校史稿》，頁 302。
〔註 88〕　梁吉生、楊珣：〈愛國教育家張伯苓先生〉，西南聯合大學北京校友會編：《笳吹弦誦情彌切》（北京：中國文史出版社，1988），頁 7～8。
〔註 89〕　梅貽琦：〈大學一解〉，清華大學校史研究室：《清華大學史料選編》，頁 196。

發生互別苗頭或多頭馬車的情形，使梅貽琦有更多發揮的空間。他不居功不專斷的個人特質和以師為本的開明領導，贏得了眾人的信服，重視人格、通才教育以及不圖近功的辦學理念，更深得聯大教授之心。聯大在梅貽琦的帶領下，順利統合三校資源，並從規章制度到師生言行，貫徹著兼容並蓄、相互尊重、平等而忠於自我的自由精神，成就不凡之西南聯大。

第三章　西南聯大文人群的自我空間

前　言

　　本章探究西南聯大文人群的自我空間，作為了解聯大文人群實際生活的第一步，以回憶錄、日記、回憶性質的散文為參考資料，力求重回當時歷史情境。本研究之自我空間，指相對於公領域之私領域，是與個人切身相關的私人事務，包括飲食、居住、休閒娛樂、躲避空襲警報、家庭收入與支出等情形。

　　1940 年代距今已將近七十年，我們生活在科技進步、久無戰亂的現代社會中，若不刻意蒐集整理這方面的資料，很難體會聯大文人群與我們在生活起居上的差異，又，彼此的差異程度有多大。筆者認為欲了解聯大文人群的自我空間，以下幾點是較佳的切入點：1. 昆明當地的飲食習慣和風土人情，他們是否能接受或適應？2. 自來水、電、照明、瓦斯等供給是否充足？3.公共衛生條件如何？4. 因戰亂而引起的困擾，包括日軍空襲行動和經濟上的物價飛漲，對生活造成之不便或心理上的壓力大或小？5. 在生活不便、工作繁瑣、國事堪憂的情況下，他們從事哪些休閒娛樂活動，放鬆心情？6. 生活是否優渥、地位受人尊崇……等。

　　以下將朝這幾個方向，分為「飲食與居住」、「休閒娛樂與跑警報」、「薪津待遇與兼差副業」等三小節呈現之。

第一節　飲食與居住

　　本節探討飲食與居住兩個面向。第一個部分探討吃的內容，初到昆明必

定會接觸當地的飲食，那麼，著名的雲南料理有哪些？特色是什麼？他們對當地料理的接受度高低？以及昆明菜和聯大師生之間，是否聯繫著特殊情感？第二部分關心吃的方式，除了今人仍容易理解的聚餐方式之外，特別提出台灣當今大學教授已不復見的包飯制。包飯制的價格、菜色、人數規模，以及是否有城鄉差距？第三部分提出蚊蟲、油燈、水等三項與居住環境密切相關的主題，作爲觀察的指標。第四部份以空照圖的想像方式，指出文人群曾因躲避日軍轟炸而遷往郊區，形成三個文人聚集的文化中心，並分別探討這三區的地理位置、與聯大校本部之間的交通，以及該地所呈現的人文風貌。

一、吃在昆明

初到異地，最先接觸到的文化差異，莫顯於「吃」。中國幅員遼闊，農作物和氣候差異，使各地發展出別具風韻的地方菜色。而昆明——雲南菜雖不屬於中國八大菜系之一〔註1〕，但它的獨特風味，卻能讓聯大師生在最短時間融入，並且離開後仍回味無窮。半個世紀之後，物理學博士楊振寧重返昆明時提出：「我不吃酒席，就吃燒餌塊夾油條。」〔註2〕作家汪曾祺亦曾寫下〈昆明菜〉一文，把昆明菜的食材、吃法、乃至於店家的特色，有條不紊地整理出來，他說：「我離開昆明整四十年了，對昆明菜一直不能忘。」〔註3〕2006年 2 月，筆者實地造訪雲南，當地居民的飲食特色迄今仍保持其傳統，與聯大師生的文字紀錄幾無二異。

朱自清和沈從文都常吃米線，這是昆明人的主食之一。胃不好的朱自清宜少量多餐，但他鍾愛街頭小食館「味美軒」的米線，有時竟不經意「食過量」〔註4〕，爲了吃米線而犯胃疼。汪曾祺說沈從文平時即吃得很清淡，住在昆明文林街二十號的時候，「到吃飯時總是到對面米線鋪吃一碗一角三分錢的米線，有時加一個西紅柿，打一個雞蛋，超不過兩角五分。」〔註5〕西紅柿即蕃茄。米線以清湯煮熟，放少許鹽和幾根白菜梗，綴上蔥或香菜，價廉味美。

〔註1〕 八大菜系乃指：魯菜、蘇菜、粵菜、川菜、浙菜、閩菜、湘菜、徽菜等八種獨具特色的地方菜。
〔註2〕 張曼菱編撰：《照片裡講述的西南聯大故事》，頁 51。
〔註3〕 汪曾祺：〈昆明菜〉，《人間草木》，頁 61。
〔註4〕 張曼菱編撰：《照片裡講述的西南聯大故事》，頁 52。
〔註5〕 汪曾祺：〈星斗其文，赤子其人〉，《人間草木》，頁 211，原載於《人民文學》，1988 年第 7 期。

米線鋪從早餐到宵夜食客絡繹不絕，餓了就坐下「喝」一碗。像朱、沈這樣經常以米線填飽肚子者，不在少數。

雲南的菜、肉等副食，不同於四川菜那樣調料複雜、濃厚而強烈。昆明菜重原汁原味，少鹽少糖，其特點是鮮嫩、清香回甘、酸辣適中、重油醇厚。無論涼拌、蒸煮、煎炒，慣用花椒爲佐料，口感麻而微辣，當地人謂筆者曰：因花椒能去瘴氣且明目，故多食也。代表性的菜餚有肉質細嫩、湯汁鮮美的「汽鍋雞」，色淡而辣的「泡椒鳳爪」，吃法獨特的「過橋米線」，視爲「山珍」的各種野生菌，「宣威火腿」爲材的蜜汁火腿、雲腿月餅，還有醃製晾乾製成的各種肉品，如「牛干巴」等。中文系教授唐蘭喜歡吃乾巴菌〔註6〕，油炸、炒青辣椒或炒雞蛋，味似牛肉乾。劉文典則以「二雲居士」之雅號聞名。所謂「二雲」，指的是「雲腿」和「雲土」，前者是雲南宣威火腿，後者是雲南鴉片。〔註7〕雲南宣威火腿和浙江金華火腿齊名，而味道較重，簡稱「雲腿」。以雲南宣威火腿切丁，配以重油、重糖爲餡，外覆的麵粉和上豬油和蜂蜜，即是「雲腿月餅」，色澤橙黃、油而不膩、口感酥軟、鹹甜適宜、馳名中外。

像雲腿月餅那樣同樣充滿地方風情的點心，還有「破酥包」、「燒餌塊」、「乳扇」、「乳餅」等。乳餅是用新鮮羊奶，煮沸後加入食用酸，凝固後加壓製成塊狀，色白略帶點黃，表面有油質，無酸味。吃法很多，常切片與火腿相間而食。餌塊則是一種米製品。〔註8〕將大米洗淨後蒸熟，舂細如泥，案板上用蜂臘抹好，再搓揉成長方、橢圓、扁圓等形狀。吃法分爲兩種：一種將之掰成小片，作湯餌塊或炒餌塊；另一種在食用之前切成約一公分厚的薄片，用炭火烤到發黃發泡，口感似較硬的麻糬，有嚼勁，可塗上芝麻醬、花生醬、甜醬油，或夾燒肉，對合而食之，楊振寧所說的燒餌塊即指後者。鹿橋在《未央歌》也曾詳細說明了米線、餌塊、捲粉的製作方式，並比較這三種米製品

〔註6〕　汪曾祺在〈食道舊尋〉一文寫道：「唐立庵（蘭）先生愛吃乾巴菌，這東西是不貴的，但必須有瘦肉、青辣椒同炒，而且過了雨季，鮮乾巴菌就沒有了。」

〔註7〕　周作人：「劉叔雅名文典，……叔雅人甚有趣，面目黧黑，蓋昔日曾嗜鴉片，又性喜肉食，及後北大遷移昆明，人稱之謂「二雲居士」，蓋言雲腿與雲土皆名物，適其所好也。」〈北大感舊錄六〉，《知堂回想錄》（下）（石家莊：河北教育出版社，2002），頁561。

〔註8〕　古時麥類製作的食品均統稱爲「餅」，米類製作的爲「餌」。雲南栽種稻米歷史悠久，民間到了農曆歲末，家家戶戶都要挑選最好的大米製成餌塊，用作餽贈的食品，稱爲「餌餽」，取諧音稱爲餌塊。錢天久主編：《中國旅遊熱點城市——昆明》（北京：中國地圖出版社，2003），頁97。

的口感：「米線鬆軟，滋味易入，捲粉稍有韌勁，捲成的捲兒煮開了便如寬麵條兒。餌塊最難嚼，可是也就是愛喫它那股子硬勁，覺得這才有個嚼頭兒。」
〔註9〕學生們很快地學會用夥計和師傅對話常說的昆明老話點餐，如「免紅」、「多青」、「寬湯」，分別代表「不放辣椒」、「多點青菜」、「多點湯」之意。文林街上生意鼎盛的「米線大王」和「米線二王」，也在《未央歌》裡被記錄了下來，當年的昆明風情躍然紙上。

聯大文人在昆明常吃或喜歡吃的昆明料理，他們自己並不善於記述，幸虧有當時的聯大學生鹿橋和汪曾祺等人，納入小說和散文之中，用精確又富情感的文字記錄下來。六、七年光陰絕不同於旅遊那般短暫，「昆明菜」對聯大人來說，最初是「外於己之物」，因為陌生的距離感而產生好奇心；後來逐漸融入，成為自己在昆明生活的一部分；離開昆明之後，對它們的情感又昇華為對聯大歲月的追憶。因而米線、火腿、餌塊等食物，不只是雲南當地的食文化，更成為聯大人觸發回憶的重要媒介，也是聯大人精神文化體系中的共同標記。

二、包飯制

聯大文人因家庭狀況和住宿條件不同，處理三餐的方式也不盡相同，大別有三：教授夫人料理、外食和包飯。有家眷同住者，往往由教授夫人在寓備菜，有時住得近的幾家人輪流作主招待，單身教授偶而搭伙的情形十分普遍。1943 年的農曆除夕，梅貽琦「晚飯即吃蒸餃，另菜兩碟，佐以酒。又聞家送來雞肉一碟、蘿蔔球一碗。」〔註10〕朱自清住清華文科研究所，請眾人吃烤年糕，數人還聚在一起包餃子同樂；而浦江清家則「略備牛羊肉食及餃子若干」，約集陶、馮、虞、沈幾家好友偕妻女閒聊應景。〔註11〕由於夫人們的廚藝高下和家鄉背景造成不同的料理習慣，日記中經常可見「某某夫人，江西人，菜好」、「菜頗精緻，酒亦佳，惟主人不善飲」之類的評價。邀集同

〔註9〕 文中還記載「捲粉」讀如「剪粉」，是方言的關係。三種東西可以有各種吃法，放的作料卻差不多。有肉末的，叫做川肉，有燜雞的就叫燜雞，這兩種吃法最多。比方川肉米線，燜雞捲粉之類，都是有湯的。此外炸醬的，紅燒羊肉的等等不一而足。餌塊因為是硬的，所以還有炒餌塊的吃法，味道不讓炒年糕。鹿橋：《未央歌》（台北：台灣商務印書館，1995），頁78～79。

〔註10〕 黃延復、王小寧整理：《梅貽琦日記（1941～1946）》，1943 年 2 月 4 日，頁129。

〔註11〕 浦江清：《清華園日記——西行日記》，1943 年 2 月 4 日，頁 235。

人開會、宴客或朋友聚會，則多在餐館外食，其中以「冠生園」名氣最大，是聯大教授們最常出入的餐館。聚餐後經常飲酒或飲咖啡，金岳霖最愛的冰淇淋，也是常見的飯後甜點，足見西方飲食文化在昆明的接受度頗高。

比較特別的是包飯制。部分教授因為北平到昆明路途遙遠，一來勞累，二來容易發生危險，三是昆明物價較高，而將家眷安頓於老家，隻身在昆明。教授們自己不善料理，又苦於和學生一同擠食堂吃「八寶飯」〔註12〕，於是住在附近的幾個人聯合起來，每月繳一定金額，由廚子統一備菜，價廉且便利，稱作「包飯」。1942年浦江清住清華文科研究所，每週需進城上課三天，因此參加了清華文研所和北門街71號陳岱孫和李繼侗教授私人組織之宿舍的包飯，兩處包飯價格和情形載於日記，可作對照。北門街宿舍「每月五百元。飯菜兩葷兩素，六七人尚夠吃，每頓有一大碗紅燒牛肉或豬肉，唯米飯不佳。早上是稀飯、油花生。七點半開，遲起即不及。」〔註13〕清華文科研究所的包飯條件反而不如城內，「由一本地人服役並做飯。七八人但吃兩樣菜，一炒蘿蔔，一豆豉，外一湯而已。極清苦。據云每月包飯費四百元，且由校中貼些茶水費，否則要五百元云。」〔註14〕不僅價格貴、菜色差，浦江清在給妻子的信中同時表達對廚子的不滿，「本非廚子，是本地人，不能做菜，又很剛愎，不叫人指導，所以菜不入味。尤其是多放茴香、花椒、辣椒這類，即素菜中亦放入內，說過好幾次，都不聽。……要麼自己動手，要麼一切聽他。」〔註15〕即便如此，浦江清還是選擇繼續參加包飯團體解決一日三餐。

包飯對單身的男教授來說，無疑是最省時省力的方式之一，文學院諸教授對包飯可說是習以為常。在南嶽和蒙自的時候，文學院遺世而獨立，可供選擇的餐館很少，教授們幾乎全都統一在宿舍包飯。但是廚子的家鄉烹調習

〔註12〕　四十年代物價逐漸上揚，生活水準下降直接反映在飲食上。1944年之後，公務員或學生所吃的公米，是滲水發霉的黑米，被聯大學生戲稱為「八寶飯」。八寶者何？穀、糠、粃、稗、石、砂、鼠屎及霉味。其色紅，其味衝。有工學院的老師在粗米飯裡咬到小石頭，而不幸崩掉一顆牙的。任之恭：〈我在西南聯合大學〉，《笳吹弦誦情彌切》，頁206。後來學生發現盛飯半碗，舀湯或水一勺，以筷猛力攪之，使現漩渦狀，八寶即有七寶沈於碗底，可將米飯純淨度提高到九成左右。周明道：〈聯大生活拾零〉，《學府紀聞‧國立西南聯合大學》，頁310。

〔註13〕　浦江清：《清華園日記 西行日記》，1942年12月2日，頁226。

〔註14〕　浦江清：《清華園日記 西行日記》，1942年11月23日，頁224。

〔註15〕　浦江清：〈致夫人張企羅函〉（1943年1月9日），《無涯集》（天津：百花文藝出版社，2005），頁232～233。

慣和手藝高低難掌握，常常無法滿足每個人的口味，早在南嶽的時候就曾發
生過對廚子抱怨連連的事情。據浦江清所述，湖南人早餐不吃饅頭配豆漿，
三餐都吃整套的白飯配菜，湘菜又辣得出名。眾人對飯事可說是苦不堪言：「煮
米飯硬得粒粒可數，難以吞嚥，沒有時間細嚼，一下子同桌的人把碟子裡的
菜一掃而空，剩下那些菜辣辣的不好上口。」〔註16〕聞一多還批評「飯裡滿
是沙，肉是臭的，蔬菜大半是奇奇怪怪的樹根草葉一類的東西。一桌八個人
共吃四個荷包蛋，而且不是每天都有的。」〔註17〕這些批評雖然有些誇張的
成分，卻強烈表達在南嶽吃得不習慣。後來葉公超自告奮勇擔任教職員伙食
團經理，請來一個廚藝高明的師傅，問題才算解決。浦江清為此在日記上特
書：「日來飯食甚佳，真乃人生一大快事」。〔註18〕城鄉、時間、廚子之不同，
決定了包飯的價錢和菜色，也決定了他們每天吃飯的心情。

三、蚊蟲・油燈・水

　　當時的衛生防治較不發達，南部氣候溫暖，蚊蟲多，傳染病亦多，不時
有人染上瘧疾。瘧疾是公元前 400 年就已發現的古老疾病，主要症狀為突發
性寒顫，後轉為高燒和大量冒汗。雖然是有可能致命的傳染病，根據日記所
載，罹患瘧疾一般不就醫，多自行服用奎寧片，約一週時間自然痊癒。邊做
事邊抓身上惱人的虱子，也是和起居分不開的一部份。王力曾專以「虱」為
題，從反面諷刺中國人早已習慣不良的衛生環境：「中國人向來不諱言虱，王
猛被褐見桓溫，捫虱談當世之務，旁若無人。這一則可見自古虱子和窮人結
不解緣，二則可見捫虱無傷大雅。」〔註19〕繼而言虱子大別有白虱、壁虱（臭
蟲）、跳蚤（貓虱）三種，人對虱子的態度則有四種：第一種是一覺得癢就務
必捉到了才甘心；第二種人積累到一定數量才捉牠一次；第三種人滿身是虱
子，也就隨牠去；還有一種是「恣虱飽腹主義者」，以為與其讓另一隻餓虱來，
不如讓吃飽的虱子佔住地盤。金岳霖或許可算上第五種人，他是懷著童心抓
跳蚤的。有回他和學生們談論小說和哲學的關係時，講著講著忽然停下來說：
「對不起，我這裡有個小動物」，接著「把手伸進後脖頸，捉出了一個跳蚤，

〔註16〕 浦江清：〈南嶽山中的臨大文學院〉，《笳吹弦誦情彌切》，頁 56。
〔註17〕 聞一多致妻子信（1937 年 11 月 8 日），聞黎明、侯菊坤編：《聞一多年譜長編》
　　　　（武漢：湖北人民出版社，1994），頁 509。
〔註18〕 浦江清：〈南嶽山中的臨大文學院〉，《笳吹弦誦情彌切》，頁 56。
〔註19〕 王力：〈虱〉，《王力散文》（台北：新學識，1990），頁 104。

捏在手指裡看看，甚爲得意。」〔註20〕

　　資源不足的居住環境下，日常生活不經意的普通小事，便易於突顯其重要性。北平習慣用的電燈，不得已改用煤油燈，後因煤油價昂，又改爲昏暗不明的荼油燈。明滅不定的燈光傷眼，易倦，爲了節省油的消耗，聞一多還得經常帶著孩子們利用天井透進來的光讀書。若養成日出而作，日落而息的習慣，照明這方面不致造成太大的困擾。水是人類賴以生存的重要元素，不同於照明之可有可無，昆明當時尚無自來水管線，用水需靠配送，或尋找有水的井打水回家使用，水資源彌足珍貴。浦江清在北門街宿舍時，「早晨無熱水，用冷水洗臉。每餐後來開水一道，此外無之。有時出外鎖門，即有無水可喝之危險。」〔註21〕連飲用水都有匱乏的危險，洗澡的耗水量大，又如何解決呢？

　　《聯大八年》有學生記載：聯大沒有沐浴室，洗澡必須各尋途徑，更遑論用熱水洗澡。部分同學跑到學生服務處或青年會去洗；1945年3月以前還有一間空房，可讓同學們在井裡取了水去淋浴，後來空房改做副食部，連「淋浴室」也沒有了，只好花錢上澡堂或直接在井邊沖水。〔註22〕老師們要洗澡也不是一件容易的事，梅貽琦幾乎每次洗澡都會寫進日記中，足見其慎重，茲舉數條爲證：

　　1941/01/04　記：「下午小睡後至太華浴室洗澡，蓋又月餘未曾入浴也。」

　　1941/04/15　記：「四點至八點間做事頗多。先訪梁大夫，繼至愛群浴室洗澡，未入浴盆者已三月有餘矣。」

　　1941/05/13　記：「下午三點餘至愛群洗澡，費時一時半。」

透過他的日記推知當時洗澡的習慣和現在大不相同：家中無澡間，洗澡需步行前往收費的太華浴室、愛群浴室或青年會等地方；冬天出汗少，則大幅減少洗澡次數，平均一至兩個月一次，夏天約一週洗一次，平時則洗臉和手腳，

〔註20〕汪曾祺：〈金岳霖先生〉，《人間草木》，頁215。
〔註21〕浦江清：《清華園日記——西行日記》，1942年12月2日，頁226。
〔註22〕爲了因應洗澡之不便，聯大學生採取幾種對策：一、每星期花一兩千元上澡堂；二、約幾個朋友玩玩籃球，等到有足夠的熱氣抵擋透涼的井水時，再拿一盆水到井邊，從頭到腳往下沖了事；三、好好「保養」，平時連路都不敢多走，以免出汗弄髒了身體。走辛田：〈我住在新校舍——聯大的衣食住行及其他〉，《聯大八年》，頁75～76。

身體部分僅稍作擦拭。

　　蚊蟲、疾病、燈光、用水，表面上只佔生活中極少部分，卻和每人每天的作息緊密地結合在一起。一不小心就染上引發高燒的瘧疾、不時鑽到衣服裡吸血的虱子、趕在太陽未下山前處理事情或讀書、出門在外擔心鎖了門回來沒水喝、一個月才能享受一次洗澡的舒暢……。這些當今文明社會難以忍受的低劣物質條件，不是戰爭下的聯大文人群所特有的，而且他們久居其中或許早已習以為常並不以為苦。但是無可否認的，這裡充分反映了一個時代的普遍生活狀況，不論在學術界的名氣多大、地位多高，都必須自己去應付大環境不便帶來的困擾。原來在令人景仰的學術成果背後，每天必須面對著持續性的心理負擔，怎能不令人既驚訝又嘆息呢？

四、疏散與文化圈的形成

　　1938 年 9 月 28 日，日機首次轟炸昆明。有時雖有警報而未見敵機，但三天兩頭的空襲，給人帶來沈重的心理壓力。人們開始考慮到居住的地方要分散，遠離軍事目標，於是紛紛從市區向城外遷移，當時稱作「疏散」。1940 年10 月，日軍增強對昆明的轟炸行動，13 日更以聯大和雲南大學為目標集中轟炸，「雲大及聯大師院已全毀，文化巷住宅無一存者」，新校舍北區「房屋毀圮，瓦土堆積。難民露宿，或掘尋什物。」聯大總辦公處和女生宿舍「門窗破傾，瓦礫塵土堆積。眾人惶惶無所歸宿。」〔註23〕轟炸後的景象忄目驚心，文化巷是聯大教師居住較集中的一個地方，教師們雖然保住了性命，但造成不小恐慌，引來又一波「疏散潮」。西南聯大位於昆明城北區，教授們也因此多考慮城北近郊作為疏散地。正北面的山地，把昆明北邊分割成東西兩部分，西北郊以大普吉為中心，東北郊以龍泉鎮為中心。由於教授「疏散」的緣故，大普吉鎮、龍泉鎮，還有往南稍遠一點的呈貢縣，先後形成幾個學者雲集的文化圈。

　　大普吉鎮在昆明西北郊，鄰近村落有小普吉、海源寺、龍院村、陳家營等，西南聯大有部分研究機構和教師宿舍設於此，因此吸引了不少專家學者散居附近。在清華文科研究所恢復之前，朱自清一家在龍院村的老報人惠我

〔註23〕吳宓著、吳學昭整理：《吳宓日記》，第 7 冊，1940 年 10 月 13 日，頁 245～246。

春家中住了半年多〔註 24〕，聞一多也和弟弟聞家駟一同疏散至大普吉，後因兩家人合住太擠，而搬到附近的陳家營。這段日子，聞一多經常和同住在陳家營的黃子卿、高崇熙、余冠英三家往來，並且留下「掛布分屋」的溫馨故事。1941 年初，數學系教授華羅庚在昆華農校的住所被炸，華羅庚左腿因病殘疾，孩子又小，空襲時跑不快，若找不到地方疏散，危險性較一般人更高。聞一多當時並不認識華羅庚，但是聽到他的遭遇立刻伸出援手，主動邀請華羅庚一家同住。於是兩家上下 14 口人，在 16 平方米、昏暗、簡陋的偏廂房裡，掛布簾相隔而居。兩位教授時常工作到三更半夜，聞一多卷曲在床角邊一平方米的空地，趴在黃木箱上專心「考古」，寫下了馳譽國內外的神話專論《伏羲考》；另一邊的華羅庚，則騎著門檻，架一張大板凳當桌子，演算出教育部自然科學類一等獎的《堆疊素數論》。華羅庚後來用詩記下了這段難忘的生活：

> 掛布分屋共容膝，豈止兩家共坎坷。
>
> 布東考古布西算，專業不同心同仇。〔註25〕

在陳家營一年多的時間，兩人發表過多篇論文，不因為艱苦的環境而澆熄各自的研究熱情。

龍泉鎮距市區將近十公里，除了傅斯年主掌的中央研究院歷史語言研究所之外，這一帶還有位於棕皮營的北京大學文科研究所，和 1941 年夏天在司家營恢復成立、由馮友蘭擔任所長的清華大學文科研究所，人文薈萃，極一時之盛，成為昆明附近最大的文人聚落。〔註 26〕朱自清、聞一多、浦江清住清華文科研究所內，「所址僅一間鄉屋，土牆，有樓。中間一間極寬敞，作為

〔註24〕 朱自清在龍院村寫下〈中國散文的發展〉等幾篇文章，1940 年暑期舉家遷往夫人陳竹隱的老家成都，隔年 10 月朱自清隻身返回昆明。當時適逢清華文科研究所在司家營成立，朱自清隨即遷往司家營住在清華文科研究所內。余斌：《西南聯大‧昆明記憶》（昆明：雲南民族出版社，2003），第 3 冊，頁 47。

〔註25〕 李洪濤：《精神的雕像：西南聯大紀實》（昆明‧雲南人民出版社，2001），頁 87～89。

〔註26〕 昆明郊區不少村子以「營」為名，如王家營、陳家營，這是明代兵營逐漸演變為村落在地名上留下的歷史遺痕，司家營亦然。1941 年夏天清華大學文科研究所恢復成立，由馮友蘭擔任所長，聞一多任中國文學部主任。該所租用龍頭村附近司家營 17 號的民房為所址，屬於昆明「一顆印」式的兩層土木結構小院，樓下為研究所的廚房、食堂，樓上正廳為辦公室。朱自清大約在此住了兩年，聞一多在此住了將近三年，是聞一多在昆明住得最久的一個地方。余斌：〈聞一多在司家營〉，《西南聯大‧昆明記憶》，第 1 冊，頁 13～14。

研究室，有書十餘架，皆清華南運之舊物，先提至滇，未遭川中被毀之劫。」
「臥室則在兩廂房。聞及其眷屬佔其一，朱（自清）、許（駿齋）、何（善周）
佔其一，余來乃在室中加一舖。」〔註27〕馮友蘭、羅常培、湯用彤、王力、
鄭天挺、陳夢家等人則住在距離兩公里不到的龍頭村。

　　1940年秋，王力從越南研究回來，一家人租下當地農民習慣居住的兩層
式樓房，上層住人，下層關豬牛等牲畜，屋簷低矮，四壁黑黃斑駁，門外豬
牛糞遍地，時有氣味沿土牆縫隙鑽上樓來。初來並不習慣，後來王力在門邊
貼上春聯：「閑招白雲鶴千里，靜讀黃庭香一爐。」〔註28〕彷彿從道家的世界
觀獲得寄託，超然於世俗榮樂之外，不以陋室為擾。馮友蘭一家人住在村邊
一座小山上的舊廟裡，廟分前後兩院，後院是龍泉鎮鎮公所，馮友蘭和一對
猶太人夫婦分別居前院的西廂房和東廂房，《貞元六書》的第四部《新原人》
就是在這裡寫成的。〔註29〕文人群彼此交遊甚密，浦江清經常從司家營散步
式地走上兩三里去龍頭村、棕皮營會友，或唱曲，或談詩，其樂融融。浦江
清在1943年2月6日寫道：「飯後，至棕皮營陳夢家、游澤承及錢端升、金
岳霖諸家，均有茶點。歸時，余戲詠『一去二三里，煙村四五家』之句。」〔註
30〕朱自清也常從司家營到龍頭村的教授家裡走動，他和王力夫人是江蘇同
鄉，常常一踏進王力家門就說：「我打牙祭來了！」〔註31〕準備吃一頓好飯菜。
「談笑有鴻儒，往來無白丁」，正是這個文化圈的寫照。

　　西北郊的大普吉距離聯大約7公里，來往昆明必須經過大虹山。那時的大
虹山是個墳場，經常有野狗、狼群出沒，曾發生狼群襲擊人的意外，經過不禁
令人毛骨悚然。東北郊的龍泉鎮距聯大約10公里，往往天未亮就必須出門上
路，雖然沒有經過像大虹山那般危險之地，但是道路兩旁都是田地，教授們一
頭栽進田溝裡，弄得渾身是泥的狼狽模樣，是大家多多少少有過的經歷。龍泉
鎮至昆明有公車可聯絡，1943年初每人票價18元〔註32〕，經常往返是吃不消
的，他們往返城鄉仍以步行為主，腳程至少需兩個半鐘頭。因此他們多在城內

〔註27〕 浦江清：《清華園日記──西行日記》，1942年11月23日，頁224。
〔註28〕 張谷、王緝國：《王力》（武漢：湖北人民出版社，2002），頁72。
〔註29〕 馮友蘭：〈自序〉：「此書屬稿時，與金龍蓀先生岳霖同疏散於昆明郊外龍泉鎮。
　　　　 湯錫予先生用彤亦時來。」《新原人》，收錄於《新理學》（上海：上海書局，
　　　　 1996）。
〔註30〕 浦江清：《清華園日記 西行日記》，1943年2月6日，頁237。
〔註31〕 張谷、王緝國：《王力》，頁86。
〔註32〕 〈致夫人張企羅函〉（1943年1月9日），浦江清：《無涯集》，頁233。

留有一個床位，盡量把課集中於兩三天內，上完課再趕回郊區的家。

　　相較於前兩個地方，呈貢縣在昆明東南方，距西南聯大最遠，約有 20 公里。有火車可聯絡昆明，且有呈貢簡易師範學院和呈貢中學，因而吸引學者和優秀的大學畢業生前來任教，成為較早形成的文化中心。作家冰心、吳文藻夫婦住在呈貢縣三台山的「華氏墓廬」，每到週末常會有朋友從昆明來小聚，羅常培就是常客之一。冰心把這裡稱作「默廬」，既是「墓廬」的諧音，亦寓新主人沉潛之意。〔註 33〕冰心的〈默廬試筆〉開頭即道：「呈貢山居的環境，實在比我北平西郊的住處，還靜，還美。」她回溯過去住過的郊外住宅，包括國外的伍島、白嶺，國內的北平、山東等地，覺得默廬最為愜意。她說：「論山之青翠，湖之漣漪，風物之醇永親切，沒有一處趕得上默廬。我已經說過，這裡整個是一首華茨華斯的詩。」〔註 34〕冰心在呈貢的時間不長，1940年初便遷往重慶，呈貢卻因冰心而增添不少名氣。

　　沈從文也是早期疏散到呈貢的文人，1939 年 5 月，兩夫妻便選中滇池邊的呈貢縣，住在龍街子村的楊家大院，門前有一株高大的仙人掌，見過的人都不容易忘記。〔註 35〕兆和的四妹充和也同住，張充和後來嫁給漢學家傅漢思（Hans H. Frankel），常居美國，四十年後憶起呈貢生活，仍對龍街的印象充滿生氣：由龍街望出去，一片平野，遠接滇池，風景極美，附近多果園，野花四季不斷地開放，常有農村婦女穿著褪色桃紅的襖子，滾著寬黑邊，拉一道窄黑條子，點映在連天的新綠秧田中，豔麗之極，農村女孩子、小媳婦，在溪邊樹上拴了長長的鞦韆索，在水上來回蕩漾。〔註 36〕那時沈從文除了教書、寫作外，還繼續編教科書。每週去城中上課、編書兩三天，再回呈貢鄉下，在華僑中學兼課教作文；張兆和操持家務，同時在呈貢中學兼課教英文。一家四口最愛趕集的熱鬧時候，「龍街子五日一場，逢場期滿街是人」，華僑中學的學生若在街期遇上沈從文一家人，一定爭著來幫忙把他手裡抱著的菜蔬瓜果送到家裡去。更令沈從文印象深刻的，是這些華僑學生在困難中的互助情誼，「常常一個人把家中寄來的錢完全借給大家作伙食，並

〔註 33〕余斌：〈冰心與呈貢〉，《西南聯大‧昆明記憶》，第 1 冊，頁 7。
〔註 34〕冰心：〈默廬試筆〉，最初發表於香港《大公報》，1940 年 2 月 28 日。收錄於
　　　　卓如編：《冰心全集》（福州：海峽文藝出版社，1999），第 3 卷，頁 169。
〔註 35〕沈從文：〈憶呈貢和華僑同學〉，《沈從文全集》（太原：北嶽文藝出版社，2002）
　　　　第 12 卷，頁 309。
〔註 36〕張充和：〈三姊夫沈二哥〉，《聯合文學》，27 期，1987 年 1 月，頁 170。

不指望收回。」〔註37〕人情味十分濃厚。

　　無論山水，還是人文，呈貢之美不在話下。雖僅是彈丸之地，卻顯得氣象萬千。除了這兩家人之外，社會學家費孝通和聯大、雲南大學的同好們，在呈貢南邊的老城牆村設立了社會學研究工作站，調查農村經濟、人文狀況，帶領社會系學生到呈貢實習。〔註38〕李廣田在呈貢北邊的斗南村，完成長篇小說《引力》。古樂專家查阜西、音樂史學者楊蔭瀏也都曾落腳於呈貢。

　　1941 年 8 月，美國空軍志願隊（飛虎隊）正式在昆明成立，12 月 18 日飛虎隊成員陸續駕駛 P-40 飛機抵達昆明，此後昆明的天空不再完全由日機掌控。空襲漸次減少之後，沈從文、聞一多等人又陸續搬回城內。戰亂中的聯大文人遷徙頻繁，有的因為房屋被砲彈炸燬，有的為了租金或就近兼課等事由，經常幾個月就搬一次家，流動性高，有時住所的位置和時間先後連他們自己也搞不清楚。上文提及，朱自清和聞一多至少都曾住過大普吉和龍泉鎮即為一例，其他人也有不同時間居住地區重疊的情形。余斌曾蒐集大量資料，訪問當地耆老，企圖一一尋找聯大文人駐足過的昆明遺蹤。雖知不可能一網打盡，成果亦堪稱豐碩，在昆明大幅拆除老舊社區之前留下歷史珍貴照片，後來出版一套三冊的《西南聯大‧昆明記憶》，為後世研究者留下重要的參考資料。

第二節　休閒娛樂與跑警報

　　本節分為兩部分，第一部份探究聯大文人群是否因時局混亂，終日兢兢業業而無心從事休閒活動？文人群在一般吃飯、交通、處理家務、教學和研究工作以外所從事的休閒活動有哪些？第二部分探討日軍對昆明空襲期間跑警報的情況，包括警報時間、疏散的地點、聽到空襲警報的態度、對西南聯大群體和個人造成哪些影響？

一、休閒消遣

（一）看竹、玩撲克

張起鈞曾為北大和清大過去的校風差異做了一個有趣的比較，他認為兩

〔註37〕沈從文：〈憶呈貢和華僑同學〉，《沈從文全集》第 12 卷，頁 310。
〔註38〕李洪濤：《精神的雕像：西南聯大紀實》，頁 96。

校第一個差異是中西的不同，除了因為清華是留美預備學校，學生英語能力強，多出國留學，觀念新穎開放之外，「玩」的方面也分中西。就他的觀察：「清華同學看電影的顯然比聽京戲的是壓倒的多數，而北大同學則也顯然是愛聽京戲的比愛看電影的多；清華同學玩橋牌的風氣很普遍，而北大同學中會玩橋牌的恐怕找不到幾個，打麻雀（將）則是個個皆會，無人不曉。」〔註39〕不過清大校長梅貽琦則對打麻將十分熱衷，聯大教授中也有幾位梅校長的牌友。在梅貽琦的日記裡，關於打麻將一事的記載經常用「打麻雀」、「入雀局」、「打牌」、「竹戰」等字詞代替，其中最常用的則是「看竹」一詞。當日「看竹」的地點、參加者，以及勝負多寡也都會一併載於日記。

其他教授也有熱衷於玩撲克的，對於教授們玩牌的現象，沈從文和吳宓相當不以為然。沈從文諷刺他們「把有用的腦子轉移到與人類進步完全不相干的小小得失悲歡上去」，這麼一來，便不至於為知識所苦，可以生活得很像一個「生物」。〔註40〕他認為讀書人養成玩牌的嗜好是「自然」的「懶惰」現象，「因為這些人已能靠工作名分在社會有吃、有穿，作工作事都有個一定時間，只要不誤事就不會受淘汰，學的既是普通所說近代教育，思想平凡而自私，根本上又並無什麼生活理想，剩餘生命的耗費，當然不是用撲克牌就是用麻雀牌。」〔註41〕沈從文對知識份子的責任、義務，抱持著更高的期待：「不管戰時或承平，總之懶惰不得的。不特有許多事要人去做，其實還有許多事要人去想。」「目下知識份子中，若能保留羅素所謂人類『遠慮』長處多一些，豈不很好？眼見的是這種『人之師』就無什麼方法可以將他們的生活觀重造。」玩牌的人感到瀟灑而快樂，看在沈從文眼裡卻是耗費民族精力的墮落現象。

不少教授的娛樂就是打牌，偶一為之尚可，沈迷其中的確不妥。不過敢於直言批評同事生活態度的人畢竟少數，對於徘徊於雀局一事，各人的看法究竟如何，不得而知。但從沈從文的忿忿不平和吳宓、梅貽琦等人的日記看來，打麻雀、玩撲克，不論在老師或學生之間，均為十分普遍的休閒活動，是聯大文人群主要的休閒文化之一。

（二）覽勝

師生自南來昆明即經常邀集三五好友出遊。昆明的風景名勝很多，市區

〔註39〕張起鈞：〈西南聯大紀要〉，《學府紀聞：國立西南聯合大學》，頁 19。
〔註40〕沈從文：〈燭虛〉，《沈從文全集》，第 12 卷，頁 18。
〔註41〕沈從文：〈燭虛〉，《沈從文全集》，第 12 卷，頁 18。

有翠湖和圓通山,最著名的是位於滇池之濱的西山,由小西門外船阜可乘船
遊滇池前往西山,山上有三清閣、太華寺與華亭寺等景點供遊客駐足休憩,
來回一日即可。稍遠一點的黑龍潭,有引人入勝的唐梅宋柏、吳三桂修建的
金殿、陳圓圓臨水梳妝的蓮花池等。〔註 42〕往西到大理,可以體驗白族風情,
見識洱海的清澈與遼闊、蒼山的高聳與挺拔,令人流連忘返。1943 年 2 月,
費孝通和其他九位教授應邀赴大理講學,期間曾前往雞足山旅遊,寫下《雞
足朝山記》。雞足山位於賓川,鄰近大理,山上樺柏茂密,有大小寺廟百餘座。
費孝通這趟雞足之行受到強風侵襲,險象環生,同伴中有一人下落不明,行
李也遺失大半,然而旅遊的價值,並不在驚險的片段,而在於性靈的充實與
提昇。費孝通在〈後記〉寫道:

> 在這白雪沒蹄,寒風入骨的高山頂上,矚目人間,世界原是廣闊的!
> 我瞻仰名寺,深沈自察,這五年生活的表層下展出了它的溫存和春
> 氣,我見到了孩子的微笑。⋯⋯〔註 43〕

頭兩年,師生們遊山玩水的興致很高,除了遊記之外,也留下許多彼此唱和
贈答的詩文。

(三)散步閒談、發現與收集

　　飯後的娛樂因人而異。散步閒聊最為普遍,聞一多被鄭天挺稱為「何妨
一下樓主人」,即因在蒙自分校時伏案讀書,不願下樓和同仁散步之故。後來
聞一多也下了樓,散步時,和湯用彤、錢穆、賀麟、容肇祖、羅常培等人暢
談學術問題,相互學習,關係融洽。〔註 44〕在昆明,精而巧的翠湖,近聯大
宿舍,不論早晚或晴雨各有不同面貌,是聯大師生散步的最佳去處。

　　除了與友散步閒談之外,馮至經常一個人逛舊書店,不僅可以大量閱讀,
並以較低的價格買到喜歡的書,補充個人藏書無法帶來昆明的不足,還可以
觀察人生百態,比如逛書店時對士兵和小孩缺乏適合讀物所生的感懷,則促
使他寫成〈書店所見〉一文。沈從文則喜歡收集手工藝品,到地攤挖寶。他
從年輕就對文物有濃厚的興趣,舉凡絲綢、刺繡、木雕、漆器⋯⋯等,都有

〔註 42〕 許淵沖:《追憶逝水年華》(北京:生活讀書新知三聯書店,1996),頁 70~71。
〔註 43〕 蒙樹宏:《雲南抗戰時期文學史》(昆明:雲南教育出版社,1998),頁 181~
　　　　182。
〔註 44〕 鄭天挺:〈南遷歲月──我在聯大的八年〉,南開大學校史研究室編:《聯大歲
　　　　月與邊疆人文》,頁 7~8。

廣博的知識，汪曾祺說：「沈從文熱愛的不是物，而是人，他對一件工藝品的孩子氣的天眞激情，使人感動。」有一段時間，沈從文在昆明收集「耿馬漆盒」，是一種黑紅兩色刮花的圓形縭漆盒，屋裡都是這種盒子。後來，除了自用，大多數都送人了，可見沈從文不以收藏爲目的，而是陶醉於發現與玩賞的樂趣中；又有一陣子收集了很多土家族的挑花布，圖案天眞、秀雅又生動，擺得一屋都是，與來作客的同事和學生分享這些收集來的寶貝，沈從文便顯得很開心。〔註45〕

（四）昆曲、電影和話劇

聯大文人對滇劇或崑曲頗有聆賞和吟唱的興致，沈從文的家書曾寫道：昆曲當行，沙樂美即將來昆明演出，想必熱鬧一時，而張四小姐的昆曲首屈一指，惜知音者少，有英雄無用武之感。〔註46〕「昆曲當行」的情形還可從幾方面得到驗證，比如：廣播電台經常播放昆曲，羅常培之〈彈詞〉、崔芝蘭之〈遊園〉、張中和之〈掃花〉，以及雲飛君之〈刺虎〉都曾在節目中播送。梅貽琦校長喜歡聽京劇，聚會亦常有賓客唱昆曲助興，有一回至雲南新富滇銀行行長繆雲台家中作客，也有栗成之唱滇劇、顧女士拉提琴的記載。〔註47〕

看電影是一種較時髦的享受，昆明著名的電影院有南屏大戲院、大光明戲院、新滇大戲院等。由於翻譯能力較差，原先昆明人看電影沒有中文字幕，全靠螢幕旁的說書人，用畫面的聲音表情去揣測劇情，再配上人物對話，有時前後矛盾、牛頭不對馬嘴，直到大學生大批遷移到此，才有像樣的中文翻譯。觀賞話劇演出，也是當時的引起話題的潮流之一。1939 年 9 月，雲南國防劇社請曹禺到昆明導演《原野》和《黑字二十八》兩齣戲，據朱自清形容：「兩個戲先後在新滇大戲院演出，每晚滿座，看這兩個戲差不多成爲昆明社會的時尚，不去看好像短著什麼似的。」〔註48〕

〔註45〕 汪曾祺：〈沈從文先生在西南聯大〉，《人間草木》，頁201。
〔註46〕 張四小姐即張充和，沈從文妻子張兆和的妹妹。沈從文：〈覆沈云麓〉，1939年3月2日，《沈從文全集》，第8卷，頁348。
〔註47〕 梅夫人韓詠華曾在文章中回憶在北平時梅貽琦即愛聽京劇，不過擔任校長之後看戲的機會變少。〈同甘共苦四十年〉，《笳吹弦誦在春城》，頁57；另，1941年8月9日日記：「飯後任、羅各唱二段。」1941年8月10日日記：「聽張女士與羅唱昆曲。」黃延復、王小寧整理：《梅貽琦日記》，頁83、94、110。
〔註48〕 朱自清：〈《原野》和《黑字二十八的演出》〉，《朱自清全集》，頁406。

（五）種花與養寵物

昆明的氣候適合種植各類花卉。梅貽琦早在北平的時候，便喜歡種植花草，[註49] 於是利用在昆明西倉坡的住所前闢個小花圃，細心照料一株株富有生命力的小花小草。梅貽琦平時鮮少動怒，但花草榮枯卻可以影響他的心情，他在日記中曾有兩條關於種植花草的記載：

> 在院中整理花草，近為毛蟲侵蝕，甚可惜也。

> 下午剪除花草，因誤用殺蟲油噴射，致大部萎枯，甚悔粗心。[註50]

梅貽琦對小花草投注了深厚的感情，不請自來的毛蟲亂咬，或自己粗心誤用了殺蟲油導致枯萎，都令他懊惱不已。

金岳霖是個童心未泯的大孩子，他喜歡昆明本地產的大橙子──黃果，還有鐵皮大石榴，經常選了最大的一個擺在家裡觀賞，不去吃它。[註51] 金岳霖也經常逗其他教授的孩子們，拿著大梨、大石榴去和孩子們比賽，比輸了，就把梨或石榴送給小朋友，他再去買。最為人所知的，是他養了一隻大鬥雞，視為相伴的好友，這隻鬥雞能把脖子伸到桌上和金岳霖一起吃飯。[註52] 有一段時間，他把雞寄養在沈從文家的院子裡，一遇有警報，第一步先衝到沈從文抱起大鬥雞再向郊外疏散。

馮友蘭養狗的功利性就比金岳霖養雞高得多，既可守門又可為伴。住在龍頭村的時候，馮友蘭週間都在城裡，周末才回家，夫人經常覺得孤單又害怕，因此欣然接受德國朋友的狗兒來飼養。狗被取名為瑪麗，一身白色長毛，會抓老鼠，對陌生人非常凶猛，對主人卻十分溫馴忠實。馮夫人獨自在家的時候，瑪麗總是跟著，寸步不離，晚上就臥在床前，把頭枕在門檻上，兩眼

[註49] 韓詠華回憶梅貽琦的愛好，提及了京劇、網球，還有種植花草。她說：「我們住在清華校長住宅甲所時，宅旁有一小片土地，月涵把他開闢為小花園，每天清晨起來自己去收拾花草，既是愛好，也是鍛鍊身體。他特別喜歡一種倒垂下來的叫做『倒草』的綠色植物。有一次他出去開會兩個星期，回來後發現倒草枯死，真的動了氣。」〈同甘共苦四十年〉，《笳吹弦誦在春城》，頁 57～58。

[註50] 黃延復、王小寧整理：1944 年 8 月 6 日、1944 年 8 月 12 日，《梅貽琦日記》，頁 158。

[註51] 沈性元：〈不失其「赤子之心」的學者──對金岳霖先生的點滴回憶〉，劉培育主編：《金岳霖的回憶與回憶金岳霖》（成都：四川教育出版社，2000），頁 211。

[註52] 汪曾祺：〈金岳霖先生〉，《人間草木》，頁 216。

向門外望著，令馮夫人十分安心。馮友蘭的女兒宗璞曾寫過小說《魯魯》，寫的就是瑪麗的故事。〔註53〕

此外，還有一些未提及的閒暇活動，如沈從文之寫書法、聞一多之篆刻和寫生等。由上述資料可知即使戰爭期間對國家未來感到憂心忡忡，在生活中亦當追求適當的娛樂自我平衡，以維心理健康。當時大學教授的興趣與今日已有不小的出入，聯大文人很懂得品嚐生活趣味，與友痛快玩牌、閒步論學、收集手工藝品並分享，不時吟賞昆曲，或與大自然和動植物親近，和諧愜意又情韻無窮的文人生活，不禁令人神往。

二、跑警報

1939年9月開始，日本空軍不定時對昆明發動空襲，中國空軍在戰爭中損失大半，喪失作戰與防禦能力，市民只能跑到郊外避難。1940年9月，日軍佔領越南，軍機由河內起飛到達昆明只需兩個多小時，比過去從武漢、廣州等地縮短了一半距離，對昆明造成極大威脅。〔註54〕有一段時期空襲的頻率相當頻繁，日機幾乎每天都來，西南聯大只好配合空襲時間，將上課時間自上午七時半至十一時半、下午二時至六時，更改為上午七時到十時，下午三時到六時、七時至九時，以便利師生做好疏散的準備，減少上課被迫中斷的麻煩。〔註55〕

跑警報是聯大人難忘的經歷，汪曾祺曾作〈跑警報〉記述西南聯大師生躲避空襲警報的見聞。當時昆明的警報有三級之分：預行警報、空襲警報和緊急警報。預行警報是在昆明的制高點——五華山上掛起三顆大紅球，表示日本飛機已經起飛；空襲警報的汽笛聲一短一長，表示日本飛機進入了雲南省境；緊急警報的汽笛拉連續短音，表示飛機往昆明飛來。有了預行警報，昆明市民紛紛向郊外移動，住翠湖以北的大多朝北門或大西門出城。大西門外有一條古驛道（今建設路），可以一直通往滇西，平時走的人多是馱著鹽巴、

〔註53〕馮友蘭：《三松堂自序》，頁112～113。
〔註54〕李洪濤：《精神的雕像：西南聯大紀實》，頁83。
〔註55〕聯大常委會議決：本大學各院系上課時間，除假日外應自每日上午七時起至十時，下午三時起至六時、七時至九時止。如遇有空襲警報時，應一律停課疏散，於警報解除後一小時內，仍照常上課。〈常務委員會第一五七次會議〉（1940年10月2日），《國立西南聯合大學史料》會議記錄卷，頁153。至1942年9月1日，辦公時間才又改回上午八時至十二時、下午二時至六時。黃延復、王小寧整理：《梅貽琦日記》，頁104。

碗糖或其他貨物的馬幫〔註 56〕，遇有警報，人們匯集在驛道上，離城一段距離再分散到古道兩旁的山野各自尋找一塊地方待下來。聯大學生仍照常上課，等聽到空襲警報才起身。穿過聯大新校舍北邊圍牆的後門，過鐵道，就可以往西郊疏散，一點也不倉皇。有時候沒有預行警報和空襲警報，直接響起緊急警報，所幸大多時候仍是有驚無險，部份學生或多或少還存著一點期待心理，特別遇上考試的時候。某日，陳岱孫上「財政學」臨時宣佈要舉行小考，大家正愁眉苦臉，緊急警報突然響起，學生們一陣歡呼，紛紛奪門而出，秩序為之大亂。陳岱孫則含著煙斗不慌不忙地說：「不必跑，不必跑！如果來不及……已經來不及啦！」〔註 57〕

跑警報沒有固定的地點，但也有相對比較集中的點。古驛道的一側有一片馬尾松林，馬尾松散發出濃郁的松脂氣味，坐在厚軟的松毛上，仰望從松樹枝間篩落下的陽光，極為舒適，而且這裡還有各式小買賣把擔子挑到郊外來，最常見的是「丁丁糖」和「炒松子」。另一個集中點是一條大山溝，須沿著驛道走出四五里，「溝深約三丈，溝口有二丈多寬，溝底也寬有六七尺」，可以容納數百人，溝的兩壁是死角，只要不是直接落彈在溝裡，即使機關槍掃射也不要緊。〔註 58〕聯大新校舍的後門外，是一大片墳場，面積等於好幾個新校舍，荒塚累累，少見樹木，但無水溝渠很多，可以躲到溝裡或找個墳頭靠靠，成為聯大師生跑警報的勝地。〔註 59〕

警報時間長達兩三個小時，一般聯大師生會帶兩本書或一冊論文的草稿把握時間充實知識，也有的聚在一起閒聊或打橋牌。吳宓這段期間對佛教文學頗感興趣，〈自書近況〉一詩中還留有「斗室未能容安席，華嚴佛國夢中遊」之句。〔註 60〕他利用跑警報的時間閱讀《維摩詰經》、《楞嚴經》、許地山的《印度文學》和《涅槃經》等書，心得即記錄於當天日記，收獲亦不少。

〔註 56〕 馬幫是一個概名，主要運貨物，偶而也可載客。大的馬幫，其實以騾子為主。原因是雲南山區路窄坡陡，有些地方馬不如騾，且騾較馬靈活，負載力也優於馬。陳松年：〈雲南解放前的驛傳和交通〉，《雲南文史資料選輯》（美國 Virginia：中國研究資料中心，出版年不詳），第二十九輯，頁 21。
〔註 57〕 翟國瑾：〈聯大逸事〉，《學府紀聞：國立西南聯合大學》，頁 327。
〔註 58〕 汪曾祺：〈跑警報〉，《人間草木》，頁 176。
〔註 59〕 周明道：〈聯大生活拾零〉，《學府紀聞：國立西南聯合大學》，頁 316。
〔註 60〕 吳學昭整理註釋：《吳宓日記》，第 7 卷，頁 269。

　　金岳霖在北平清華園養成上午進行治學工作的習慣，嚴格遵守自立的例行不見客也不辦其他事務的規矩，抗戰時期也把這個習慣帶來了昆明。1938 年 9 月，部分學校已陸續疏散至鄉下，西南聯大便租用這些學校的校舍安置自蒙自分校遷回的文理學院師生，金岳霖被安頓在昆華師範學校。日軍第一次空襲時，金岳霖正好在進行他的例行研究工作，對警報聲毫無警覺。不料昆師正處在這次轟炸的中心，聯大所租賃的南北兩樓均直接中彈，有學生當場被炸身亡。轟炸的聲浪把金岳霖從沈思中炸醒，出樓門見到周圍一片殘骸的慘況，木然不知所措。等到警報解除，陳岱孫、李繼侗和陳福田趕到了昆師，還見到金岳霖呆立在中樓的門口，手上拿著一直沒放下的筆。〔註61〕和死神擦身而過的金岳霖，之後總是老實地跟著大家跑警報，雖然保住了性命，但還是爲空襲付出了慘痛的代價。某次他帶著數十萬字的《知識論》書稿，到昆明北邊的蛇山上躲警報，席地坐在書稿上。警報解除後，他起身就走，等到想起來再回去找時，已經全被風吹散了。幾年的心血毀於一旦，但是金岳霖並沒有因此放棄，他很快地展開第二次的撰寫工作，終於在 1948 年 12 月完稿出版。金岳霖晚年回顧一生所寫的三本書，認爲《知識論》花的時間最長，災難最多，畢竟「一本六七十萬字的書不是可以記住的，所謂再寫只可能是從頭到尾寫新的」。〔註62〕在《知識論》序言裡，金岳霖也不忘把這個教訓記上一筆：「幾十萬字的書，重寫並不容易，可是，得重寫。」

　　最嚴重的兩次轟炸，分別發生在 1940 年 10 月 13 日和 1941 年 1 月 3 日。吳宓描寫第一次大轟炸之後滿目瘡痍的景象：

> 雲大與聯大師院已全毀，文化巷住宅無一存者。大西門城樓微圮，城門半欹。文林街及南北側各巷皆落彈甚多。……至玉龍堆寓舍，則見院中一片瓦礫，蓋十餘丈外若園巷即落一彈，毀數宅……聞死者約百人。〔註63〕

空襲不以軍事基地爲目標，而針對西南聯大和雲南大學，其企圖和日軍刻意佔領北大、清大是相同的——欲徹底斷絕文化之發揚與傳承。攻擊教師和學生，這種作爲實難見容於世。

〔註61〕 陳岱孫：〈回憶金岳霖先生〉，《金岳霖的回憶與回憶金岳霖》，頁 127～128。
〔註62〕 金岳霖：〈我只寫了三本書〉，《金岳霖的回憶與回憶金岳霖》，頁 60。
〔註63〕 吳學昭整理注釋：《吳宓日記》，第 7 卷，頁 245。

當時也有人稱「逃警報」或「躲警報」，汪曾祺認為「躲」字太消極，「逃」字太狼狽，不如「跑」字於緊張中透出從容、最有風度、也最能表達豐富生動的內容。〔註 64〕跑警報之所以讓汪曾祺覺得從容，是因為日軍空襲的時間固定，警報又分為三級，可以提早準備，加上聯大地處昆明城北大西門外，等空襲警報響起再出發也還來得及。因為這些緣故，日軍雖三不五時進行轟炸，西南聯大尚能勉強維持，在空襲的威嚇和房舍器具等有形財產困窘的狀況下，持續辦學。

第三節　薪津待遇與兼差副業

實際收入和支出，就像一隻看不見的手，深刻影響著聯大文人群的食衣住行。聯大時期的物質生活可以 1941 年分為前後兩期，前期自長沙臨大時期起，教職員的薪水比照教育部將合組之各校經費按七成發給，改以 50 元為底薪，餘下的部分各按原校之七成計算。〔註 65〕當時物價尚未上漲，薪水尚足以維持中等以上的生活。後期薪水雖照十足發給，卻因物價上揚而捉襟見肘。

戰起不到一年半，日軍勢如破竹，佔領了中國三分之一的領土，包括農業實力的 40%和工業實力的 92%。〔註 66〕不僅國內生產量銳減，沿海各大進出口商埠均被日軍控制，1939 年 11 月日軍佔領南寧，阻斷了中國與越南之間的運輸線，迫使法國停止利用滇越鐵路向中國運送物資，隔年 7 月又迫使英國停止開放滇緬公路，國際貿易中斷。加上東南沿海原是中國政府財政收入的最主要來源地，關稅、統稅（貨物稅）和鹽稅保證了政府開支，其中關稅佔了政府全部收入的 70%左右。而今不但無法徵收賦稅，同時在各省修建軍事基地，運輸軍需物資，亦大大地提高軍費。1939 年到 1941 年，政府總支出增長 3.5 倍以上，其中國防支出佔國民政府總支出的 73%；1941 年，政府收入僅佔支出的 13%，赤字高達 86.93 億元。〔註 67〕全中國陷入經濟狀況最困窘

〔註 64〕 汪曾祺：〈跑警報〉，《人間草木》，頁 176。
〔註 65〕 〈長沙臨大教職員薪俸計算辦法〉（1937 年 11 月 8 日第 23 次常委會通過），《國立西南聯合大學史料》教職員卷，頁 481。
〔註 66〕 陳明遠：〈抗戰時期的生活費和實際收入〉，《文化人的經濟生活》（上海：文匯出版社，2005），頁 212。
〔註 67〕 陳明遠：〈抗戰時期的生活費和實際收入〉，《文化人的經濟生活》，頁 214。

的局面：民生物資缺乏，使得物價急速上漲；政府稅收減少，又採用增大法幣發行量平衡財政收支，最終導致法幣貶值、通貨膨脹、物價飛漲、商人囤貨居奇、物資匱乏……，不斷地惡性循環。

　　本節透過教授們聯名要求增加薪津的事件，試圖了解文人群在聯大的收入多寡，並參照 1942 年昆明地區的最低生活費和九年來大學教授的薪津實值，以梗概文人群的生活程度。面對生活窘迫，文人群又將採取哪些方式為自己增加收入。

一、聯名要求增加薪津

　　在通貨膨脹越演越烈的情況下，擁有「鐵飯碗」的公務人員境況最為悲慘。農人、工人、商人可以隨市場價格自行調高物品或勞力的售價，而公教人員所領取的固定薪資，雖然不斷向上調整，增加的幅度卻完全趕不上飛漲的物價。自 1941 年 1 月起，聯大教職員不得不聯名要求增加薪津實值，以維持最低的生活水平。首先發難的是四川敘永分校，由王裴慶等 39 位教職員致函分校主任楊振聲轉聯大常委會，以包伙費、文具紙張、鞋襪布料、洗衣沐浴等價格，說明敘永的物價高於先前在昆明的一倍以上，「每人每月至少須較在昆明多用六七十元，始能維持最低的生活，至有家庭負擔者，更無論矣。」〔註 68〕緊接著，聯大工學院教師亦以昆明物價經過多次空襲之後飛漲不已，希望學校體恤低薪教職員屬，凡薪津在二百元以下者，每月生活津貼增至五十元。〔註 69〕他們的訴求經提付常務委員會議決：「因本校經費拮据，一時礙難照准。」自身難保的學校，一方面以「務望（諸同人）一秉素志，以臥嘗之志，維我校於不隳；艱苦卓絕，期抗戰勝利後，再享升平也」〔註 70〕等空話安撫，一方面則商請教育部增撥經費和設法自行籌款。這年開始，梅貽琦無可奈何地下令拆除一部分教室的鐵皮瓦拉到滇西去賣，改以茅草覆蓋，以解學校燃眉之急。〔註 71〕校方把籌來的款項以補貼米價的方式解

〔註68〕　〈敘永分校王裴慶等 39 人呈函請增生活津貼〉（1941 年 1 月 10 日），《清華大學史料選編》同人等同人等第三卷（下），頁 323。

〔註69〕　〈西南聯大工學院教師呈函常委會請增加津薪〉（1941 年 1 月 21 日），《清華大學史料選編》第三卷（下），頁 326。

〔註70〕　〈西南聯大常委會覆函〉（1941 年 1 月 25 日），《清華大學史料選編》第三卷（下），頁 324～325。

〔註71〕　李洪濤：《精神的雕像——西南聯大紀實》（昆明：雲南人民出版社，2001），頁 103。

決同人生計：「墊發同人暨家屬二十九年全年米貼，依米價八十元計算，每月每人計六元三角，分校自當同樣辦理。自三十年一月起，當逐月調查米價，依市價增減。」〔註72〕同時，教育部亦自 1941 年 1 月恢復薪資十足發給，但是區區數百元只是杯水車薪，教職員工的生活並未因此獲得改善。3 月，張建侯等 53 人再次呈請增加薪津補貼；11 月，蔡維藩等 54 人提議召開教授大會共商解決生計辦法。1943 年 12 月，聯大還訂立借款辦法，出面向銀行提撥二十萬元資金，便利教職員臨時借貸。〔註73〕直到抗戰結束為止，聯大教職員一直籠罩在飢寒的恐懼之下，爭取薪津的請願、呼籲、抗爭，未曾停止。

　　早期教職員向學校陳請的敘述方式，乃從己身經驗出發，列舉數樣日用品的早期價格，和當下做比較。並且以柔性的情感委婉強調獻身教育、自甘清苦之心甚厚，「惟是生活迫人，告貸無門，枵腹從公，勢所難能」〔註74〕，謹請校方斟情酌理，俾使同人無復以米布分心。後來，隨著生存壓力不斷升高，他們改以理性而強硬的態度。1941 年底，聯大教授會第一次呈函教育部的公文中，不僅陳述物價飛漲、生活困難的實情，還用設問對答的方式駁斥官方和輿論空洞華美的說法，慷慨陳詞：

> 夫守道安貧，固為同人所宜勉；而尊師重道，國家自亦有常經。說者或謂戰時軍人所得報酬視前亦未大加，後方服務之人不宜有所爭論；同人等以為前方將士躬冒矢石，捍衛疆土，國家報功失之於薄，誠為事實，但就維持生活而論，則軍人食有軍米，衣有軍衣，以至住行皆有公給，其不能如此者，則或因環境之特殊，或由經理之未善。以視同人等一切皆須以高價自購者，其待遇優劣亦不難分矣。說者又謂，戰時困苦為一般人所皆應忍受，大學師生為民眾之表率，不宜先有不平之論；同人等以為，若使後方人士皆與同人等受同等之困苦，則同人等即委身於溝壑亦不敢有微辭。乃事有大謬不然者，

〔註72〕〈西南聯大常委會覆函〉（1941 年 1 月 25 日）、〈西南聯大常委會覆毛蘭珍關於改善生活境況事〉（1941 年 2 月）、〈常委會覆函〉（1941 年 2 月 29 日），《清華大學史料選編》第三卷（下），頁 324～327。

〔註73〕〈西南聯大代辦教職員臨時借款辦法〉（1943 年 12 月 20 日），《國立西南聯合大學史料》教職員卷，頁 533。

〔註74〕〈敘永分校王裴慶等 39 人呈函請增生活津貼〉（1941 年 1 月 10 日），《清華大學史料選編》第三卷（下），頁 323。

> 姑無論市井奸商操縱物價，轉手之間便成鉅富，即同爲政府機關，
> 而亦有司書錄事之職，其薪津即多於教授者，至於自有收入之機關，
> 其人員舉動之豪奢尤駭聽聞，一筵之資可爲同人等數月之薪津！孰
> 非爲國服務，何厚於彼而薄於此？「不患寡而患不均，不患貧而患
> 不安。」此先聖之明訓，亦國父之遺教，此尤同人等所願當局注意
> 者也。〔註75〕

教授們指出軍人們的所得雖無增加，但是可購得價格較低廉的軍米、軍衣，
居住和交通也由公家包辦，不用個人自己花費。而知識階層無此優惠，一
切日常用品都必須以高於公定價的市價購買，收入停滯而支出倍增，自然
入不敷出而苦不堪言。教授們也指出政府機關小職員的薪津高於大學教
授；部分機關人員揮霍民脂民膏大肆吃喝玩樂，一餐筵席所費竟相當於教
授們數月的薪津；還有不法奸商操縱市場，以囤積物品哄抬物價……。百
工爲所欲爲的情況下，唯獨要求大學教授應該以其身分爲民表率，未免強
人所難。

二、最低生活費和薪津實值的估算

　　聯大教授「始以積蓄貼補，繼以典質接濟」，居住條件簡陋、營養不足、
身體虛弱、患病無法治療、兒女夭亡或送人，有形的錢財消耗殆盡之後，無
可避免地開始折損無形的資本，如健康和生命。現實的逼迫，使得聯大文人
迅速地認清自己是處在一個看似清高，實則低下的尷尬地位，但他們並未加
入聯名請願的行列，而採自我調侃的方式抒發情緒。王力用半諷刺半詼諧的
語言，寫了〈清苦〉、〈戰時的物價〉、〈領薪水〉、〈食〉等多篇短文，更生動
地反映出文人群的窘況。比如描寫大學教授在交際場合中的對話：「一般人聽
說你是一個大學教授，即刻問及你的薪津，跟著你的答覆就是一聲『太清苦
了！』」彷彿「讀書破萬卷的人不如一個小工，令人覺得『萬般皆上品，惟有
讀書低』。」〔註76〕或從經濟的觀點解釋薪水何以不能依物價上升比率增加：
「因爲公教人員在全國人民裡頭只佔少數，吃不飽餓不死，也就不至於害人；

〔註75〕　同人等同人等同人等同人等同人等〈西南聯大常委會呈函教育部據本校教授
　　　　會函請發給薪津〉，《國立西南聯合大學史料》教職員卷，頁 544。
〔註76〕　王力：〈清苦〉，原載於 1943 年 8 月 22 日《生活導報》，收錄在《龍蟲並雕齋
　　　　瑣語》，頁 64～65。

如果薪水趕過了物價，社會的游資增加，更足以刺激物價了。」所得的報酬「名爲薪水，實則不夠買薪買水。」「提議改稱爲風水，因爲除了喝開水之外，只好喝喝西北風！」〔註77〕

　　由於「窮」和「苦」都是一種相對的概念，若說大學教授拿自己和軍人或貪官奸商或農工階層相比較是不當的比喻或斤斤計較的話，那麼設定足資評估的項目將生活品質量化，捨棄個別經驗，實際觀察教授群體的生活水準，對於了解他們是「相對的窮」還是「絕對的窮」，將有實質性的幫助。聯大社會系和經濟系教授學以致用，將理論應用到生活上，運用有關「昆明教授生活程度」的調查、統計和研究成果，來維護知識階層的切身利益。上述這份1941年呈函教育部的公文，曾附上簡略的昆明物價變動指數表，表中列舉1937下半年至1941年底，白米、豬肉、木炭三樣民生物資的價格和價格比，用以佐證「國家給予同人等之報酬，初則原薪尚有折扣，繼則所加不過十分之一二」實在難以爲繼，此即爲使用物價指數研究聯大教授自己所隸屬階層的濫觴。量化的科學數據雖然死硬冰冷，卻具有說服力和公信力，促使政府正視教育工作者的生活處境。自此，開啓了紀錄日用品市價，逐年計算指數的方式，作爲聯大文人陳請增加薪津的依據。諸如此類估算生活水準的方式，隨著不斷嘗試愈趨細緻而精準，參考項目從最基本的三項擴及至食衣住行用等五大類，且品質和消費量也包括在內，因此這些表格除了當時立即的用途之外，同時爲後世關心戰時大後方社會、經濟、政治的研究者，留下許多明確的線索可供細究。

　　以下兩個表格分別從橫向和縱向，梗概聯大文人當時如何飽受物價飛漲之苦：一是根據行政院1942年11月所訂公務員日用品消費量和價格，去估算一個昆明教授家庭之最低生活費；一是綜觀九年來昆明的生活費指數和教授薪津而計算的薪津實值（亦即購買力），兩者可交互參照。

〔註77〕 王力，〈領薪水〉，原載於1944年3月26日《生活導報》，收錄在《龍蟲並雕齋瑣語》，頁87。

表一：〈根據行政院 1942 年所訂公務員日用品消費量估計家庭最低生活費〉〔註78〕

名稱	物品類別 品　質	單　位	消費量 （行政院所訂）	價　格 （昆明三十一 年十一月）	消費值
中白米	中等熟米	市　斗	2.00	87.3	174.60
本地麵粉	中　等	市　斤	2.50	11.0	27.50
豬　肉	五花肉	市　斤	5.00	28.7	143.50
豬　油	板　油	市　斤	1.50	36.0	54.00
雞　蛋	中　等	個	9.00	1.476	13.20
鹽	永　鹽	市　斤	0.80	12.67	10.14
白　糖	中　等	市　斤	0.50	28.00	14.00
醬　油	中　等	市　斤	1.50	7.20	10.80
豆　腐		市　斤	10.00	16.00	160.00
蔬　菜		市　斤	20.00	9.00	180.00
陰丹士林布	國　產	市　尺	1.00	25.0	25.00
白土布	國　產	市　尺	1.00	8.8	8.80
沖嗶嘰	國　產	市　尺	1.00	42.5	42.50
沖毛呢鞋	國貨呢	雙	0.50	65.0	32.50
紋皮鞋		雙	0.05	450.0	22.50
金虎男線襪	國貨中等	雙	0.50	42.50	21.25
房　租	平　房	一方丈 之房間	0.50	240	120.00
木　炭		市　斤	70.00	3.73	261.10
菜　油	中　等	市　斤	1.50	19.0	28.5
水	自來水	挑（120斤）	12.00	1.7	20.40
肥　皂	力士香皂	塊	0.50	30.0	15.00
毛　巾	中　等	條	0.30	35.0	10.50
牙　膏	黑人牌	支	0.30	18.0	5.40
茶　葉	中　等	市　斤	0.10	50.0	5.00
人力車費		公　里	30.00	9.0	270.00
沐　浴	盆　湯	次	2.00	15.0	30.00
理　髮		次	2.00	18.0	36.00
洗　衣		套	12.00	8.0	96.00
總　計					1838.19

食物類／衣著類／房租類／燃料類／雜項

〔註78〕 本表在《國立西南聯合大學史料》（頁 556）和《清華大學史料選編》（頁 334）收錄時，均將題目誤植為 1941 年，筆者對照內文及前後檔案逕行更正為 1942 年。

本表所估算的是一名成年男子一個月的消費量，但在估計教授家庭生活費時，尚須考慮到家庭人口數。聯大文人群當中不乏家庭人口超過六人以上的，如：王力、馮友蘭、潘光旦、游國恩為七口之家；袁復禮、陳雪屏、黃子卿、聞一多、羅常培、李繼侗為八口之家；朱自清的家屬人口數更多達十人。〔註79〕若保守地以一個五口之家為代表，其消費量按四個「等成年男子」開始估計的話，家庭最低生活費的計算方法如下：

第一步：先將估算總值乘以 15%作教育文化等費用。

$$1838 \times 1.15 = 2114（元）$$

第二步：一家有四個「等成年男子」。

$$2114 \times 4 = 8456（元）$$

第三步：人力車費若以四人計算似乎過多，故減去三人之人力車費，僅以一人計算。

$$270 \times 3 = 810（元）\quad 8456 - 810 = 7646（元）$$

求得之總值為 7646 元，即五口之家按昆明 1942 年 11 月份的物價所得出的最低生活費。表中各類支出均被低估，且醫療、家具、維修、文具、水果、旅行等費用甚至付之闕如，由此可知這樣的評估標準已經相當低了。然而對照該年度聯大所核定的教師薪俸，暫且不論助教的最高薪俸只有 200 元，連最資深的教授每月也只有 600 元，不到家庭十分之一的開銷。〔註80〕換言之，一個教授的薪水僅能支撐家庭約三天的開支〔註81〕，即便單身的成年男子，也只夠養活自己十天。學校在薪俸之外還有發各種名義的津貼作為補助，因此一併稱為薪津，但林林總總加起來也頂多支撐半個月的生活。

這份令人瞠目結舌的計算結果，並不是 1942 年的特殊現象，1942 年只是低谷的開始。經濟系教授楊西孟於 1946 年 9 月 14 日，在《觀察》發表〈九年來昆明大學教授的薪津及薪津實值〉一文，將教授的薪水加生活津貼，取

〔註79〕 〈西南聯大部分教授家屬人口狀況〉（1942 年 10 月），《國立西南聯合大學史料》教職員卷，頁 549。

〔註80〕 依據〈西南聯大教師薪俸等級〉（1942 年 1 月 14 日第 204 常委會議通過）得知，當時助教薪俸由 100 元起至 200 元止；教員薪俸由 140 元起至 240 元止；專任講師薪俸由 180 元起至 300 元止；副教授薪俸由 240 元起至 400 元止；教授薪俸由 300 元起至 600 元止。《國立西南聯合大學史料》，頁 484。此標準至 1944 年 8 月才改訂，仍以 600 元為最高額。

〔註81〕 7646（元）除以一個月 30 天，得出每天平均開銷為 254.867（元）；再將最高級的教授薪俸 600（元）除以 254.867（元），算得 2.354（天），不足 3 天。

平均數，再依雲南經濟委員會設計處所編的生活費指數換算為薪津實值（相當於戰前法幣的數目）列出下表，其公式為：

（薪津約數／生活費指數）×100＝薪津實值

表二：昆明大學教授的薪津及薪津實值〔註82〕

年份	生活費指數	薪津約數（元）	薪津實值（元）
1937 上半年	100	350	350.0
1937 下半年	108	270	249.5（250.0）
1938 上半年	115	300	260.8
1938 下半年	168	300	178.5（178.6）
1939 上半年	273	300	109.7（109.9）
1939 下半年	470	300	63.8
1940 上半年	707	300	42.4
1940 下半年	889	330	37.1
1941 上半年	1463	400	27.3
1941 下半年	2357	770	32.6（32.7）
1942 上半年	5325	860	16.5（16.2）
1942 下半年	12619	1343	9.9（10.6）
1943 上半年	19949	2180	10.6（10.9）
1943 下半年	40449	3697	8.3（9.1）
1944 上半年	82986	9417	10.0（11.3）
1944 下半年	143364	17867	10.7（12.5）
1945 上半年	430773	56650	10.9（13.2）
1945 下半年	603900	112750	18.5（18.7）
1946 上半年	514290	141660	27.3（27.5）

由表中我們可以清楚地看出，教授薪津到 1940 上半年之前未曾調整，而物價此時已上漲了七倍；從戰前到抗戰結束後的 1946 上半年，生活費指數共飆漲了五千多倍，薪津僅增加四百倍，遠不及物價上漲的速度，薪津實值於是呈現嚴重滑落的走勢。我們不妨拿 1942 下半年的平均薪津 1343 元回到表一購買日用品，思索如何分配家用：人力車自然是坐不起的奢侈享受，能燒菜油

〔註82〕 楊西孟：〈九年來昆明大學教授的薪津及薪津實值〉，原載於《觀察》第 1 卷第 3 期，1946 年 9 月 14 日，收錄於《國立西南聯合大學史料》教職員卷，頁 561～562。原表中有明顯的計算錯誤，筆者按檢驗結果訂正於括號內。

的時候就不會燒木炭，總是顧得了吃就顧不了穿，顧得了穿又顧不了用，於是只好偏重於一門。王力曾調侃地稱這樣的消費方式爲「經濟集中主義」〔註83〕：損衣以足食，或損食以足衣，也有損衣食以交際，端看個人之所重。1943年的實際收入比 1942 年更低，貧苦的情形一直到 1945 下半年抗戰勝利後才有些許起色。戰前所享有 350 元的待遇，到了 1943 年下半年，收入約 3697元，但只合戰前法幣的 9.1 元，等於削減了原待遇的 97.4%；1944 下半年教授每月薪津約 1.8 萬，相當於戰前 12.5 元；1945 下半年的薪津約 11.3 萬，也只合戰前法幣 18.7 元。陳寅恪曾有詩句形容當時法幣貶值的程度：「淮南米價驚心問，中統錢鈔入手空。」〔註84〕若對照上表，寥寥數語所體現的文人感受，更顯得眞切傳神。

表二取的是昆明地區大學教授的薪津約數，而聯大文人群大多已升任教授，因此薪津所得略高，其個別所得我們可由表三的薪俸表獲得更準確地參照：

表三：西南聯大文人群 1945 年 4 月份薪俸表〔註85〕

職　名	姓　名	薪　額	應支金額	所得稅	印　花	黨員會費	實支金額
文學院院長	馮友蘭	600	600	23.10	2.40	23.60	550.90
中國文學系							
教　授	羅　庸	590	590	22.30	2.40		565.30
教　授	聞一多	590	590	22.30	2.40		565.30
教　授	朱自清	590	590	22.30	2.40		565.30
教　授	王　力	540	540	18.30	2.40		519.30
教　授	浦江清	490	490	14.50	2.00		473.50
外國語文學系							
教　授	馮承植	540	540	18.30	2.40		519.30
教　授	吳　宓	600	600	23.10	2.40		574.50
副教授	卞之琳	310	310	5.50	1.60		302.90
哲學心理學系							
教授兼主任	湯用彤	600	600	23.10	2.40		574.50

〔註83〕 王力：〈窮〉，原載於 1943 年 10 月 31 日《生活導報》第四十七期，收錄在《龍蟲並雕齋瑣語》，頁 72。

〔註84〕 陳寅恪：〈庚辰元夕作時旅居昆明〉《陳寅恪集：詩集》（北京：生活・讀書・新知三聯書店，2001），頁 29。

〔註85〕 表三說明：本表依據〈國立西南聯合大學三十四年四月份俸薪表〉完成，原檔案有「等級」、「在職日數」、「折支成數」、「支票號數」等欄目，均未填寫內容，故於節錄時刪去。參見《國立西南聯合大學史料》，教職員卷，頁 488～510。

教　授	賀　麟	540	540	18.30	2.40	18.80	500.50
教　授	沈有鼎	530	530	17.50	2.40		510.10
教　授	金岳霖	590	590	22.30	2.40		565.30
歷史學系							
教授兼主任	雷海宗	590	590	22.30	2.40	22.80	542.50
教　授	姚從吾	590	590	22.30	2.40	22.80	542.50
教　授	鄭天挺	590	590	22.30	2.40	22.80	542.50
教　授	劉崇鋐	580	580	21.50	2.40		556.10
教　授	毛　準	570	570	20.70	2.40		546.90
教　授	吳　晗	480	480	13.90	2.00		464.10
國文學系							
教　授	沈從文	440	440	11.50	2.00		426.50
專任講師	李廣田	220	220	2.70	1.20		216.10

已成家的教授，家庭負擔大，即使收入比其他教員多出兩三百元，折合物價指數計算之後，幾乎沒有差別。從搭配物價指數所計算出的薪津實值來看，便不難理解教授會為何提出這樣的要求：「惟望每月薪津得依生活指數及戰前十分之一二，無論數目之多少，總期其購買力能及戰前之五十元。」〔註 86〕要求薪津的定數並不可靠，只有請求購買力的相等才是最合理的保障。1945年3月，西南聯大和雲南大學教授朱自清、周新民等 29 人，在《雲南日報》發表〈斗米千字不馬虎〉的廣告文宣，更直接以大米作為文章演講的報酬標準：文稿每千字以斗米（16 斤）之值計；報紙星期論文每篇以二斗米之值計；每次演講以二斗米之值計，最後還註明「稿酬先惠，定時取稿。演講報酬亦須先惠。米價以惠酬時昆明中米市價為準。」〔註 87〕1945 年 12 月，「斗米」的價格是 2769 元，豬肉每斤 988 元，也就是斗米約相當於 3 斤豬肉。〔註 88〕但是物價難以掌握，對教授們來說，千字斗米，比起千字 2769 元，來得更有安全感。貨幣喪失了它的基本功能，聯大末期的文人世界，被迫退化到以物易物的原始階段。

三、兼差副業自食其力

教授們生活困難，大多另謀開源之道。最初是變賣自己已有的東西，擺地攤或送進拍賣行。據說物理學系教授吳大猷是最早擺地攤的聯大教授，由

〔註 86〕　〈西南聯大常委會呈函教育部據本校教授會函請發給薪津〉，《國立西南聯合大學史料》教職員卷，頁 544。
〔註 87〕　陳明遠：《文化人與錢》（天津：百花文藝出版社，2000），頁 233～234；李洪濤：《精神的雕像：西南聯大紀實》，頁 111～112。
〔註 88〕　陳明遠：《文化人與錢》，頁 234。

於夫人阮冠世罹患肺結核和心臟病，醫藥開銷很高，衣物和金飾都陸續變賣了出去。〔註89〕吳晗被迫把若干有關明史的藏書讓給雲大圖書館；化學系教授黃子卿得了瘧疾，也曾為醫療費用賣掉自己的裘衣和書籍，留下一篇對飢餓和疾病坐困愁城的無奈詩作：

三十年（1941年）秋，瘧疾難纏，賣裘書已購藥，經年乃痊。追憶往事，不禁愴然。

飯甑凝塵腹半虛，維摩病榻擁愁居。草堂詩好難趨瘧，既典征裘又典書。〔註90〕

不只是家裡有患病或特殊困難者靠擺攤度日，普通教授家庭每個月也至少要上街一兩次，少有不曾擺過攤的。不善討價還價的話，往往還會在議價的時候吃了悶虧。朱自清把帆布行軍床送到拍賣行寄售，原本打算賣 120 元，僅相當於戰前的 3 元，但對方還是拼命壓價，只願意用半價成交，朱自清也只好拿著 60 元離開暗自憤慨。〔註91〕長途跋涉至昆，家當本已不多，當變賣已盡，教授和夫人們必須各展長才開發副業或謀兼職。

馮友蘭夫人曾炸麻花捲，賣給附近的小學生吃〔註92〕；梅貽琦、潘光旦、袁復禮三位夫人合製糕點送到「冠生園」寄賣，成為名聞遐邇的「定勝糕」。〔註93〕相較於實科教授開肥皂工廠、研製墨水、承包自來水管工程等五花八門的副業，文科教授以兼課、撰文、賣字、代筆、篆刻等方式增加收入，和傳統文人十分接近。最普遍的是去鄰近的雲南大學、中法大學或昆明的中學兼課，如聞一多、何炳棣到昆華中學，王力到粵秀中學，燕樹棠、陳達在呈

〔註89〕 陳明遠：《文化人的經濟生活》，頁 241。

〔註90〕 黃志洵：〈憶黃子卿教授〉，《笳吹弦誦情彌切》，頁 248。

〔註91〕 姜建：《完美的人格——朱自清》（台北：文史哲出版社，2001），頁 220。

〔註92〕 馮友蘭：《三松堂自序》，頁 110。

〔註93〕 教授們的月薪只夠半個月開銷，梅貽琦夫人韓詠華曾回憶道：「不足之處，只好由夫人去想辦法，有的繡圍巾，有的做帽子，也有的做一些食品，拿出去賣。……庶務趙世昌先生介紹我做糕點去賣，趙是上海人，教我做上海式的米粉碗糕，由潘光旦太太在鄉下磨好七成大米、三成糯米的米粉，加上白糖和好麵，用一個銀錠形的木模子做成糕，兩三分鐘蒸一塊，取名『定勝糕』（即抗戰一定勝利之意），由我侉著籃子，步行四十五分鐘到『冠生園』寄賣。月涵還不同意我們在辦事處操作，只好到住在外面的地質系教授袁復禮太太家去做。……賣糕時我穿著藍布裼子，自稱姓韓而不說姓梅。儘管如此，還是誰都知道了梅校長夫人侉籃賣定勝糕的事。」韓詠華：〈同甘共苦四十年——記我所了解的梅貽琦〉，《笳吹弦誦在春城》，頁 60。

貢中學，李廣田去雲南大學和昆華商校，朱自清、潘光旦在五華中學，沈從文、吳晗到松坡中學等等。以聞一多爲例，在昆華中學兼課的報酬，每個月可得一石平價米（160斤）外加二十塊「半開」〔註94〕，對家庭開銷助益不少。

　　除了兼課之外，他們的學識淵博、文筆洗練，具備深厚的古文基礎，出版、投稿或賣文自然也成爲掙錢一途。語言學家王力算是因生活而動筆寫雜文的代表人物，他曾表明：「我開始寫『小品』的時候，完全是爲了幾文稿費。在這文章不值錢的時代（依物價三百倍計算，我們的稿費應該是每千字一千五百元），只有多產才不吃虧。正經的文章不能多產，要多產就只好胡說。」這段時期，文字產量最高的當屬作家出身的沈從文，有九本小說集和七本散文集問世，朱自清、羅常培、馮至也有不少時事評論、雜文、隨筆等，向報刊投稿，賺取稿費。能作古文的人，也幫人寫祝壽文、對聯或墓誌銘，以換取酬金。馮友蘭說：「向當地富貴人家作『諛墓』之文，這樣的生意最好，因爲可以得實物報酬。」〔註95〕爲人撰寫墓誌銘最有名的要屬劉文典，吳宓曾在酒宴中聽說：羅常培主編《大理縣志》，得款近十萬元；劉文典撰繆雲台母親之墓誌銘，得款三十萬元。〔註96〕雖然數字眞確與否無法證實，但是數額想必相當誘人，劉文典之所以遭聯大解聘，也正是因爲替磨黑鹽商張孟希之母撰寫墓誌銘而曠課半年之故。〔註97〕

　　聞一多則重拾鐵筆掛牌治印。浦江清特別爲他撰寫駢文啓事〈聞一多教授金石潤例〉，末尾有十二位教授共同具名推薦，包括梅貽琦、蔣夢麟、馮友蘭、朱自清、潘光旦、楊振聲、羅常培、陳雪屛、熊慶來、姜寅清、唐蘭、沈從文等。啓事以工楷謄錄，鑲進玻璃框，懸掛於委託收件的文具店、筆店的顯眼之處。〔註98〕聞一多對古文字學研究透徹，在美國唸的又是美術，「所以線條配合，別出匠心。學問、藝術雙方造詣均高，迥不同於俗筆。而當時

〔註94〕　半開是雲南通行的地方貨幣，一個半開相當於五毛銀元。陳明遠：《文化人與錢》，頁250。
〔註95〕　馮友蘭：《三松堂自序》，頁110。
〔註96〕　吳宓：《吳宓日記》第九冊，頁289。
〔註97〕　余斌：〈劉文典磨黑風波始末〉，《西南聯大・昆明記憶》第2冊，頁1～7。
〔註98〕　浦江清：〈聞一多教授金石潤例〉，《箎吹弦誦情彌切》，頁96。浦江清之子浦漢昕曾從父親的遺匣中檢出〈聞一多教授金石潤例〉手稿，文字與季鎭淮撰寫《聞朱年譜》時，得自浦江清的底稿稍有出入，兩者孰先孰後，頗難斷定。根據列名人由9人增加到12人（並增加了雲南地方名流）推測，手稿當屬後出，但羅庸的名字未再度列入，殊不合理，因此仍存疑。

昆明一般人士也看重文學名家及教授地位，所以請教他的特別多。在鐘鼎文方面也只有他一人擅長，多數指定他刻鐘鼎文。」〔註99〕有了十多位知名人士的推薦，加上聞一多本身的才藝和名望，這份手工藝增加不少收入，他曾在信中寫道：「弟之經濟狀況，更不堪問。兩年前，時在斷炊之威嚇中度日。乃開始在中學兼課，猶復不敷。經友人慫恿，乃掛牌刻圖章以資彌補。最近三分之二收入端賴此道。」〔註100〕聞一多治印是出於彌補生活的不足，但是每一顆章他都像對待藝術品一樣認真創作。他曾對吳晗說：「最重要的是構思，人的姓名，每一個字的筆畫，有繁簡，如何安排繁簡不同的字在一個小方塊裡，得要好好想。其次是寫，用鉛筆畫底子，刻一個愜意的圖章，往往要畫多少次才挑一個用墨上石。」〔註101〕刻印過程的前半段費心，後半段則是費力，雲南地區流行象牙章，質地堅硬，聞一多第一次刻象牙章的時候，「費了一整天，右手食指被磨爛，幾次灰心、絕望，還是咬著牙幹下去。」〔註102〕兩年後回憶起這段經歷，聞一多的眼裡還泛著淚光。久而久之，他的右手食指結著一塊厚厚的繭，見人常苦笑著說自己是一名「手工業者」。

以詩文書鐫為副業的夥伴既多，則聯合起來訂明價碼，公開招攬生意。約當 1943-1944 年之際，楊振聲、鄭天挺、羅常培、羅庸、浦江清、游國恩、馮友蘭、聞一多、沈從文、彭仲鐸、唐蘭、陳雪屏等十二位教授發起一個賣文賣字的會，聯合署名刊登《詩文書鐫聯合潤例》，即今日之廣告，轉錄如下：〔註103〕

〔註99〕 季鎮淮編著：《聞朱年譜》（北京：清華大學出版社，1986），頁 46。

〔註100〕 西南聯合大學北京校友會編：《國立西南聯合大學校史》（修訂版）（北京：北京大學出版社，2006），頁 59。

〔註101〕 吳晗：〈聞一多的「手工業」〉，張守常、常潤華主編：《吳晗文集》（北京：北京出版社，1988），頁 375。

〔註102〕 吳晗：〈哭聞一多〉，《吳晗文集》，頁 259～260。

〔註103〕 馮友蘭曾敘述：「抗戰末期，聯大一部份教授組織了一個賣文賣字的會。說是要賣字，聞一多還給我刻了兩個大圖章，以備使用。不過還沒開張，日本就投降了，我的圖章始終沒有用上。」《三松堂自序》，頁 110。言下之意，這十二位教授聯合賣文當在 1945～1946 年左右。但〈詩文書鐫聯合潤例〉中的篆刻值為石章每字一百元，牙章每字二百元；對照《聞一多年譜長編》記載《自由論壇》所刊廣告，知聞一多治印最初石章每字 200 元，牙章每字 400元；到 1945 年 3 月，已漲為石章每字 1000 元，牙章每字 2000 元。據此推測〈詩文書鐫聯合潤例〉的出現時間不應晚於 1944 後半年，而應在聞一多開始治印不久的 1943 年。

　　文值　頌贊題序　五千元　傳狀祭文　八千元　壽文　一萬元　碑
　　　　銘墓誌　一萬元（文均限古文，駢體加倍）

　　詩值　喜壽頌祝　一千元　哀輓　八百元　題詠　三千元
　　　　（詩以五律及八韻以內古詩為限，七律及詞加倍）

　　聯值　喜壽頌祝　六百元　哀輓　四百元　題詠　一千元
　　　　（聯以十二言以內為限，長聯另議）

　　書值　楹聯　四尺六百元　五尺八百元（加長另議）
　　　　條幅　四尺四百元　五尺五百元（加長另議）
　　　　堂幅　四尺八百元　五尺一千元（加長另議）
　　　　榜書　每字五百元（以一方尺為限，加大值亦加倍）
　　　　斗方扇面　每件五百元
　　　　壽屏　直隸每條一千五百元　篆每條二千元（每條以八十字
　　　　為限）碑銘墓誌　一萬元

　　篆刻值　石章每字一百元　牙章每字二百元（過大過小加倍，邊款
　　　　每五字做一字計）

　　收件處　國立西南聯合大學中國文學系王年芳女士代轉〔註104〕

這個賣文賣字的團體，所經營的文體和形式多元，文、詩、對聯、字書、篆刻一應俱全，還可依適用場合、格律、篇幅等細目加以指定。末行由聯大中文系統一收件，可說教授們兼職的副業，已從私人零工浮上檯面，從學院外進入學院內，成為西南聯大中文系公開的業務之一。

　　聯大教授家庭，不乏因為經濟無著而挨餓受凍，甚至病逝、自殺的事例，但是戰爭畢竟是殘酷的，本文無意去凸顯這段時期知識份子的悲情色彩，或著墨於文人群的個別故事之上。透過日用品的消費值、薪津、物價指數，以及家庭人口數等具體數目了解一個群體的生活程度，應當是較客觀且全面的一種方式。抗戰中期以後雖然生活處境艱難，聯大文人群多半秉持著「共赴國難」、「前方戰士更艱苦」的心態，沒有直接加入請願增加薪津的行列，也鮮少在作品中發牢騷或謾罵，只是想辦法埋頭實做增加收入，絕不成為「發國難財」的一份子。即使是為報酬而做的兼差，仍充分表現對每一份工作的

〔註104〕原件存於雲南師範大學一二‧一紀念館，轉錄自姚丹：《西南聯大歷史情境中的文學活動》，頁330。

認真盡責。但是兼差既多，不免擠壓自己研究著述或正常教學的時間，是聯大文人群中後期的學術成就不如前期的原因之一。吳宓即曾在日記中表露對部分忙於兼差疏於教學的教師的不滿：「痛感聯大外文系成為戰地服務團之附庸……又兼留美預備班教員，得薪俸極多。而在聯大授課草草，課卷不閱，學生不獲接見，系務完全廢弛。即連日評閱新生考卷，亦僅輪流到場，匆匆即去。」〔註105〕連教師的基本生存需求都不受保障的時候，教學品質也一再下降。換一個角度想，現實的刺激與催逼，也開啟他們人生原本不可能的路向，如王力走上雜文一途，聞一多留下上千顆圖章於世。值得一提的是，教授夫人不僅擔負起照顧子女和丈夫的重任，有的做女紅、兼家館或料理食品，分擔家庭經濟和精神壓力，在聯大時期的文人生活中扮演著不可忽視的重要角色，亦是值得開發的議題。

小 結

　　整體而言，西南聯大文人群的生活水準不高，並且八年來不斷向下滑落：家中有跳蚤虱子或感染瘧疾相當普遍，使用煤油燈或茱油燈，飲用水靠配送，隨時有缺水的危機，1942 年之前有日軍空襲之危險，1942 年之後則有通貨膨脹之壓力。因應頻繁的空襲，學校被迫改動上課時間，教授們也紛紛舉家搬往郊區，促使大普吉鎮，龍泉鎮，呈貢縣形成學者聚集的文化圈。西南聯大在城外，空襲時間固定，警報又依緊急程度區分為三級，大多時候有驚無險，惟財產損失較為嚴重。透過最低生活費與薪津實質的計算，教授每月收入入不敷出，需依賴變賣物品、到處兼課或兼副業，如賣文、賣字、刻圖章等以維持生存。困苦沒有消滅他們對生活的熱情，休閒時間有的偕友看竹或出遊覽勝，有的種植花草或飼養小動物，也有的欣賞電影、昆曲或手工藝品。飲食文化方面，因外地人口激增，昆明出現不少西式餐飲，但講求原汁原味、食材與用料獨特的雲南料理，使西南聯大師生很快的融入這個大環境，並在離開之後，將食物的記憶昇華為聯大歲月的追憶，成為其精神文化的共同標記。

〔註105〕吳學昭整理：《吳宓日記》，第九冊，頁91。

第四章　西南聯大文人群的學院空間

前　言

　　大學教授沒有明確的上下班時間，課堂外的時間往往仍在工作，進行與研究相關的閱讀，或處理所擔負的行政工作。學校是他們最主要的工作空間，其工作內容可簡略概括爲行政事務、教學活動、學術研究三大類別。然而校務、系務、教學、研究、課程、教材、設備、課外指導等工作，雖指涉不同，卻又息息相關，難以分而述之。若求全面性，則近乎資料整理，若欲求深度，以一主題貫穿文人群的學院空間，不僅主題難尋，亦容易偏重於某個年代或某個人身上，而忽視其他時間或事件。因此，筆者仍希望能顧及行政、教學、研究這三個面向，以文人群的共同經歷爲出發點，找尋可進行深入探討的主軸。

　　在行政事務部分，首先以教授會和各項專門委員會的設置了解「教授治校」的運作情形，進而發現文人群經常在校內擔任起草文書的工作，因文字具有永久性和宣傳性，文字撰寫的同時，也將進行聯大形象的塑造工作，這是第一節所要探討的部分。第二節觀察文人群的文學教育理念與實踐，其中新舊文學的消長是值得探尋的一條脈絡，藉此可進一步了解聯大文人群認爲大學中文系的使命爲何、課程和教材設置是否有該檢討之處，以及如何掌握新舊文學之優劣，提升學生的文化素養。第三節觀察文人群在聯大時期卓越的學術成就，是否存在著共通的趨勢？此時期的學術研究是困在象牙塔裡唱高調，還是與現實生活緊密結合，爲岌岌可危的民族生存塡補文化生命力？

另外，學院空間並不是一個封閉的環境，它是知識份子接觸和回應社會的中心之一，特別是北大和清大擁有五四運動、「一二・九」、「一二・一六」等關注國族命運的校風傳統，使聯大末期激昂的學生運動成為不可不談的校園主調。聯大教授夾在學生、軍人、政府之間，面對學潮的態度為何？他們各自的考量點是什麼？政治上歧異的觀點是否會破壞聯大建校以來的團結、自由、尊重等種種優良精神？這些將在第四節以 1945 年學運高潮——「一二・一」運動為中心探討之。

第一節　行政：教授治校與聯大形象

第二章我們曾提及梅貽琦的治校理念和個人性格，使得北大早期教授治校的精神成功地在聯大延續下來。透過聯大行政組織的架構，可知教授會以及各項專門委員會的設置，即是體現教授治校精神之所在。

一、聯大行政組織與教授治校的體現

聯大的行政組織由常務委員會、校務會和教授會組成。常務委員會為最高行政領導機構，該會成員為三校校長和秘書主任楊振聲，每週舉行一次，針對學校人事安排、經費支配、專門委員會的設立或撤銷、處分學生等事務進行討論。校務會由常務委員、秘書主任、教務長、總務長、訓導長、各院院長及教授、副教授互選之代表 11 人組成。每學年召開一次，討論事項包括學校預算和決算的審議、學系的設立或廢止、學校各規章制度的頒行、建築及重要設備的添置、討論常委會交議事項等。而教授會則由全體教授、副教授組成，聽取常委會工作報告、討論學校的重大問題、向常委會或校務會提出建議、選舉參加校務會議的代表，不定期舉行，但每學年至少召開一次。由上述可知，教授會在校務決策中屬於諮詢機構，沒有直接決策的實權，但是校務會議的代表由它選舉產生，遇到對內或對外的重大事件，常委會和校務會議難以解決時，教授會便能凸顯其作用。聯大教授會自 1939 年 5 月 13 日起，共開會 31 次，其中因提高薪津的生計問題而召開者有 5 次，為「一二・一」運動而召開者有 8 次[註1]，教授會決議即代表校方的態度，足見其在特殊情況時所具備之影響與作用。

[註 1] 據《國立西南聯合大學史料》，會議紀錄卷，統計而成。

在常務委員會下，成立各項專門委員會，聘請適任的教授擔任委員，以協助常委共同管理校務。九年來，設立的委員會達七十多個，如校舍委員會、理工設備設計委員會、圖書設計委員會、建築設計委員會、防空委員會、編製本校校歌校訓委員會、二十七年度戰區學生救濟及寒苦學生貸金委員會、文法理工一年級生課業生活指導委員會、課程委員會、國防工作介紹委員會、西遷入滇時的交通委員會、招考委員會、學生入學資格審查委員會、校志編輯委員會、環境衛生委員會、西洋哲學翻譯編輯委員會、本校與北平圖書館合作之徵輯中日戰事史料委員會等。〔註2〕這些委員會不是專門的行政管理機構，而所承辦的任務廣及校務各個層面，依事務之不同，有的屬於常設性質，有的則是臨時性質，委員們兼職不兼薪。教授們各憑專長，群策群力，對行政部門可說是又輔助又指導的角色。由於接受委任的教授直接參與、並且有權進行決策，因而委員會的設置，可說是教授會之外，體現聯大教授治校精神的另一項行政組織。

此外，清華、北大、南開三校各自設立辦事處，保留著原有的行政和教學組織，負責各校學生的學籍管理、研究生招考、教師聘任、研究院及特殊機構的設置經營、經費管理等事務。戰前原就讀三校的學生，仍保留原校學籍與學號，並在學號開頭分別加上 P（北大）、T（清華）、N（南開），畢業時領取原校之畢業證書；聯大入學者，學號前冠以 A，領取聯大之畢業證書。〔註3〕原三校參加聯大工作的教職員，除了各校仍發給聘書之外另由聯大加聘；而由聯大招聘的教師，通常同時接獲某校發給的聘書，代表復員北上後即入該校編制。北大研究院（含文、理、法 3 個研究所，12 個學部）、清大研究院（含文、理、法、工 4 個研究所，16 個學部）和 5 個特種研究所、以及南開大學的商科研究所和邊疆人文研究室，均獨立作業，互不干涉。由此可知，這同一批人所隸屬之工作單位，既聯合統一，又獨立分散，好比一個大家庭之中，各房仍有獨立經營的事業一樣。

聯合的部分，不難看出主事者在人事上欲求圓滿公平的心意，西南聯大行政階層的重要首長──教務長、總務長、建設長及各院院長，均刻意安排

〔註 2〕　〈本校各種委員會名單〉，北大檔案室西南聯大檔案，檔案號：LD0000062；中國人民政治協商會議西南地區文史資料協作會議編：《抗戰時期內遷西南的高等院校》（貴陽：貴州民族出版社，1988），頁 34。

〔註 3〕　西南聯合大學北京校友會編：《國立西南聯合大學校史：一九三七至一九四六年的北大、清華、南開》，頁 29。

三校各有代表。不過由於原清大校長梅貽琦主掌校務,加之清華的人力、物力對聯大的貢獻也較多,因此聯大的規章制度,如教務通則、教授會組織法及部分行政管理措施,基本上是以清華的章程爲藍本。再從人數所佔比例論之,教師和學生亦以清華爲最多,北大次之,南開最少,且相差懸殊。〔註4〕緣此,行政體系也以清華人佔絕對多數,17 位系主任,便有 8 位來自清華,近乎半數;且文學院 4 系,僅外國語文系的葉公超來自北大,其餘 3 位系主任——中國文學系朱自清、歷史社會系劉崇鋐、哲學心理教育系馮友蘭,均來自清大。〔註5〕清大的絕對多數帶來人事和制度上的相對穩定,這種情況一直延續到聯大結束。

教授治校的行政機制不僅賦予教授們對校務有充分發表意見的權利,而且也賦予實際操作管理的職責,發揮教授們在行政上的才幹,使教授們對學校更有參與感和責任感,覺得「學校是大家的,人人都有一份兒」。教授所擔任的行政職,不僅限於西南聯大,三校各自所設的辦事處和研究機構,亦由聯大教授負責管理,並與聯大的教務工作相互協調、支援。雖說西南聯大是三校聯合,但由於清大所佔的人數與資源比例高出北大和南開,因而導致整體制度和人事安排上,自然發展成由清大主導的態勢。

二、西南聯大品牌形象的塑造

今日,西南聯大被譽爲高等院校之辦學典範,引起廣泛討論,其中固然和大師雲集、造就國家建設第一流人才的事實有關,也有不少關注乃源自於西南聯大所留下的「品牌形象」。品牌,是有別於其他同類品項的標誌,通常指涉正面的意涵;品牌形象,即他人心目中所擁有之評價性印象。以此類推,一所大學的品牌形象,則是該校在社會大眾心目中的總體反映評價,其形成與學校歷史傳統、辦學理念、時代要求、地域文化、師生的共同信念和價值觀等因素有關,也和能突顯學校特色的包裝符號有關。西南聯大所建立的品牌形象,如剛毅堅卓、兼容並包、民主堡壘、學術自由、文化報國、友愛團

〔註4〕 據 1937~1945 各學年度畢業生總人數相加,統計出北大畢業生共計 369 人,清華畢業生共計 716 人,南開畢業生共計 195 人。統計之原始數據來自〈國立西南聯合大學三校畢業學生人數統計表〉,北京大學、清華大學、南開大學、雲南師範大學編:《國立西南聯合大學史料》,總覽卷,頁 44~45。

〔註5〕 清華大學檔案:〈長沙臨時大學各學系設置〉,北京大學、清華大學、南開大學、雲南師範大學編:《國立西南聯合大學史料》總覽卷,頁 58。

結等，均直接或間接脫胎自聯大的校訓、校歌、紀念碑文或聯合宣言。研究者往往肯定這些標誌性文獻足以深刻揭示聯大的精神核心，完整塑造聯大的獨特魅力與品格形象，並以之作爲根基再將其意涵延伸擴大。而這些能精妙地概括或展現聯大典型精神的重要文獻，全出自聯大文人群之手。換言之，聯大的品牌形象正是由聯大文人群參與校務時，一點一滴凝聚、發展、形成，而影響至今的。

　　1938 年 10 月 6 日，常委會成立「編製本校校歌校訓委員會」，聘請馮友蘭、朱自清、羅常培、羅庸、聞一多等人爲委員，由馮友蘭任委員會主席。當時，馮友蘭兼任文學院院長，朱自清兼任中文系主任，其餘三人亦是文采出眾的中文系教授。委員會最初擬以「剛健篤實」爲校訓，後經常委會討論，公告以「剛毅堅卓」爲聯大校訓。〔註6〕這一校訓較前者之內涵更爲豐富，也更有感召力，表現出全校師生一年多來，在顛沛流離中果敢奮進的精神，被視爲「聯大精神的最早的一種概括」〔註7〕。這四個字分開理解的話，「剛」代表剛正不阿的正直氣節；「毅」，代表果敢明辨的處事態度；「堅」，代表堅忍不屈的信念；「卓」，代表卓越超群的才識智慧。關心西南聯大的人無不同意此一校訓不僅準確概括了聯大校風和歷史傳統，亦能激起聯大人的團結意識。封海清即將「剛毅堅卓」列爲西南聯大精神的總綱，認爲它是對三校精神傳統最具時代性的繼承和弘揚；是最能反映西南聯大自七七事變以來，從提議南遷、組建、徒步搬遷，到艱困條件下仍弦歌不輟的整體精神風貌；也是支撐著聯大人自強不息、苦幹實幹、嚴謹治學、以大局爲重堅持團結等其他精神的基礎。〔註8〕

　　校歌方面，選了羅庸和馮友蘭所作的歌詞，開始徵集曲譜。羅庸的詞由張清常譜成男女聲四部合唱曲，馮友蘭的詞則由沈有鼎譜成進行曲形式和馬約翰譜成圓舞曲形式。〔註9〕1939 年 7 月 24 日，常委會公告由羅庸詞、張清

〔註6〕　〈第 89 次常委會會議記錄〉（1938 年 10 月 6 日）、〈第 95 次常委會會議記錄〉（1938 年 11 月 26 日），北京大學、清華大學、南開大學、雲南師範大學編：《國立西南聯合大學史料》，會議記錄卷，頁 69、75。
〔註7〕　西南聯合大學北京校友會編：《國立西南聯合大學校史：一九三七至一九四六年的北大、清華、南開》，頁 76。
〔註8〕　封海清：《西南聯大的文化選擇與文化精神》，頁 132。
〔註9〕　張清常：〈憶聯大的音樂活動——兼憶聯大校歌的創作〉，《笳吹弦誦情彌切》，頁 354。

常譜的歌曲〈滿江紅〉，訂爲聯大校歌。〔註10〕歌詞是：

> 萬里長征，辭卻了五朝宮闕。暫駐足，衡山湘水，又成離別。絕徼
> 移栽楨幹質〔註11〕，九州遍灑黎元血。盡笳吹弦誦在山城，情彌切。
> 千秋恥，終當雪；中興業，需人傑。便一成三戶，壯懷難折。多難
> 殷憂新國運，動心忍性希前哲。待驅除仇寇，赴神京，還燕碣。

羅庸的詞依〈滿江紅〉詞牌，同愛國詩人岳飛的名作一樣，既悲且壯。起頭用「五朝宮闕」、「衡山湘水」、「山城」等城市特色，取代直接點明北平、長沙和昆明三座城市的名字，含蓄地帶出學校南遷的崎嶇歷程。中段說明敵人之侵略，使得國家棟梁不得不移植到邊陲地區繼續栽培，九州大地染上烈士奮勇抵抗的鮮血，儘管被逼退到了狹小的山城，讀書聲仍不絕於耳，彼此的情感反而更加真摯。下闋開頭以正面積極的「千秋恥，終當雪」改寫岳飛「猶未雪」的詞句，期許學生追步聖賢、洗刷被侵略的恥辱，復興中華民族。

而未入選的馮友蘭詞，採用現代詩的筆法，內容是：

> 西山蒼蒼，滇水茫茫。這已不是渤海太行，這已不是衡岳瀟湘。同
> 學們，莫忘記失掉的家鄉。莫辜負偉大的時代，莫耽誤寶貴的辰光。
> 趕緊學習，趕緊準備，抗戰建國都要我們擔當，都要我們擔當。同
> 學們，要利用寶貴的時光，要創造偉大的時代，要恢復失掉的家鄉。

馮友蘭以山勢較低的西山對比巍巍高聳的太行山和南嶽衡山，以平靜無波的陸上湖泊滇池對比水勢宏大渤海和湘江，利用自然景觀的規模，暗喻國土正被敵人侵略而不斷縮小，激起學生收復壯麗河山的愛國情懷，並且採排比、口號式的「三莫三要」，鼓勵學生把握光陰奮發向學。這兩首詞不約而同地由

〔註10〕 關於聯大校歌歌詞的作者，在八〇年代的中國大陸曾引起爭議。馮友蘭舉朱自清日記爲證，撰文說明自己是校歌歌詞的作者，但校歌作曲者張清常則寫下多篇報刊文章，反駁作者是羅庸而非馮友蘭。1987年，黃延復、張源潛發表〈西南聯大校歌製作經過〉支持張清常的說法，但2001年，翟志成在《近代史研究所集刊》發表〈西南聯大校歌歌詞作者考辨〉，亦舉證歷歷說明馮友蘭才是真正的作者。由於西南聯大各種版本的校史均將校歌歌詞作者列名羅庸，並列出馮友蘭所寫的校歌歌詞是採新詩文體，雖然之後亦配上樂曲用作勉詞，卻非核定之校歌；而學生的回憶文章，亦有多篇提及羅庸是校歌歌詞的作者，因此校歌歌詞作者究竟是誰仍屬迷團。以本文的角度而言，不論作者是馮友蘭或羅庸，都是文人群的一份子，並不影響論述，因此不作進一步考辨，逕依據所蒐集資料之多數者，將校歌作者列爲羅庸。

〔註11〕 徼，音較，有邊界、邊塞或小路之意。查自中華民國教育部異體字字典網站 http://140.111.1.40/suoa/suoa060.htm （網站日期：2007年6月27日）

學校因戰爭爆發而搬遷的歷史出發，期許學生讀書成材擔起中興大任，並以驅除仇寇、北上還鄉作爲結尾，顯示對抗戰勝利堅定不移的信心。

1946 年 5 月 4 日西南聯大結業典禮大會上，張清常作曲並指揮聯大師院附中合唱團演唱〈國立西南聯大進行曲〉。進行曲是校歌的擴展，由四部份組成：

1. 引：馮友蘭作，歌詞爲「八年辛苦備嘗，喜日月重光，願同心同德而歌唱。」

2. 校歌：羅庸作，即〈滿江紅〉。

3. 勉詞：馮友蘭作，即「西山蒼蒼，滇水茫茫」那篇文詞，由男高音獨唱。

4. 「凱旋詞」：節錄自〈國立西南聯合大學紀念碑〉之「銘辭」部份，詞爲：「千秋恥，終已雪。見仇寇，如煙滅。大一統，無傾折。中興業，繼往烈。維三校，如膠結。同艱難，共歡悅。使命徹，神京復，還燕碣。」〔註12〕

查良釗在 1967 年台灣《清華大學校友會通訊》上說：「此詞歌當時極爲動人，全體師生無不永銘心版。」〔註13〕增加的「引」和「凱旋詞」，和八年前寫下的兩段校歌相比較，增添了光復失土的喜悅，代表過去所期許的願望已達成，另外，又在抗戰勝利之外刻意強調三校同甘共苦的珍貴友誼。對照當時的實際情況，歌詞與現實頗有出入：中國雖然贏得戰爭勝利，卻有內戰一觸即發的危機；聯大雖然即將光榮復員，校內卻因爲政治傾向不一而使教授和學生群體出現壁壘分明的分裂現象。歡欣鼓舞的文字背後，其實是希望能喚起「同心同德」的團結力量，再次渡過難關。如同八年前的「千秋恥終當雪」，「維三校，如膠結」等句，或許亦是用肯定句法寄託一個新的期許，而非結束。

三、經過選擇性強調的最佳概括

西南聯大完成歷史使命，準備復員北上，校方決定在校園內立碑留作紀念。紀念碑由馮友蘭撰文，聞一多篆額，羅庸書丹。文中對南遷建校的過程作了簡明的交代，繼而指出完成使命的西南聯大可資紀念者有四：八年抗戰

〔註12〕　全套曲譜已收入張清常：《張清常文集》（北京：北京語言大學出版社，2005），
　　　　　第五卷，頁 315～320。
〔註13〕　西南聯合大學北京校友會編：《國立西南聯合大學校史：一九三七至一九四六
　　　　　年的北大、清華、南開》，頁 78。

已將我國曠代之偉業開其規模，而聯大與抗戰相始終，此其一也。「文人相輕，自古而然。……三校有不同之歷史，各異之學風，八年之久，合作無間。同無妨異，異不害同；五色交輝，相得益彰；八音合奏，終和且平。」此其二也。「以其兼容並包之精神，轉移社會一時之風氣，內樹學術自由之規模，外來「民主堡壘」之稱號，違千夫之諾諾，作一士之諤諤。」此其三也。史上晉、宋、明南渡均未能歸返，而吾人不到十年即完成收復之功，校以今日之成功，歷歷不爽，此其四也。〔註 14〕中文系全體師生最後一次集會時，有人稱許《國立西南聯合大學紀念碑文》結合馮友蘭、聞一多、羅庸三位先生之力，珠聯璧合，堪稱「三絕」，是極有價值的歷史文獻。又有人說，紀念碑文不長，卻是聯大八年最好的概括，文中所列舉的四點值得紀念的地方，十分中肯。聞一多尤其看重「違千夫之諾諾，作一士之諤諤」這句話的含意。〔註 15〕碑文遣辭典麗，歷來研究者不斷重複引用著，連馮友蘭晚年也寫下〈聯大紀念碑碑文自識〉評價道：「以今觀之，此文有見識，有感情，有氣勢，有詞藻，有音節，寓六朝之儷句於唐宋之古文。余中年爲古典文，以此自期，此則其選也。」〔註 16〕紀念碑文不僅是歷史的見證，豐腴的文采亦是它成爲聯大代表文獻之功臣，使得抽象的西南聯大具有令人感佩的力量。

聯大畢業生透過傳唱充滿抗戰精神的校歌追憶聯大歲月，加上人們隱惡揚善之常情和對母校之情感，口中道出的西南聯大自然完美無缺；後人也從校歌、紀念碑文等文字認識西南聯大，配合其他軼事和文獻記載，如梅貽琦在西南聯大結束大會上發表三校原有「通家之好」的演說文，再度傳播並擴充聯大團結、愛國、民主、耿直等正面形象。但是校訓、校歌、紀念碑文，都是具有特殊身份地位的文字，作者不免從最能代表聯大、也最希望被用來代表聯大的事物下筆，因而由此建立的聯大形象乃經過「選擇性的強調」。雖然這些文字屢屢被稱爲聯大精神最佳的概括，卻不是最完整或最切合實際的概括。

提出這個觀察的角度，目的不在於批評過份歌頌西南聯大的溢美之詞，

〔註 14〕　馮友蘭：〈國立西南聯合大學紀念碑碑文〉，北京大學、清華大學、南開大學、雲南師範大學編：《國立西南聯合大學史料》，頁 283。

〔註 15〕　吳宏聰：〈向母校告別——記西南聯大中文系全體師生最後一次集會〉，收錄於陳平原：《中國大學十講》（上海：復旦大學出版社，2002），頁 255。

〔註 16〕　馮友蘭：〈聯大紀念碑碑文自識〉，《三松堂小品》（北京：北京出版社，1997），頁 309。

也不在於計較文字和事實的差異有多大，而是說明真正的聯大已經成為歷史名詞，只能透過文字去認識它的客觀事實。當路人駐足在雲南師範大學或北京大學西門內的紀念碑下，當聯大校歌再度響起，或者研究者又發表了探索西南聯大精神的新文章時，馮友蘭等人為西南聯大早早定調的「剛毅堅卓」的形象，只有更為加強。而這樣的西南聯大形象所樹立的大學典範，仍然值得吾人繼續追尋和仿效。

第二節　教學：以新舊文學消長為脈絡的文學教育理念與實踐

　　教學和研究，是西南聯大文人群的主要工作，也是他們用心經營的事業。西南聯大之所以能造就出眾多傑出人才，除了和校長梅貽琦從修身、明明德出發的人格教育指導思想有關，也和個別教授實踐教學理念，並且循循善誘、孜孜不倦的教學策略與態度有關。聯大文人群的教學活動可以從多方面來觀察，比如教學風格、課堂上與學生的互動、編排課程與選用教材、討論教學理念的文章等等。其中從教育層面觀察新文學在大學校園中的發展，是一個有意義的視角。除了蓬興的文藝社團裡學生熱衷於新詩、散文、戲劇、壁報等各類新文學文體的創作學習，以及文史名課和文藝晚會經常吸引上千名不分文理商工的學生前來聆聽之外，新文學開始正式進入大學的必修課程，並且對傳統的大學中文系課程產生衝擊。但是在新文學的熱潮之下，朱自清等人雖然主張發展了三十年的新文學應當排入課程被教授，亦提出語文訓練同時也是一種文化訓練，選文不論重古或重今均有其道理，不宜一味追求實用而顧此失彼。本節將以此為脈絡探討之。

一、新文學進入大學殿堂

　　中規中矩的大學殿堂裡，課程與教材總是傾向保守，較社會脈動晚一步。雖然教師們深知青年學子熱衷於新文學的創作與閱讀，新文學卻始終被摒除在大學的正統課程之外。經過胡適、楊振聲、朱自清、沈從文等人的推動，以語體文為特色的新文學才逐步發展為獨立學科。1929 年，朱自清在清華大學開設「新文學研究」課程，中國新文學正式進入大學殿堂。當時清華大學

中文系由楊振聲主持，他提出要「創造我們這個時代的新文學」〔註17〕，1931年任青島大學校長，便十分注意聘請新文學作家任教，聞一多、沈從文、梁實秋等人陸續加入他的麾下。這批人後來又陸續加入了西南聯大，成爲繼續在大學校園推動新文學的主力先鋒。

即便清大中文系開了首例，大學中文系的課程傳統卻非一夕所能攻破的，爲數不少的教授依然不認同新文學可以在大學裡教授。〔註18〕雖說西南聯大中文系裡，朱自清、聞一多、陳夢家等多位教授都是蜚聲文壇的知名作家，但他們是以古典文學的研究專家身份入席教授之列，並因此受人尊重，與新文學成就沒有直接關聯。同在聯大中文系的莊子專家劉文典輕視新文學作家，便是遠近馳名的故事，他最瞧不起沒有大學文憑卻和他同樣在大學任教的沈從文，不僅在課堂上公開說沈從文的月薪只值四塊錢，還毫不客氣地叫沈從文不用跑警報，言下之意即在諷刺沈從文留在世上對社會也沒有貢獻。〔註19〕雖有反對聲浪，楊振聲等人的努力，仍在聯大取得了一定的成績，特別表現在全校必修的「大一國文」和中文系的課程結構變化上。

「大一國文」是全校一年級必修的課程，共計 6 學分，由中文系資深教授搭配一名助教或教員共同講授。中文系爲了這門課程成立大一國文委員會，負責編選課本、安排課務、決定分組和任課教師，請楊振聲主持。大一國文課本的篇目計有文言文 15 篇，語體文 11 篇，古典詩詞 44 首和附錄 1 篇，乃經由全體任課教師推薦、斟酌討論，並在教學經驗中不斷檢討增刪編定而

〔註17〕 朱自清：〈清華大學中國文學系概況〉，朱喬森編：《朱自清全集》，頁 405。

〔註18〕 聞一多和王力都認爲大學中文系理應注重考據或研究工作，而不是談新文學的。王力曾在文章中寫道：「記得十二年前（1934 年），清華大學中文系的一個學生曾在清華週刊上表示過他對於本系的失望。他說，清華中文系的教授如朱自清俞平伯聞一多諸先生都是新文學家，然而他們在課堂上只談考據，不談新文學。言下之意，大有悔入中文系之慨。等到那年秋季開學的時候，……聞一多先生坦白地對新生們說：『這裡中文系是談考據的，不是談新文學的，你們如果不喜歡，請不要進中文系來。』我不知道聞先生近年來的主張變了沒有；我呢，始終認爲當時聞先生的話是對的，不過，考據二字不要看得太呆板，主要只是著重於研究工作就是了。」王力：〈大學中文系和新文藝的創造〉，《國文月刊》（台北：泰順書局，1971）合訂本上卷，第 43、44 期合刊，頁 75。

〔註19〕 劉文典曾公開在課堂上毫不客氣地批評說：「陳寅恪才是眞正的教授，他該拿四百塊錢，我該拿四十塊錢，沈從文只該拿四塊錢。」還有一次跑警報的時候，他看到沈從文也在跑，便回過頭對他說：「我跑是爲了保存國粹，學生跑是爲了保留下一代希望，可是該死的，你幹嘛跑啊！」許淵沖：《追憶逝水年華》，頁 27；黃延復：《清華逸事》（瀋陽：遼海出版社，1998），頁 36、37。

成。〔註 20〕語體文首次進入大學必修課程，就佔了教材的七分之一，一則彰顯出主事者的文學立場，一則也反映聯大中文系教師接受新文學的態度。大一國文讀本收錄的語體文篇章如魯迅〈示眾〉、胡適〈文學改良芻議〉、徐志摩〈我所知道的康橋〉、林徽因〈窗子以外〉、丁西林〈壓迫〉等，可以讓學生接觸不同風格、文體的作品，並大致掌握新文學的發展脈絡。羅常培說當初小心挑選這十幾篇語體文，「無非是想培養一點新文學運動裡秀出的嫩芽，讓它慢慢兒地欣欣向榮，不至於為缺乏灌溉就萎蔫下去。」〔註 21〕對照同時期教育部委由朱自清等人所編定的大一國文讀本，起於易經乾文言和坤文言、終至姚鼐〈與魯絜非書〉，共文言文 50 篇〔註 22〕，固然經史子集俱全，卻沒有收入一篇語體文，新舊文學在教材中失衡的現象可見一斑。由此可見聯大中文系率先把語體文編入必修教材內，確立了語體文在課程中的正統地位，是突破傳統而具有開創性的。對於甫進大學就讀的年輕學子來說，「大一國文」課培養了他們對新文學的審美趣味，間接鼓勵了新文學的創作與閱讀，無形中都增加了新文學的讀者與作者，而新文學便在這樣的傳遞與試煉的過程中不斷充實並獲得提昇。

　　而新文學成為西南聯大中文系和國文系的正式課程，同樣也是由楊振聲打先鋒，逐漸擴充版圖。若觀察 1938～1941 學年度西南聯大中文系和師範學院國文系關於現代文學課程的變動，更可一目了然：

表：〔註 23〕

學年度	課程名稱	授課教師	開課單位／級別	修課別／學分數
1938	現代中國文學討論及習作	楊振聲	（中）文 4	選／2
1939	現代中國文學 各體文習作（白話文）	楊振聲 沈從文	（中）文 3 （國）2	選／4 必／2
1940	各體文習作（一） 各體文習作（一）	沈從文 沈從文	（中）文、語 2 （國）2	必／2 必／2

〔註 20〕 西南聯合大學北京校友會編：《國立西南聯合大學校史》，頁 90。
〔註 21〕 羅常培：〈中國文學的新陳代謝〉，《中國人與中國文》（台北：九順出版有限公司，1978），頁 16。
〔註 22〕 朱自清等編：《大學國文選》，（台北：國立編譯館，1943 年重慶初版，1952 年二版）。
〔註 23〕 本表依據〈國立西南聯合大學各院系必修選修學程表〉製成，《國立西南聯合大學史料》，教學科研卷。

1941	各體文習作（一）	沈從文	（中）文、語 2	必／2
	現代中國文學	楊振聲	（中）文、語 34	選／4
	散文研究	朱自清	（中）文 34	選／4
	創作實習	沈從文	（中）文 34	選／4
	各體文習作（一）	沈從文	（國）2	必／2
	現代中國文學	楊振聲	（國）34	選／4
	散文研究	朱自清	（國）34	選／4

　　1938 年 9 月的新學期首度開設了「現代中國文學討論及習作」，列為文學組四年級下學期 2 學分的選修課。1939 學年度，楊振聲「現代中國文學」增為 4 學分，同時沈從文在國文學系開設了 2 學分必修的「各體文習作（白話文）」。1940 學年度，沈從文所開設的「各體文習作（白話文）」已在中文系列為文學組和語言組二年級學生的必修課。到了 1941 年，中文系（文學院）和國文系（師範學院）各有一門必修和兩門選修課可供修習，中文系尚有沈從文新開設的「創作實習」。從開設科目的增加、學分數的增加、選修變成必修的過程，可見新文學課程在西南聯大一步步地走向中心，這背後又以楊振聲和沈從文的教育實踐為最直接的推手。

二、新文學的人才培養與中文系課程調整

　　西南聯大中文系雖然開始教授新文學，然而亦僅佔課程中的極少部份，整體仍以古典文學和小學的教授為主，其他大學中文系這種情況自然更為明顯。聞一多曾諷刺大學中文系是「小型國學專修館」，〔註24〕聯大師範學院國文系主編的《國文月刊》上，更有校外人士丁易批評當時一般大學中文系是「陷在復古的泥坑裡」，「大學教室裡高談古文義法，詩詞律式。……而作文必用文言，標點必須根絕。……結果最倒楣的自然是學生，恍恍惚惚在國文系讀了四年，到頭來只落得做個半通不通的假古董。」〔註25〕胡山源也把中文系衰落的原因，歸咎於課程對學生出路的影響：國文系不像工程系或經濟系畢業後，一定有職業；國文系最為空洞，畢業出來的人幾乎一無所能，一

〔註24〕 聞一多：〈調整大學文學院中國文學外國語文二系機構芻議〉，《國文月刊》第63 期，1947 年 12 月，收入孫黨伯、袁謇正主編：《聞一多全集》（武漢：湖北人民出版社，1993），第二冊，頁 437～440。

〔註25〕 丁易：〈論大學國文系〉，《國文月刊》第39 期，1945 年 11 月。轉引自王了一：〈大學中文系和新文藝的創造〉，《國文月刊》，合訂本上卷，第 43、44 期合刊，頁 75。

無所用，備受社會輕視。〔註 26〕有鑑於社會上中文人才的需求與大學中文系實際講授內容日漸脫節，王力、朱自清、李廣田、聞一多等人開始思索大學中文系的教育宗旨。一所大學的中文系應以培養何種人才爲目的？又應如何調整中文系的課程體制以達成預期的教學目標？在思想對話的過程中，反映出各人對大學文學教育的認知和期許，以及大學中文系是爲了造就學者或作家的人才養成觀點上細微歧異的價值取向。

（一）大學中文系重新分組——以培養寫作人才為目的的文學教育

　　丁易等人的文學觀無疑是和社會需求緊緊相扣的。他們認爲現代翻譯、新聞編輯採訪、電影戲劇、廣播等，許多行業均迫切需要擅長語體文的中文人才，而大學中文系還沉溺在文言文語言形式的片面訓練。爲學生形塑內在思想的重要來源，還停留在數百年前甚至數千年前寫下的文字，完全與時代脫節。因此丁易建議大學中文系應重新分爲三組：文學組、語言文字組和文學史組，其中文學組須以新文藝的創造建設爲目的：

> 這文學組和部定的文學組內容是完全不同的，部定的文學組相當於
> 本文所分的文學史組，而這個文學組卻是以新文藝的創造建設爲目
> 的的。這一組的課程內容主要是文藝理論、著名作家的研究、著名
> 作品的欣賞，以及創作實習等。……更重要的還是要把著重之點放
> 在文藝的欣賞和批評上，考訂校勘只須大略涉及，這些進一步的工
> 作是屬於文學史組的。至於創作實習則是本組的主要精神所在，它
> 的比重應佔本組課程二分之一。〔註27〕

丁易提出大學中文系應著重新文學課程自然有其道理，但是把文藝的欣賞批評和創作實習視爲文學組的主要精神，甚至將創作實習課程佔全部課程的二分之一，這樣的主張立刻遭到王力的反對。

　　王力發表〈大學中文系和新文藝的創造〉，其核心觀點是「大學只能造成學者，不能造成文學家」。因爲大學是傳授知識的最高學府，應該傳授科學，或者科學性的東西，包括語言文字學、校勘、文學史，而純文學的創作卻不是科學的，如果學生本身沒有天才，老師們積累數十年的學問也教授不來。

〔註26〕 胡山源：〈論大學國文系及其科目〉，《國文月刊》合訂本上卷，頁 307～308。
〔註27〕 丁易：〈論大學國文系〉，《國文月刊》第 39 期，1945 年 11 月。轉引自李廣田：
　　　　〈文學與文化——論新文學和大學中文系〉，《國文月刊》合訂本上卷，第 43、
　　　　44 期合刊，頁 3。

這裡並非認為大學生不能成為作家，也不是認為大學課程對文學的修養沒有幫助，只是強調「有價值的純文學作品不是由傳授得來的」。〔註28〕作家之於學者的關係是，「文學教授研究他們，頌揚他們，批評他們，然而文學教授本人並沒有本事使學生趕上他們，或超越他們，文學家如果充當教授，他是用學者的資格，不是用文藝作家的資格。」〔註29〕

王力的觀點即是歷代主張作家天才論的觀點。曹丕的〈典論·論文〉，拿吹奏樂器比作為文，認為「文以氣為主，氣之清濁有體，不可力強而致。譬諸音樂，曲度雖均，節奏同檢，至於引氣不齊，巧拙有素，雖在父兄，不能以移子弟。」〔註30〕北朝顏之推也告誡想做文人的子孫「必乏天才，勿強操筆」〔註31〕。作家天才論的觀點認為做學問和做文章是不同的，做學問靠的是積學的工夫，做文章多少需要靠天份。據此，以王力為代表的學者認為，大學中文系能教學生做學問，卻不能教導學生那些難以捉摸的技巧，因此大學國文系重視考據和文言文訓練乃理所當然。

李廣田則不完全認同作家天才論的看法，他不從「能不能」的角度，而是從「該不該」的角度來探討這個問題：就像中文系不一定能造出作家一樣，也造就不出多少學者或國學家，因此重點不是「能不能」，而是「該不該」。李廣田同意大學裡不能造就作家，課程不能以創作為主，但是學生們的創作水平可以經過指導練習而提高，藝術技巧也是可以傳授的。否則1944年8月教育部修訂的中國文學系科目表，為何在必修科目中有「文選及習作」六學分、「詩選及習作」六學分、「詞選及習作」三學分、「曲選及習作」三學分？如果舊文學創作可以在學院被教授，新文學創作即無不可教授之由。〔註32〕

〔註28〕 王了一：〈大學中文系和新文藝的創造〉，原刊載於1946年3月3日《中央日報》的「星期論文」專欄，重刊於《國文月刊》合訂本上卷，第43、44期合刊，頁75。

〔註29〕 王了一：〈大學中文系和新文藝的創造〉，《國文月刊》合訂本上卷，第43、44期合刊，頁75。

〔註30〕 曹丕：〈典論·論文〉，楊鴻銘：《歷代古文析評——兩漢魏晉之部》（臺北：文史哲出版社，1983），頁206。

〔註31〕 李振興、黃沛榮、賴明德注釋：《顏氏家訓》（台北：三民書局，1993）〈第九·文章篇〉第二段：「學問有利鈍，文章有巧拙。鈍學累功，不妨精熟；拙文研思，終歸蚩鄙。但成學士，自足為人。必乏天才，勿強操筆。吾見世人，至無才思，自謂清華。流布醜拙，亦以眾矣。」

〔註32〕 李廣田：〈文學與文化——論新文學和大學中文系〉，《國文月刊》合訂本上卷，第43、44期合刊，頁70。

　　就實際情況來看，「不管大學裡有沒有新文學課程，（學生）大都努力於新文學的研究和寫作，而且這個情形還不只限於中文系的學生，連理工法商的學生也一樣。」〔註33〕既然有人肯研究，就應當有人教；既然有人肯寫作，就應當有人指導批改。因此不只是藉由討論會、演講、社團等課外提倡，還應該排入課程中。如果是新文學研究與創作排入課程是「應該」的事，即使做得不好也要努力去做。李廣田躋身於新文學作家之列，在西南聯大講授「文學概論」與「各體文習作」，又長期擔任學生社團「冬青文藝社」的指導老師，對於作家雖需要天生之才，亦需豐富的生活體驗、大師的傳授和學習者刻苦磨練等等後天環境的配合養成，頗有中允的分析。

　　朱自清贊同李廣田的論點，認為大學裡應該可以傳授新文學，同時培養學者與作家，並且進一步澄清其他對新文學排入課程持負面觀點的顧慮：新文學沒有經過時間淘汰、沒有客觀的選擇或批評標準得知哪些應該教，哪些不應該教？新作品和新作家不斷出現，教師不能現買現賣的拿來教人，學生也可能讀得比老師多又快……。他說：

> 我們的新文學已經有了三十年的歷史，新傳統已經建立起來，對於有些作家與作品已經有了差不多公認的評價，我們是可以相當的客觀的來教學了。再說這是一個重估價值的時代，對於舊文學的那些定論，我們也只是批判的接受，並不一味信從；我們正在改變舊傳統，擴大它。看看這些年中學國文教科書裡選的文章就可以知道：在現代，選擇和批評舊文學，其實並不比選擇和批評新文學容易多少。〔註34〕

對新文學排入課程已有初步共識之後，朱自清也提出具體的做法。他主張開設「現代中國文學討論及習作」的課程，每週兩小時，全年四學分。或者在現有的課程裡安排一些時間給現代文學，例如：六學分的「中國文學史」課程中，安排一學分教授「現代文學史」；六學分的「文選」和六學分的「詩選」，各留一部分時間給現代散文和現代詩；「小說戲劇選」分為「小說選」和「戲劇選」各兩學分，將教材延伸至民國以後的小說和戲劇發展。如此一來，不必等教育部改定科目表，在現行的大學中文系課程裡加入新文學並不難。朱

〔註33〕　同上註。

〔註34〕　朱自清：〈關於大學中國文學系的兩個意見〉，《國文月刊》合訂本下卷，第63期，頁741〜743。

自清的看法對加強學生新文學方面的認識與訓練這個問題提出了總結。

（二）合併中文系和外文系──以學科同質性為考量點的文學教育主張

從劃分文學組所涉及「大學裡中文系的目的是為了造就學者還是造就作家」的問題，衍生出中文系是否應該和外文系合併的聲音。王力雖然認為文學創作不能經由傳授得來，但是從新文學作家的產生背景來看，卻同意「假設新文學人才可以養成」的話，適宜養成的地方應該是外文系而不是中文系。因為新文學是在與傳統的決裂中形成的，它所借鑑模仿的藝術資源不是承襲自中國文學傳統，而是國外的文學作品。當時著名的戲劇小說家如茅盾、曹禺，詩人如馮至、卞之琳，批評家如朱光潛、梁宗岱，甚至更早一點的胡適之、徐志摩，都是西文根底十分深厚的。李廣田也同意大學外文系對新文學人才的養成更有助益，聞一多更因此提出了「合併大學中文系與外文系」的建議，希望將現行制度下的中國文學系（包括文學組和語言文字組）與外國文學系合併，改為文學系和語言學系。其中文學系分為中國文學組和外國文學組，語言學系亦分為東方語言和印歐語言兩組。聞一多的建議引起朱自清、滬江大學教授朱維之、大夏大學教授程俊英，以及中央大學語言學教授兼開明書店編輯呂叔湘等人的興趣，紛紛為此表示意見。

朱自清發表〈關於大學中國文學系的兩個意見〉，補充聞一多的看法。他舉它系的課程為例，歷史系包括中外歷史、哲學系包括中西哲學、政治系講中西政治制度和思想，中國的特性並沒有因合系而消失，推論出中外文學也不會因為合系，而喪失中國語言文學的特性。尤其文學概論、傳記文學、翻譯、文學理論、文學批評等科目，兩系原本即有高度的重疊性。〔註35〕朱維之也指出兩系應當要改善忽略文學而造成水火不相容的畸形現象：

> 以前，我國大學中文系往往被稱為「國學系」，既不偏重文學，又不偏重語言學，卻偏重於整理國故；而外文系其實是英語系，偏重在英語訓練。「國故」和「英語」二者風馬牛不相及，國故教授沒有研究外國語文的必要，英語教授以不懂中文為時髦。〔註36〕

〔註35〕 朱自清：〈關於大學中國文學系的兩個意見〉，《國文月刊》合訂本下卷，第 63 期，頁 741～743。

〔註36〕 朱維之：〈中外文合系是必然的趨勢〉，《國文月刊》合訂本下卷，第 65 期，頁 805。

中文系偏重於整理國故，外文系偏重英語訓練，兩系若能回到文學本身，定有許多互通互惠之處。前人所遺留下來的珍貴文學遺產，不分中外，都理應保存並求貢獻於世界。

但是，呂叔湘從語言學習的角度提出反對意見，其要旨可歸爲兩點：一、學生程度問題：修習文學系或語言系的學生，在入學時便需對中文和至少一種外國語已有相當的造詣，才能發揮這個方案最大的效用，否則學習無法兼顧。二、語言學習困難：一種語言是一種魔障，而不精通一種語言便不能欣賞該語言裡的文學，光是懂得一些零碎的知識，會有畫虎不成的危險。〔註37〕朱自清也考量到中西兼通的師資難尋；兩系只分四組，課程訂定不易精當，多分組又過於破碎；一般人囿於愛國的成見，認爲應該要有獨立的中國文學系，因此也很難獲得教育部的批准等問題，都是推動合系的過程中可能遇到的障礙。〔註38〕

呂叔湘的具體建議是維持現有的中文系和外文系，而一般語音學、語言學的課程，放在中、外文系亦可，另立一系亦可。外文系必須增加「中國語言通論」、「中國文學史」、第二外國語等課程，才能在翻譯和比較文學上提高水準。而針對中文系「抱殘守闕，重古輕今」的毛病，應該將中文系的課程分爲四組：

（甲）古代語言文字 　（乙）古代文學

（丙）近代語言文字 　（丁）近代文學

而學生可以有四個選擇，（一）主修甲、乙；（二）主修丙、丁；（三）主修；甲、丙，（四）主修乙、丁。此外，中文系太不注意學生的作文訓練，美其名「習作」的課，實際上也不能磨練多少學生修辭與語法的功力，而相當水準的作文能力又是中文系學生不可缺乏的。因此中文系應仿效外文系設置作文課，主修語言文字的和近代文學的只做語體文，主修古代語言文學的應兼做文言文，而文學作品的閱讀報告應當做文學批評的習作來寫，以及「中國文學系」應正名爲「中國語文學系」。

〔註37〕 呂叔湘：〈關於中外語文的分系和中文系課程的分組〉，《國文月刊》合訂本下卷，第 67 期，頁 865～868。

〔註38〕 朱自清：〈關於大學中國文學系的兩個意見〉，《國文月刊》合訂本下卷，第 63 期，頁 741。

關於中、外文系合併的討論，牽涉到對文學現代化、語言現代化的理解、回應和追求。有的部分對大學中文系抨擊過猛，但是都能從理性的角度分析，提供大學教授以及教育部在規劃課程時，正視中國文學系名不符實的問題。雖然大多數學者持贊同的意見，卻也不諱言實際推行可能遇到的重重困難，而做出「這是理想狀態」的結論。但是經過這樣的討論，更凸顯了語言的科學性和文學的藝術性，語言研究和文學研究不但要分開進行，還要融合東、西方文化互相交流比較。在不同的側重點上，提出大學中文系的任務以及可能發展的多元樣貌。

三、重視經典普及工作，傳承舊文學遺產

從上述兩段可知，新舊文學在課程中的比重應當如何，有兩派勢力在拉鋸。一派認為大學中文系應當以國學的教授為主，以造就學者為人才培養的目標，學生自可依興趣在課外閱讀新文學作品；另一派想衝破傳統，認為大學中文系應該正視新文學的發展和社會普遍需求，加強學生語體文的寫作與賞析能力，甚至出現「中外合系、文語分系」的呼聲。其中朱自清的態度頗值得玩味。他是新文學作家的代表之一，發言支持新文學列入大學課程，還在聯大中文系迎新茶話會上，向系主任羅常培辯駁不應排斥中文系學生愛好新文藝。〔註 39〕但是朱自清亦主張學生必須誦讀大量的文言文，認為大學中文系應以批評的態度對待經史子集，注重中國文學史的研究。乍看這兩個取向似乎相互矛盾，仔細探究之後，則不難發現朱自清一直以來即主張文以載道的觀點，正好契合其性格所隱含的作家和學者雙重身份。他曾套胡適的話說：「國學是我的職業，文學是我的娛樂」〔註40〕，既然對兩者都有無法割捨

〔註39〕 1939 年開學後，聯大中文系給每位新生發一份表格調查他們的興趣和家庭狀況。學生劉北汜在「課外愛讀書籍」一項填的是「愛讀新文藝作品，討厭舊文學」，引起了系主任羅常培的不滿。羅常培在迎新茶會上發言：「有一個學生的思想需要糾正。他說他討厭古文學，這是不成的，中國文學系就是研讀古文的系，愛新文藝的就不要讀中國文學系。」然而朱自清和楊振聲立即表示反駁意見，都認為中國文學系應著重研究白話文。朱自清說：「我們不能認為學生愛好新文藝是要不得的事。我認為這是好現象，我們應該指導學生向學習白話文的路上走。這應是中系的主要道路。研讀古文只不過便利學生發掘古代文化遺產，不能當作中文系唯一的目標。」姜建、吳爲公編：《朱自清年譜》（合肥：安徽教育出版社，1996），頁 208。
〔註40〕 朱自清：〈哪裡走〉，朱金順編：《朱自清研究資料》（北京：北京師範大學出版社，1981），頁 332。

的情感，在思考文學教育問題時不僅從文學的角度出發，也從文化的角度出
發，要國文教學肩負起傳遞本國文化的任務。

　　以教育部委請朱自清等委員所編定的《大學國文選》一事爲例，選目中
因未收入語體文，引來外界不少質疑，朱自清曾撰文加以澄清。他表示：編
選會初選時曾選錄了三篇語體文，魯迅兩篇，徐志摩一篇，然而正式開會時，
選目側重唐以前文，現代語體文就不被注意，朱自清雖提出討論，這三篇終
究全未入選。〔註 41〕但朱自清並不因此感到氣餒，反倒認爲「部定的大學國
文選目可以說是占住了適當的地位」，其原因包括學生人格的培養、大學國文
的傳統、教育部的立場等三方面。第一，由於一般學生大多不愛讀古文，但
是「教育還當注意整個人格的發展，興趣是常會變動的，訓練應該循序漸進
的訓練下去，有時候必須使學生勉強而行之。」再者，大學國文的傳統原本
即不選語體文，由教育部所徵集各大學的選目可爲證，西南聯大雖開了風氣
將一些語體文收在《大學國文選》裡，也是近三、四年的事，風氣尙未普及。
第三，編選會的選目由教育部頒行，教育部站在政府機關的立場，須顧及各
方面的意見，剛起頭的新傾向似乎不易一下子就採取。〔註 42〕面對中文系課
程的批評聲浪，朱自清也認同有需要改進之處，但能清醒而客觀地評估：新
舊文學在課程中的消長正處於轉形期，「重今」雖然將來可能取代「重古」的
選本，但全面「卓舊從新」的時機尙未成熟，不宜操之過急；青年不愛讀文
言的現象，也將成爲一大隱憂。

　　朱自清發現青年學子不讀文言、國文程度低落的原因在於：1. 他們不愛
讀古文古書，認爲文言是不合時宜的老古董，讀文言是沒有用的〔註43〕；2. 以
爲讀經就是在傳遞禮教思想，進而不重視歷史和舊文化；3. 經典因未經整理，
閱讀困難，令人望而生畏，結果敬而遠之。然而朱自清在關於國文教學的文
章中，屢屢提及國文教學不僅是一種語文訓練，同時也是一種文化訓練，若
因某些原因而全面否定舊文學，是因噎廢食的作法。他說：

　　　　大學國文不但是一種語文訓練，而且是一種文化訓練。……所謂文
　　　化訓練就是使學生對於物，對於我，對於今，對於古，更能明達，

〔註41〕　朱自清：〈論大學國文選目〉，《朱自清全集》，第二卷，頁 22。
〔註42〕　朱自清：〈論大學國文選目〉，《朱自清全集》，第二卷，頁 21～22。
〔註43〕　朱自清：〈再論中學生的國文程度〉，《朱自清全集》，第二卷，頁 36。

也就是朱先生所謂「深一層」的「立本」。〔註44〕

中學生應該誦讀相當份量的文言文，特別是所謂古文，乃至古書。這是古典的訓練，文化的教育。一個受教育的中國人，至少必得經過這種古典的訓練，才成其為一個受教育的中國人。〔註45〕

經典訓練的價值不在實用而在文化。〔註46〕

做一個有相當教育的國民，至少對於本國的經典，也有接觸的義務。〔註47〕

除了把接觸經典的文化訓練視為受教育的國民義務之外，朱自清也強調閱讀經典是為了「知己知彼」，並且須對古典文學「批判的接受」。由於古代和現代的立場不相同，因此要能「知己知彼」，然後才能分清楚哪些該揚棄，哪些該保留。而「批判的接受」，就是自己有立場，但不妨礙了解或認識古文學，如此既可設身處地為古人著想，又可以回到自己立場上進行批判其優劣。〔註48〕

為了便利學子閱讀經典，發掘古代文化遺產，朱自清很重視「學術普及化」的工作。他效法朱子注「四書」和清人選注《史記精華》的精神，整理經典普及給一般人，希望能把讀者們「載到經典的海裡去」，好盡自己「做尖兵的一份兒」。〔註49〕因此朱自清撰寫《經典常談》，用語體文寫〈古文十九首釋〉，計畫將《古詩源》、《六朝文絜》、《古文觀止》和《唐詩三百首》四本書，重新詳細地注釋，並且推崇浦江清《詞的講解》和郭沫若《古書今譯》，認為這種寫作方式對普及古代文學很有幫助。〔註50〕他理想中的經典讀本，須將本文分段、仔細標點，用白話文作簡要的注釋，有一篇切實而淺明的白話文導言，最好能多參考清代漢學家在校勘和訓詁方面的研究貢獻。〔註51〕

朱自清以文化訓練為前提，用深入淺出地方式，將古代經典平易地介紹給現代讀者。在輕視白話文的舊派老學者和對古文學全盤否定的新興論之

〔註44〕 朱自清：〈論大學國文選目〉，《朱自清全集》，第二卷，頁18。
〔註45〕 朱自清：〈再論中學生的國文程度〉，《朱自清全集》，第二卷，頁36。
〔註46〕 朱自清：〈序〉，《經典常談》（新店：立緒文化，2000），頁12。
〔註47〕 朱自清：〈序〉，《經典常談》，頁12。
〔註48〕 朱自清：〈古文學的欣賞〉，《朱自清全集》，第三卷，頁198。
〔註49〕 朱自清認為經典包含群經、先秦諸子、幾種史書、一些集部，而在讀懂這些書之前還得先懂文字學，因此《說文解字》等書也是經典的一部分。朱自清：〈序〉，《經典常談》，頁14。
〔註50〕 王瑤：〈念朱自清先生〉，《朱自清研究資料》，頁35。
〔註51〕 朱自清：〈序〉，《經典常談》，頁14。

間，朱自清用誠實中肯的態度，陳述兩者均可取其優，相容而不相害的個人觀點，並且認眞不苟地在經典普及的工作上付諸實踐，可說是調和兩派觀點，爲文學教育的發展取得了適當的位置。

第三節　研究：扣合時代的學術創造

西南聯大文人群這一時期完成的學術研究成績斐然，數量和質量上均超越戰前。在教育部頒發的「補助學術研究及獎勵著作發明」獎項中，第一屆獲獎的有馮友蘭《新理學》（一等獎）、金岳霖《論道》（二等獎）；第二屆有王力《中國語法理論》（三等獎）、費孝通《祿村農田》（三等獎）；第三屆有湯用彤《漢魏兩晉南北朝佛教史》（一等獎）、聞一多《楚辭校補》（二等獎）、鄭天挺《發羌之地望與對音等論文三篇》（三等獎）和張清常《中國上古音樂史論叢》（三等獎）〔註52〕。當然，得獎的光環之外，還有大批出色的學術著作，在學界始終佔有一席之地。

整體說來，西南聯大文人群尤以語言學和哲學方面有突出的表現，在這段時期分別建立了自己的思想體系，完成代表著作，達到學術顚峰。語言學的開創上，早年與趙元任、李方桂有語言學三巨頭之稱的羅常培，乘地利之便，考察雲南方言和少數民族的語言，使西南少數民族語言的研究正式進入中國語言學的視野。王力寫成《中國現代語法》，突破因襲《馬氏文通》以詞類、詞性爲主流的研究方式，提出造句法才是漢語語法的重要特徵，確立了語言學家的地位。哲學的開創上，馮友蘭和賀麟的學說揉合西方哲學理性思辨的長處，將傳統儒家思想重新詮釋以適應新時代，被視爲新儒家的早期代表人物。〔註53〕馮友蘭從哲學史家轉爲哲學家，以《貞元六書》闡明自己的

〔註52〕 沈雲龍主編：《第二次中國教育年鑑》，第六編，頁866～872。這項全國性的學術獎勵，乃透過各科具公信力且學術貢獻卓越的專門委員評選而定，給獎標準嚴謹，足以作爲具代表性的參考指標。

〔註53〕 學界對新儒家包含哪些代表人物尚有爭議。由孟樊主編、宋德宣著的《新儒家》（台北：揚智文化事業股份有限公司，1994）一書，將梁漱溟、馮友蘭、熊十力、賀麟等人定位爲早期新儒家，張君勱、牟宗三、唐君毅、方東美、徐復觀、錢穆等人則歸爲後期新儒家。張學智亦將賀麟的《近代唯心論簡釋》、《文化與人生》、熊十力的《新唯識論》、梁漱溟的《東西文化及其哲學》、馮友蘭的《新理學》、《新原人》等書，同列爲現代新儒家的開山之作。張學智：《賀麟》（台北：東大圖書股份有限公司，1992），頁217。馮友蘭和賀麟兩人列爲新儒家的代表人物，是學界普遍可接受的定位。

哲學體系。金岳霖引進了數理邏輯的概念，並且完成中國哲學界第一部系統性探討知識論的專著。而外文系的學術貢獻集中展現在翻譯、介紹西方著作，歷史系以歷史形態和史學理論方面的討論爲主流，中文系文學組則以上古文學的研究較著名，如聞一多之於詩經、楚辭，羅庸之於論、孟。此外，羅常培、鄭天挺、張印堂、潘光旦等人還應邀參與《大理縣志》的編纂工作，回饋地方文化建設。限於篇幅，以下就具有特出表現的語言學和哲學兩方面著手，了解其學術發展之特點。

一、順勢而爲──聯大文人群的語言學發展

曾有學者指出：中國語言學的現代化，自清末馬建忠完成《馬氏文通》之後，經過三代人的努力而達成今日的成就。〔註 54〕其中在西南聯大治語言學的羅常培（1899～1958）、王力（1900～1986）和張清常（1915～1997），正好分別名列第一代、第二代和第三代之中。他們在語言學界雖因成名早晚而被區分開來，他們的學術生命卻同時於西南聯大發出光熱。大致說來，三人這時期的研究方向雖有不同，但均順著環境之條件調整研究方向，表現出相似的趨勢：繼原有基礎再發展、轉向與突破、開展學術外的新領域。

（一）羅常培：打開西南少數民族研究的大門

羅常培在語言學界原本即是重量級人物，與李方桂、趙元任並稱爲「語言學三巨頭」。在聯大更開創出另一個學術高峰，學術著作甚豐，其學術成就可分爲三個方面：漢語方言研究、少數民族語言研究和音韻學的普及。漢語方言方面，繼 1930 年發表其代表作《廈門音系》之後，又於 1940 年再推出《臨川音系》一書，將臨川語音和現代北京語音相較，探索「特殊詞彙」的語源。在方言研究者對北方官話之間的內部差異尚不感興趣時，乘地利之便，發表〈昆明話和國語的異同〉，從漢語語音研究漢語方言之間的異同。而後類似性質和名稱的文章相繼出現，有助於普通話的推廣，羅常培此文當居首開先河之功。如果把〈昆明話與國語的異同〉這種相近方言之間的比較，看作是因地理位置從北京轉往昆明而產生的偶然觸發，那麼一系列的少數民族語言研究，則更是因著聯大落腳雲南之機緣，才得以獲得突破性的發展的全新

〔註54〕 郭錫良、魯國堯：〈一代語言學宗師──爲紀念王力先生逝世二十週年而作〉，《古漢語研究》，2006 年第 4 期，頁 2。

領域。這不僅對羅常培自己而言，甚至對中國語言學界來說，均可視為一個重大轉折。

到西南聯大任課，提供了羅常培從漢語方言研究轉入少數民族語言研究的契機，地利之便和圖書的缺乏無非是促使其研究轉向的重要原因。他曾引述英國人戴維斯（H. R. Davies）的話：

> 在阿薩姆與雲南東部邊界的地方和這個區域以南的印度支那許多國家，據我所聞，在世界任何部分幾乎沒有像那樣分歧的語言和方言。
> 〔註 55〕

誠然，僅雲南一省境內就至少有 24 個少數民族，語言種類豐富，羅常培進一步誇讚道：「假使有幾個受過訓練的語言學家在這個區域裡花上他們的半生精力，也會有取之不盡用之不竭的材料。」除了來到語言學的寶地令人興奮之外，缺乏圖書儀器等輔助工具使得舊有的工作難以進行，也是轉而研究少數民族語言的原因。他說：「自從 1938 年春天國立中央研究院歷史語言研究所和國立北京大學文科研究所相繼搬到昆明，一部份研究語言的人，一方面想盡量發掘這塊語言學的黃金地，一方面感覺圖書儀器缺乏，別項工作不易進行，都打算利用當前環境作一點墾荒事業。」〔註 56〕因此他大力倡導利用當地方言展開新的研究，不僅鼓勵學生調查方言，親自帶領學生三度赴大理蒐集語音資料，平日也在昆明找發音人做語言記錄。在雲南，他曾調查了民家（白族）語、納西語、俅（獨龍族）語、怒語、景頗語、傈僳語、擺夷（傣族）語、茶山語、浪速語、山頭語等十數種語言，並發表了〈蓮山擺夷語初探〉（與邢慶蘭合著）、〈貢山俅語初探〉、〈貢山怒語初探敘論〉（與王均合著）等篇章。〔註 57〕1943 年之後，羅常培更藉語言研究觀察少數民族的社會文化，跨足文化人類學領域。比如他留意到「父子連名制」這項少數民族文化特徵，而寫成〈論藏緬族的父子連名制〉相關論文三篇。該研究藉此特徵，佐證兩點關於民族歷史文化的問題，一是分佈在雲南西部的白族應屬藏緬族，二是古南詔國（約西元 8 世紀至 10 世紀，以大理為中心）的建國者，應為具有這項文化特徵的藏緬族中的彝族，而非無此特徵的傣族。諸如此類關於少數民

〔註 55〕 羅常培：〈語言學在雲南〉，《語言與文化》（北京：語文出版社，1989），頁 162。
〔註 56〕 羅常培：〈語言學在雲南〉，《語言與文化》，頁 162。羅常培另在《中國人與中國文》（台北：九思出版有限公司，1978）序中亦直言：「避地南來以後，因為圖書設備的缺乏，舊來已開始或將著手的研究工作都難以進行。」頁 1。
〔註 57〕 羅常培：〈語言學在雲南〉，《語言與文化》，頁 163～175。

族社會文化的研究論文，收錄於 1950 年出版的《語言與文化》。

　　這段時間，羅常培還致力於普及音韻學知識，撰寫淺近易懂的音韻學文章，如：〈從「四聲」到「九聲」〉（1939 年）、什麼叫雙聲疊韻（1942 年）、〈漢語的聲音是古今一樣的嗎〉（1942 年）、〈反切的方法及其應用〉（1944 年）等篇。他的想法是：「作學問固然要求精深，同時也不要忘記普及。倘使一貫地老抱著『只可自怡悅，不堪持贈君』的態度，那豈不失掉教育的意義了嗎？」〔註 58〕因此就連他自稱不愛寫也不善寫的通俗文章，也零碎地在昆明的刊物上發表了幾篇，後來集結為《中國人與中國文》和《謭言》二書。

　　羅常培充分利用在昆明的時間進行廣泛而深入的研究，治學道路先由漢語發展到少數民族語言，再由語言學涉足到社會歷史文化的考察。不僅彌補了學界長期因得不到一手資料而顯得單薄的西南少數民族的研究，也藉由親自踏查等活動培育出色的語言研究人才，更將艱深乏味的音韻學知識大眾化，普及到一般大眾的視野中。

（二）王力：建立第一部客觀歸納語言規律的漢語語法體系

　　1932 年，王力自法國巴黎大學獲得文學博士學位回國時，北京大學國文系畢業的羅常培已在大學任教了十年，並發表了第一部代表作《廈門音系》，因此兩人年齡只差一歲，卻被分做兩代人。

　　身在「語言學的黃金地」，王力自然不會放過探索新語言的好機會，但他沒有選擇研究漢語方言和羅常培並肩作戰，他感興趣的是同漢語有密切關係的其他東方語言。作為語言學家，接觸越多語言越有幫助，他已經熟悉了英語和法語，而東方語言除了漢語之外知之甚少。聽說越南河內的遠東學院有許多東方語言學的藏書，王力便趁 1939 年的休假機會，帶著夫人到遠東學院進修。〔註 59〕夫婦倆在越南時一直住在名為「河東」的小鎮，鎮上有許多講白話（兩粵方言）的華僑，王力是廣西人，起初不會講越南話的時候，還能用白話與人對談。他們雇了一個越南女傭，除了供應吃飯之外，每月只需付三角越幣，目睹殖民地人民生活之艱難，使王力感到不少觸發。〔註 60〕王力在越南閱讀高棉語、梵語、緬甸語等東方語言書籍，並專攻越南語，半年之

〔註 58〕 羅常培：《中國人與中國文》，頁 1。
〔註 59〕 清華大學規定：教授任教滿 5 年可休假一年。但是抗戰期間，休假的教授一律不准出國，王力能如願取得赴越南進修的機會，屬於特例。
〔註 60〕 張谷、王緝國：《王力》，頁 68～70。

內即能和越南人對談，也能閱讀越南文書籍。之後，王力開始研究漢語和越南語之間的關係，對越南語的漢語借詞歷史與現狀進行深入分析，完成《漢越語研究》。這篇論文於 1979 年還被翻譯成法文，至今仍是國際上研究漢越語的權威性論著。

　　王力在聯大時期繼續之前對漢語語法的特點和研究方法的探討，在〈中國文法學初探〉、〈中國文法裡的繫詞〉、〈中國語法學的新途徑〉三篇論文的基礎上，完成《中國現代語法》和《中國語法理論》，提出「造句法」才是漢語語法的主要特徵，建立了自己的語法理論體系。他分析自己研究的歷程經過「妄→蔽→疑→晤」四個時期，1937 年之後，開始進入「晤」的階段。由此可見王力認爲自己過去的研究多有不足之處，直到萌生《中國現代語法》的構想，學術歷程才達到新的境界。他自我分析道：

> 這時期可說是從一九三七年我在清華學報上發表中國文法中的繫詞的時候起。我開始覺悟到空談無補於實際，語法規律必須從客觀的語言歸納出來的，而且隨時隨地的觀察還不夠，必須以一定範圍的資料爲分析的根據，再隨時隨地加以補充，然後能觀其全。

〔註61〕

中國的語言學起步得晚，當時許多學者是從英語語法理論比附中國語法，並且沉溺於詞類分析上，產生不少問題。王力因而反思「空談無補於實際」，主張從語言向上歸納出語法規律才是實際的作爲。然而輕裝南下，手邊幾乎無書可讀，想法遲遲未能付諸行動。在長沙偶然買得一部紅樓夢，「寢饋其中，才看見了許多從未看見的語法事實」〔註62〕，於是立即開始動手寫。初稿原用作聯大「中國文法研究」課程講義，經過五年增補、修改，終於出現《中國現代語法》的雛形。後來聽從聞一多的建議分成兩部書，一部專講理論，一部專講規律，相輔而行。於是有了專講規律的《中國現代語法》和專講理論的《中國語法理論》，分別在 1939 年冬和 1942 年夏完成二書之上、下冊。

　　書稿完成後，王力先後請李方桂、馮友蘭、朱自清指點意見。朱自清充分肯定這部書的學術價值，並爲它寫了長達 5000 字的序言。〈朱序〉爲該書作了全面性的提要，並特別點出王力以《紅樓夢》爲主、《兒女英雄傳》爲輔

〔註61〕　王力：〈自序〉《中國現代語法》（台中：藍燈文化，1987）上冊，頁3。
〔註62〕　王力：〈自序〉，《中國現代語法》上冊，頁3。

建立新系統，是「聰明的抉擇」：這兩部小說是寫的語言，同時也是說的語言，用的都是純粹北京話，而現代北京語法還跟這兩部書差不多。〔註63〕因此「時代確定，就沒有種種歷史的葛藤」；「地域確定，就不必顧到方言上的差異，且以北京話代表中國現代語極為恰當」；「材料確定，就不必顧到口頭的變化」，如此一來，語言的作用和意義便可以看得更準確。其他如繫詞在漢語裡是不必要的、稱數法（量詞運用）和代詞列為一章、中國語少用被動句的原因等等，均極富創見。〔註64〕朱自清早年在英國曾研究過語言學，因此能給予王力精妙而恰當的批評，兩人經常交換學術上的意見，對王力來說，這份友誼畢生難忘。

（三）張清常：以音樂貫通古今，兼顧興趣與研究

張清常是王力的學生，自清華大學研究生院畢業後，任教於浙江大學，1940 年進西南聯大，是聯大當時最年輕的文科教授。年紀輕的緣故，張清常在聯大時期的學術成果尚未引人注意，反倒是音樂才華，使他受到全校師生的矚目。張清常不是主修音樂的，他說：「音樂只是我的業餘愛好，由於愛之甚深，所以音樂竟成為我青年時期在學習和工作以外的主要活動。」〔註65〕1938、1939 年，張清常先後幫聯大和浙大的校歌譜曲，聯大的各項音樂活動或抗戰文藝宣傳亦經常請他指導，這或許是他接下大學教職的那刻所始料未及的。

回顧張清常在聯大的學術成績亦相當出色，其語言學研究長於透過古典文獻探討漢語語音和音樂、文藝創作三者之間的關係。他所發表的《中國上古音樂史論叢》曾在 1943 年與湯用彤《漢魏兩晉南北朝佛教史》、聞一多《楚辭校補》、陳寅恪《唐代政治史述論稿》等篇，同獲教育部學術貢獻獎的殊榮。〔註66〕該研究分成六篇探討周代末期的音樂發展：（1）釋「音名」和「樂調」；（2）論雅樂新聲的興替；（3）考證樂器種類與分布；（4）解決上古音樂史問題；（5）探討樂官和音樂的社會功用、教育理論、以及訓練方式；（6）考究《樂記》的篇章問題和作者。〔註67〕張清常的治學特點在於研究意向明確，

〔註63〕 朱自清：〈朱序〉，王力：《中國現代語法》上冊，頁 4。
〔註64〕 朱自清：〈朱序〉，王力：《中國現代語法》上冊，頁 4～5。
〔註65〕 張清常：〈憶聯大的音樂活動——兼憶西南聯大校歌的創作〉，《笳吹弦誦情彌切》，頁 349。
〔註66〕 沈雲龍主編：《第二次中國教育年鑑》，第六編，頁 868～869。
〔註67〕 張清常：《中國上古音樂史論叢》，收入《張清常文集》，第二卷。

引證翔實有據，論述條理分明，加上對音樂有超出一般學者的認識和體會，因此能獨具創見，頗獲學界好評。如《中國上古音樂史論叢》之首篇，從「音名」和「樂調」解釋古文中最令人感到困惑的「五聲七音六律六同十二律、宮商角徵羽變宮變徵、黃鐘大呂太簇夾鐘姑洗中呂蕤賓林鐘夷則南宮無射應鐘」等名目究竟為何。張清常以表格方式清楚地說明五聲、七聲如何對應現代西樂八音階、五音如何搭配十二律產生六十調，並徵引古籍考究形成五聲七音十二律的經過、古代音律進展情形等等，使讀者豁然開朗。此外，他也十分注意音韻學應用到文學上的問題，包括漢語詩歌押韻、古典詩歌平仄格律的歷史經驗、京劇十三轍的實際運用等問題，均曾著文探討，在原有的語音學基礎上探索新的研究方向。

這三位學者不僅共事於聯大，彼此亦有學術淵源。張清常是王力最早教出的學生；王力剛學成歸國曾受到羅常培的推薦，在北京大學任教；而羅常培是張清常的學位論文口試委員之一，兩人亦有師承關係。〔註68〕不過三人由於不易聚首、研究興趣不同等原因，往來並不頻繁。〔註69〕命運巧妙的安排，使他們的學術之路同時產生雙軌趨向：羅常培由漢語方言轉向西南少數民族語言文化；王力建構漢語語法體系，並把握機會鑽研越南語等東方語言；而張清常本著對音樂的興趣完成關於上古音樂史的學術代表作，又意外地在注重文藝宣傳的抗戰時期從事音樂活動，備受矚目。三位語言學者的學術成就，與雲南的地理位置和戰時文化密切相關，善於考察形勢調整研究方向，正是他們能在戰爭期間持續取得重大學術成果的重要原因之一。

〔註68〕 張清常曾憶及羅常培當時問的是《無能子》和《東塾讀書記》兩段材料應如何做出科學的解釋。參見張清常：〈羅常培先生治學逸事〉，《張清常文集》，第五卷，頁273。同篇張清常亦寫道北大教授錢玄同因高血壓而推薦羅常培代課講授音韻學，「過兩年羅先生推薦了剛剛回國的王力先生專職任課。」頁271。但是王力於回國之後專任於清華大學，這裡說的北大音韻學課程應為兼課，亦可見羅常培對王力之青睞。

〔註69〕 羅常培負責北大文科研究所，事務繁重，王力住在龍頭村鄉下，而張清常任教於師範學院，儘管羅常培和王力進城上課也難碰面。再者，雖同樣治語言學，但羅常培致力於少數民族語言，王力鑽研語法，而張清常關注傳統音韻學與音樂的關係。因而當他們有新構想萌芽時，並不一定要請教另外兩位，通常就近請教其他中文系教授，如王力就教於朱自清、張清常就教於聞一多。

二、應時而生——聯大文人群的哲學思考

語言學家的研究取向以「順勢而爲」爲特色，而哲學家的思考，則可說是「應時而生」。沒有抗戰，難以成就聯大文人的哲學著作，保守地說，其著作亦必失色不少。馮友蘭自言：「我對於哲學創作的興趣是一種動力，但主要的動力還是抗戰。」雖然顛沛流離，「民族的興亡與歷史的變化，倒是給我許多啓示和激發。沒有這些啓示和激發，書是寫不出來的。」〔註 70〕在《新原人》自序中，清楚表明作貞元六書的立意：

> 「爲天地立心，爲生民立命，爲往聖繼絕學，爲萬世開太平。」此哲學家所應自期許者也。況我國家民族，值貞元之會，當絕續之交，通天人之際，達古今之變，明内聖外王之道者，豈可不盡所欲言，以爲我國家致太平，我億兆安身立命之用乎？〔註71〕

同樣地，賀麟在《文化與人生》自序中，亦自陳「書中每一篇文字都是爲中國當前迫切的文化問題、倫理問題和人生問題所引起，而思據個人讀書思想體驗所得去加以適當的解答。」〔註 72〕因此，他們的哲學思考往往脫胎自現實生活，運用實際生活中的例子說明抽象的道理，深入淺出，給予戰時中國人民明確的精神指引。

（一）賀麟：開展儒家思想，復興中華文化

賀麟是黑格爾和斯賓諾莎哲學的研究專家，他在聯大期間融合新黑格爾主義和陸王心學，建立了「新心學」哲學體系，被列爲中國新儒家的代表。1942 年 1 月，學術代表作《近代唯心論簡釋》論文集問世，書中收錄了論述康德、黑格爾、斯賓諾莎及宋明理學的文章共十五篇。其中心思想，即「心」是宇宙人生的本體，「自然與人生之可以理解，之所以有意義、條理與價值均出於此心。」〔註 73〕因此心與物的關係是：心爲主宰，物爲工具；心爲物之體，物爲心之用。心不只是精神文明的創造者，也是物質文明的創造者。

抗戰八年，賀麟在刊物上發表了大量文章，反思文化問題和人生問題，從不同角度發揮他所體察的新人生觀，以及新文化應取的途徑。這些「雖無

〔註70〕 馮友蘭：〈貞元六書：從「照著講」到「接著講」〉，《馮友蘭集》（北京：群言出版社，1993），頁 61。

〔註71〕 馮友蘭：〈新原人·序〉，《馮友蘭集》，頁 90。

〔註72〕 賀麟：〈序言〉，《文化與人生》，頁 1。

〔註73〕 賀麟：《近代唯心論簡釋》（上海：上海書店，1991）。

系統，卻始終維持一貫的態度」〔註74〕的零散篇章，後來集成《文化與人生》一書。《文化與人生》分為上、下兩篇，展現賀麟希望以西方文化和先秦諸子之學充實儒家思想，進而由儒家精神的改造與開展達成復興民族文化的理想。首篇〈儒家思想的新開展〉發表於 1941 年 8 月 1 日，是學壇上首次揭示「新儒家」和「新儒學」這兩個概念，提出復興儒家的完整主張。在賀麟看來，民族文化的復興即是儒家文化的復興，儒家思想必須融會吸收西洋文化之精華求得新開展，以西洋哲學發揮儒家之理學、以基督教精神充實儒家之禮教、以領略西洋藝術發揚儒家之詩教，減少狹隘的道德束縛，提高科學興趣。就生活修養而言，新儒家思想目的在使每個中國人都具有「儒者氣象」，倘若現代生活中的競爭選舉、遊覽娛樂、兩性婚姻、參加工商業建設均能契合合情合理合時的儒家精神，中國許多重要問題將可迎刃而解。〔註75〕復興儒家思想的相關篇章還包括〈五倫觀念的新檢討〉、〈新道德的動向〉、〈宋儒的新評價〉、〈楊墨的新評價〉、〈基督教與政治〉、〈納粹毀滅與德國文化〉、〈諸葛亮與道家〉、〈陸象山與王安石〉等。

賀麟談論文化和人生問題的方式，很少直接涉及時事，卻能藉由抽象事理的說明，間接鼓舞抗戰民心。比如〈信仰與生活〉將信仰略分為宗教信仰、傳統信仰、實用信仰三類。其中實用的信仰是為了生活之方便、行為之必須，事業的成功而建立的信仰，並舉抗戰建國為例說明實用信仰的重要，下面擷取一段原文以明之：

> 凡屬中國軍政當局以及全體人民，為實際實用實行計，不能不相信「抗戰必勝，建國必成」，並將我們的想像力與理想力，均導向抗戰必勝建國必成方面著想，以堅定並集中我們的信仰，如是庶我們可以有「鞠躬盡瘁，死而後已」的忠勇精神與犧牲的決心。故此種信仰之本身即有足以促進抗戰之勝利與建國之成功的效力，並足以證實『抗戰必勝，建國必成』這句話不是空話而是真話。〔註76〕

〔註74〕賀麟在《文化與人生》序言中寫道：「我無法把它們分章分節地作為系統的形式排列起來，但它們確是代表一個一致的態度，一個中心的思想，一個基本的立場或觀點。它們之間實有內在的聯繫。自信十餘年來，我的思想沒有根本的轉變，沒有今日之我與昨日之我作戰或自相矛盾的地方，只是循著同一個方向進行發展。」《文化與人生》，頁1。

〔註75〕賀麟：〈儒家思想的新開展〉《文化與人生》，頁1～12。

〔註76〕賀麟：〈信仰與生活〉，《文化與人生》，頁156。

另一篇〈戰爭與道德〉提出戰爭是國家興衰存亡的試金石,「義戰」可提昇人民道德,「不義之戰」則敗壞民族精神。〈抗建與學術〉提出以「學術治國」代替軍權高於一切的「力治」主義和急功好利的申韓式法治,並補充中國講求「德治」的政治觀,對抗假稱推行仁政維持東亞和平的日本皇軍。〔註77〕這一類文章主旨明確、論理明晰、又善舉世界各國事蹟為例,說服力極強。

《文化與人生》和賀麟的學術代表作《近代唯心論簡釋》論文集相輔相成。對照《近代唯心論簡釋》和《文化與人生》不難發現,前者是純哲學探討,多新穎之創見,後者是哲學在人生和文化方面的應用,具體且富親和力。他能對社會各方面有深刻觀察,因此議論不落於學究式的空談。舉凡儒者氣象、儒家藝術化、詩教、理性宗教、工商建設、近代民主等,均能本著中國之現實提出建設性的意見,使不同身份立場的人在其中獲得啟發。戰時的中國需要高度精神力量支撐民心,賀麟的觀點正好為民心動搖的社會起著堅定信念的指導作用,面對眼前的戰爭,賀麟不斷從民族精神、道德文化、信仰與信心、觀念與行動等各個角度巧妙地連結面臨戰爭應有的態度,對鼓舞民心士氣有相當之影響。

(二)馮友蘭:貞下起元之時,自許舊邦新命

西南聯大期間,是馮友蘭一生中學術思想最活躍、成就最豐碩的時期。他一生的學術貢獻可總結為「三史釋古今,六書紀貞元」。「三史」是《中國哲學史》、《中國哲學簡史》和《中國哲學史新編》,「六書」是抗戰期間所寫的《新理學》(1939年)、《新事論》(1940年)、《新世訓》(1940年)、《新原人》(1943年)、《新原道》(1944年)和《新知言》(1946年出版),總名為《貞元六書》。「三史」是馮友蘭對中國哲學史的認識和梳理方式,「六書」則是馮友蘭個人哲學體系的完整建構。這六部書標誌著馮友蘭從研究哲學的學者,轉為思想自成體系的哲學家。第一部《新理學》草擬於南岳,最後一部《新知言》付印於「北返」途中,前後六部書的創作正好伴隨著抗戰之終始。《貞元六書》期望以中國傳統思維重建當代人文社會,該哲學體系亦使得馮友蘭躋身於現代新儒家之列。

《貞元六書》是「接著」程朱理學而講,因而稱作「新理學」。新理學體系既由《貞元六書》架構而成,故「六書」可視為一個整體,或一部書的六

〔註77〕賀麟:〈抗建與學術〉,《文化與人生》,頁213。

個章節。馮友蘭認為哲學是對於人類精神生活的反思，人類精神生活所涉及的範圍很廣，大致分為自然、社會、個人三部分。〔註78〕《新理學》屬於總綱，重點講自然，由「理」、「氣」、「道體」、「大全」的概念推而論之，認為宇宙乃由形而下的「實際」和形而上的「真際」所構成，正如造飛機必須先有飛機之理，理（真際）必先有然後才有事物（實際），故「真際」比「實際」更廣闊且根本；《新事論》講社會，是《新理學》觀點在社會方面的應用，提出當代中國社會的關鍵是實行產業革命、邁向工業化，從「家庭本位」轉向「社會本位」的社會型態。《新原人》講人生，它把人對於宇宙人生不同程度的「覺解」（即自覺、了解），依序分為自然、功利、道德和天地四個不同境界，而哲學可以幫助人們提高自我覺解的程度，由順從本性的自然境界和講求個人利益的功利境界，進而達到為公服務的道德境界和「極高明而道中庸」的天地境界。這部書當時在聯大學生中廣為傳誦，曾有學生讀後，放下追名逐利和怨天尤人的想法，毅然從軍。〔註79〕另外三本書，《新世訓》是把中國傳統的生活方法與道德修養論加以現代意義的解釋；《新原道》是簡明的中國哲學簡史，透過批判哲學主流之得失，反映「新理學」的哲學史觀，並照見新理學在中國哲學史中之地位；《新知言》則是總結中西哲學史經驗的方法論，認為描述某物是什麼的「正」的方法，和描述某物不是什麼的「負」的方法相輔相成，才是正確的哲學方法。〔註80〕《貞元六書》之外，馮友蘭這段時間又在刊物上發表了不少短篇論文，結集為《南渡集》。

　　在動亂刻苦的環境下，同時兼任文學院院長、校務委員、西南聯大建設委員會委員、圖書設計委員會委員、校歌校訓委員會主席、清人文科研究所所長等多項職務，還能維持量多質精的學術成績，其背後之信念何其堅定而

〔註78〕陳戰國、李中華：〈馮友蘭傳〉，收於蔡仲德：《馮友蘭先生評傳》（香港：三聯書店有限公司，2005），頁122。
〔註79〕聯大外文系學生許淵沖經常以馮友蘭提出之四種境界和同窗彼此分析。1941年教育部號召全國大學外文系高年級男同學服役一年，許淵沖反覆思量，「因為高中一年級在西山受過集中軍事訓練，對軍隊生活深惡痛絕，也有『好男不當兵』的思想；但一想到在西山受訓的同班同學陶友槐、黃文亮等，都已經參加了空軍，並且為國捐軀，他們的精神可以說是進入了天地境界，而我卻還在自然境界、功利境界、道德境界之間徘徊不前，怎麼對得起已經壯烈犧牲了的汪國鎮老師和當年的同窗呢？於是我同吳瓊、萬兆鳳、羅宗明等三十幾個同學都報了名。」許淵沖：《追憶逝水年華》，頁116～117。
〔註80〕參蔡仲德：《馮友蘭先生評傳》，頁9～10。

頑強！馮友蘭曾借用郭象的名詞，說這些著作都是「跡」，而非內在動力的「所以跡」。他的「所以跡」是來自於詩經中的「周雖舊邦，其命維新」。他說：

> 中國處在現在這個世界，有幾千年的歷史，可以說是一個「舊邦」。
> 這個舊邦要適應新的環境，它就有一個新的任務，即在新的歷史條
> 件下，在這塊古老的土地上建設新的物質文明和精神文明，這就是
> 「新命」。……怎麼樣實現「舊邦新命」，我要作自己的貢獻，這就
> 是我的「所以跡」。〔註81〕

中國當時不論思想、價值觀，還是使用器具、生產方式，大部分仍未跟上現代化的腳步，故馮友蘭把「舊邦新命」作爲鞭策自我的動力，希望古老的中國能在傳統文化根基上適應新的環境，建設新的物質和精神文明。「舊邦新命」的自我期許不僅是《貞元六書》的幕後推手，也是馮友蘭一生所追求的目標。

（三）金岳霖：系統研究邏輯和知識論的第一人

金岳霖以研究邏輯聞名於世，其邏輯體系可說相當嚴密且前後一貫，《邏輯》（1937年）、《論道》（1941年）和《知識論》（1948），是他的學術代表作。《邏輯》主要介紹西方的邏輯思想和他自己關於邏輯學的見解，是中國第一部系統地討論邏輯理論的著作，並爲中國哲學引進數理邏輯的概念；《論道》表達金岳霖的本體論，是他哲學體系的基礎，也是中國第一部系統性的討論共相與殊相的專著；《知識論》架構於《論道》之上，以知識本身爲研究對象，論述知識的來源，以及意念和經驗在知識形成過程中的作用等問題，是中國哲學史上第一部完整討論知識論體系的專著。〔註82〕這三部書在哲學史上，均相當具有啓發性與開展性。

金岳霖的學術著作屬於純哲學理論探討，與賀麟、馮友蘭不同的地方在於缺少談論具體的文化人生問題與自己的理論相輔相成，因此也較不容易看出時代背景對他所產生的影響，但是這些著作仍不免寄託著金岳霖對社會、人生的思考，尤其表現在《論道》一書。《論道》廣泛討論了時空、因果、天道和人道問題，沿用道家和其他中國傳統哲學的用字概念，並爲之賦予新的解釋，金岳霖謙稱這是「舊瓶裝新酒」，爲的是把「對於這些名詞的情感

〔註81〕 馮友蘭：〈三松堂學術文集自序〉，《馮友蘭集》，頁96。
〔註82〕 胡軍：《金岳霖》（台北：東大圖書公司，1993），頁6～8。

轉移到這本書一部份的概念上去。」〔註83〕有人問起爲什麼要取《論道》這樣陳舊的名字，他的回答是「要使它『有中國味』」〔註84〕，並且在《論道》緒論中闡明自己所理解的「道」，即是中國的中堅思想，並自言「我的情感難免以役於這樣的道爲安，我的思想也難免以達於這樣的道爲得」。〔註 85〕書云：

> 中國底中堅思想似乎儒道墨兼而有之。中國的思想我也沒有研究
> 過，但生於中國，長於中國，於不知不覺之中，也許得到了一點兒
> 中國思想底意味與順於此意味的情感。中國思想中最崇高的概念似
> 乎是道。所謂行道、修道、得道，都是以道爲最終的目標。思想與
> 情感兩方面的最基本的原動力似乎也是道。〔註86〕

「道」這個字凝聚了中國哲學中能統攝天地萬物的最高概念，並且蘊含著濃厚的中國傳統意味，找不到第二個詞語比「道」這個字，更能引起中國人的文化情感共鳴。以「道」作爲其哲學體系的基本概念，此即金岳霖寄託愛國情懷的特殊方式。

　　受到西方哲學的刺激，中國現代哲學在 30、40 年代之交發展成熟，哲學家們紛紛建立起獨具創見的思想體系，賀麟、馮友蘭、金岳霖都是箇中代表。其哲學思想的特點在於原創性高、融會中西、理論思辨性強、注重中國傳統文化，以及充分反映時代背景。除了上述金岳霖以「論道」爲書名外，馮友蘭和賀麟亦不約而同地把抗戰時期視爲中華民族復興的偉大時代。馮友蘭把《新理學》等六部書總名爲《貞元之際所著書》，意即寫於「貞下起元」之際，「以誌艱危，且鳴盛世」〔註87〕。賀麟也不斷重申「八年的抗戰期間

〔註83〕金岳霖：《論道》（上海：上海書店，1993），頁 27～28。本書據商務印書館　　　　　1940 年版影印。

〔註84〕馮友蘭：〈懷念金岳霖先生〉，《笳吹弦誦情彌切》，頁 69。書名取爲《論道》　　　　　應是葉公超所提供的建議，在《論道》的序言中，金岳霖寫道：「我也要謝謝　　　　　葉公超先生，他那論道兩字使一本不容易親近的書得到很容易親近的面目。」　　　　　《論道》，頁 1。

〔註85〕金岳霖：《論道》，頁 26～27。

〔註86〕金岳霖：《論道》，頁 26。

〔註87〕「所謂『貞元之際』，就是說，抗戰時期是中華民族復興的時期。歷史上有過　　　　　晉、宋、明三朝的南渡，南渡的人都沒有能活著回來。可是這次抗日戰爭，　　　　　中國一定要勝利，中華民族一定要復興，這次『南渡』的人一定要活著回來。　　　　　這就叫『貞下起元』。這個時期就叫『貞元之際』。」馮友蘭：〈貞元六書：從　　　　　「照著講」到「接著講」〉，《馮友蘭集》，頁 88。

不容易否認地是中華民族歷史上獨特的最偉大最神聖的時代。在這期間內，不惟高度發揚了民族的優點，而且也孕育了建國和復興的種子。」〔註88〕文化、歷史悠久的大國，可藉由與外來文化接觸引發新生機，因此抗戰時期正是中華文化革故鼎新、建設與發揚的神聖時代。出於時、用於世，他們看待這個時代的角度亦頗令人玩味，這些看待時代的角度能鼓舞人心，對知識份子尤然。

　　在西南聯大的日子，是大多數聯大教授一生思想最活躍、學術創作最豐厚的時期。受到戰爭的刺激，民族生存面臨直接威脅，學者企望以學術報國，產生超乎以往的巨大動力，在偏安一隅的西南聯大形成積極而富有生命力的良好學術氣氛，彼此影響，各學科屢有超越性的創見。由於時空環境的轉變帶來新的限制也帶來了新的契機，聯大文人群的研究方向因而發生轉變。語言學家的研究呈現雙軌取向，在原有研究基礎上，趁勢開啓了少數民族語言文化、越南語、音韻與文學創作關係之研究；哲學家則照見抗戰時期將是中華民族復興的關鍵年代，利用西方學養修補中華文化，成就了現當代儒學中重量級的新心學和新理學哲學體系，並填補了尚為中國哲學處女地的數理邏輯和知識論體系。馮友蘭和賀麟兩人分別運用了心學和理學為戰時生活提供精神指引，對學生和一般大眾面對生活的態度和行為取向有潛移默化的影響。以語言學和哲學方面的觀察為例，聯大文人群的學術研究和現實生活有密切的關聯，研究動機來自於現實生活，佐證資料亦取材自現實生活，研究成果又能為當時社會給予及時的回饋，此外，仍保持嚴謹而創新的學術水準，立學術地位於不朽之境界，足見時代菁英者的卓越不群。

〔註88〕賀麟在《文化與人生》序言中表示：「八年的抗戰期間不容易否認地是中華民族歷史上獨特的最偉大最神聖的時代。在這期間內，不惟高度發揚了民族的優點，而且也孕育了建國和復興的種子。不單是承先，而且也啓後。不單是革舊，而且也徙新。不單是抵抗外侮，也復啓發了內蘊的潛力。每個人無論生活上感受多少艱苦困頓或災難，然而他精神上總感到提高和興奮。因此在抗戰期間內每個人生活中的一鱗一爪，工作上的一痕一跡，意識上的一思一感，都覺得特別具有深遠的意義，格外值得回味與珍視。」《文化與人生》，頁2。

第四節　學潮的夾縫——以「一二・一」運動為中心

抗戰結束不久，由於經濟惡化、內戰爆發、官僚體系腐敗等因素，部分教授憂心國事，將批評的矛頭直指當權政府，有意無意間，便和與政府對立的共產黨聲氣相通，中共亦得以在校園中擴展勢力。1944 年五四紀念座談會之後，聯大校園自皖南事變（新四軍事件）以來低迷的政治氣氛開始復甦，學生醉心於談論政治的風氣非但無法控制，還得到部分教授的支持。政府對人數眾多的青年學子和大學教授頗感困擾，既不願任由他們批評，又不能輕易逮捕或拘禁，更深怕其為中共所利用，故曾指示地方當局對學潮需果斷處理，使其不致擴大。地方黨政當局對於學生的行為無計可施，又希望表現自己「忠黨」〔註 89〕，只有暗中指使基層黨團人員冒充民眾動粗，或群毆、或砸、或打，威嚇學生就範。高壓政治引發更多人對專制體制的不滿，學生高喊「取消審查制度」、「停止一黨專政」、「取消特務組織」、「召開國是會議」、「組織聯合政府」等口號〔註 90〕，反政府的情緒一次比一次高漲，終於導致雙方僵持不下的大規模罷課。對此，處於漩渦中心的聯大教授如何解讀這場掀起軒然大波的學潮？如何居間調和？在抗議暴行、維護學校、疼愛學生、主持正義、堅守教育崗位等相互矛盾的立場之間，他們又將採取何種態度與作為？本節試加以探討之。

一、「一二・一」運動與罷課風波

1945 年 11 月 25 日，西南聯大、雲南大學、中法大學、雲南省立英語專科學校等四所大學學生自治會，假雲南大學至公堂舉行「時事座談會」，安排錢端升、吳啓元、楊西孟、聞一多、費孝通等人進行演講，呼籲停止內戰，並組織聯合政府。在晚會舉行之前，雲南地方當局接獲共產黨將動員學生擾亂社會秩序的消息，消息指出雲南地下組織響應毛澤東「全國人民動員起來，用一切方法制止內戰」的號召，決定在學生群眾中召開反內戰時事講演會，試圖營造

〔註89〕 軍人以服從為天職，思維較直接且不計後果。蔣介石曾在接獲中共欲串連學生利用學潮破壞社會秩序時，指示教育部對學潮「予以斷然嚴屬之處置，絕不稍有姑息。」而軍人當政的地方當局把此一「態度堅決」的指示誤解為「使用武力」，出動基層黨員以群毆或打砸的方式來嚇阻和懲治對手。此行動有組織、有目的，無可避免地造成流血慘案，而軍人視其為撲滅共產黨的「忠黨行動」。見楊奎松：〈國民黨人在處置昆明學潮問題上的分歧〉，《近代史研究》，2004 年第 5 期，頁 1～2。

〔註90〕 〈三十四年五四在聯大〉，西南聯大除夕副刊主編：《聯大八年》，頁 30。

美國援助蔣介石政權發動內戰的輿論。〔註91〕因此緊急召開黨政軍聯席會議，決定「凡各團體學校一切集會或遊行，若未經本省黨政軍機關核准，一律嚴予禁止。」〔註92〕但是聯大校方認為「平時開會，法所容許，校內講演，雖以時事為題，仍係求知性質，不乏學術意味，本無應禁理由及合法根據」〔註93〕，為此已面陳雲南省政府代主席李宗黃表示並無阻止必要。

　　晚會首先因為雲大不敢違抗禁止集會的命令，臨時改至聯大圖書館前的大草坪上，而後被地方昆明防守司令部第五軍邱清泉部包圍會場，用機關槍向會場上空掃射，並封鎖校外幾條主要道路，阻撓晚會進行。隔日，《中央日報》發佈「暗夜匪警槍戰」的假新聞，一連串的行為使學生氣憤難耐，決定發起罷課，要求查辦包圍學校鳴槍的肇事者。罷課風潮蔓延整個昆明市，全市大學、中學超過 30000 名學生相率罷課，李宗黃等人私下組織「反罷課委員會」破壞罷課行動，並於 12 月 1 日，指派數百名基層黨團員衝進聯大等校，以石塊、木棍、手榴彈等破壞滋事，毫無軍警制止。〔註94〕這場暴力事件，總計造成 4 人死亡、25 人重傷、30 多人輕傷〔註95〕，史稱「一二·一運動」或「昆明慘案」。昆明學生的反政府運動由此沸騰至頂點，當晚，學生自治會擴大罷課委員會組織機構，創辦罷聯刊物《罷委會通訊》，並自隔日起，每天派出大批宣傳隊到街頭、工廠、農村，進行反內戰宣傳。〔註96〕學生自治會

〔註91〕　姚丹：《西南聯大歷史情境中的文學活動》，頁 368～369。
〔註92〕　鄭伯克：〈回顧「一二·一」運動〉，中共雲南省黨史資料徵集委員會、中共雲南師範大學委員會編：《一二一運動》（北京：中共黨史資料出版社，1988），頁 327。
〔註93〕　〈西南聯大教授會呈國民政府軍事委員會告訴狀〉，北京大學、清華大學、南開大學、雲南師範大學編：《國立西南聯合大學史料》，總覽卷，頁 216。
〔註94〕　聞一多在〈「一二·一」運動始末記〉記載：「十二月一日，從上午九時到下午四時，大批特務和身著制服、配戴符號的軍人，攜帶武器，分批闖入雲南大學、中法大學、聯大工學院、師範學院、聯大附中等五處，搗毀校具，劫掠財物，毆打師生。……總計各校學生重傷者十一人，輕傷者十四人，聯大教授也有多人痛遭毆辱。各處暴徒從肇事逞兇時起，到「任務」完成後，……高呼口號，揚長過市時止，始終未受到任何軍警的干涉。」聞一多：〈「一二·一」運動始末記〉，西南聯大除夕副刊主編：《聯大八年》（昆明：西南聯大學生出版社 1946），頁 35。
〔註95〕　死傷人數參見西南聯合大學北京校友會編：《國立西南聯合大學校史》，頁 356。死者為南菁中學的教員于再、聯大師院學生潘琰、李魯連，和昆華工校學生張華昌等四人，「四烈士墓」安置於今雲南師範大學校園內。
〔註96〕　西南聯合大學北京校友會編：《國立西南聯合大學校史》，頁 422。

發表〈西南聯大學生自治會致教師書〉，呼籲教師聯合罷教，以行動積極支持學生。罷聯會印發《一二・一慘案實錄》向全市、全國尋求支援，發表〈向全國及昆明父老沈痛呼籲〉、〈昆明大中學生爲「一二・一」慘案告全國同胞書〉等文件，並針對政府、雲南軍政當局、「一二・一慘案」等三方面提出11點復課條件，受到昆明市民和上海等地學生的同情與支持。

「一二・一」事件被共產黨視爲青年運動的新標誌，周恩來在延安發表講話，說：「昆明慘案就是新的『一二・九』」。〔註97〕中共利用市民普遍同情學生和久兵厭戰的心理，以「爭取民主」、「反對獨裁」爲訴求，抓住機會猛力攻訐國民黨專制政策。因此過去關於「一二・一」的研究，多集中於學生和激進教授，或者歸功、或者歸罪共產黨背後的操縱，達成兩黨勢力消長等問題，卻相對忽略了事件本身實乃地方政府當局有計畫、有組織的領導行動。不論事件發生之起因，或事後官方出面滅火的舉動，國民黨政府和聯大行政當局的態度才是中心要角。聯大負有行政責任的人由政府所任命，且至少有五分之一的教授擁有國民黨籍〔註98〕，其餘在政治上也大多數採取中立態度。他們一方面基於教師愛護學生的立場，主張地方當局要爲事件負責，一方面也和政府態度一致，希望學生早日復課回到正軌，循法律途徑解決問題。然而李宗黃遲遲未受處分，無法說服學生讓步；學生罷課有礙政府形象，蔣介石的態度也明顯不耐煩起來，開始向學校施壓。在妥協與對抗之間，政治參與度高的教授群體，正處於兩面尷尬的夾縫中。

二、學潮的夾縫

對聯大師生來說，軍警干預校園學術活動、威脅言論自由，甚至教唆他人使用暴力的做法，不僅侵犯了憲法保障人民集會自由和人身自由的權利，也破壞了聯大向來自豪的民主傳統。11月29日，教授會即發佈〈國立西南聯合大學全體教授爲十一月二十五日地方軍政當局侵害集會自由事件抗議

〔註97〕西南聯合大學北京校友會編：《國立西南聯合大學校史》，頁423。

〔註98〕楊奎松舉例西南聯大有國民黨黨籍或三青團團籍的教授即超過二十個。包括崔書琴、查良釗、鄭華熾、周炳琳、雷海宗、寧榥、張清常、梅貽琦、張伯苓、姚從吾、賀麟、馮友蘭、楊西孟、陳雪屏、馬大猷、華羅庚、楊振聲、伍啓元、錢端升、章廷謙、鄭華熾、何衍璿、鄭天挺、蔡維藩、霍秉權等人。楊奎松：〈國民黨人在處置昆明學潮問題上的分歧〉，《近代史研究》，2004年第5期，頁21。

書〉，表明近代民主國家應保障人民集會言論之自由，「大學師生，自無例外，且斷非地方軍政當局所得擅加限制者」，爲駐軍施放槍砲、阻斷交通，表達最嚴重的抗議。〔註 99〕不意兩日後竟又發生聚眾違法殺人之慘案，代常委葉企蓀在事發當天下午立刻召開緊急教授會議，發表譴責當局暴行的宣言。聯大教授會之後陸續做出幾項決議，亦明顯地與學生站在同一陣線。包括請地方當局准許學生抬棺抗議的遊行、建議學校撥校地安葬死難同學、成立法律委員會向法院提出告訴、發表〈爲此次昆明學生死傷事件致報界之公開聲明〉，以及「停課七天，對死難學生表示哀悼，對受傷學生表示慰問，並對地方當局不法之橫暴措施表示抗議」等等。〔註 100〕

聯大教授難掩悲痛，紛紛以筆代戈，控訴暴行。吳晗陸續寫了〈抗議非法的武裝干涉集會自由〉、〈「一二一」慘案與紀綱〉、〈《一二九·劃時代的青年史詩》序〉等文，說明罷課絕非學生之本願，要求政府嚴懲雲南黨政軍當局，「正紀綱，明法紀，才能安群情，收民心，並正國際視聽。」〔註 101〕馮至作〈招魂——謹呈於「一二·一」死難者的靈前〉，撫慰枉死的年輕生命，詩中溫柔地呼喊著：「你們不要呼喚我們回來，我們從來沒有離開你們，咱們合在一起呼喚吧——」〔註 102〕詩末連聲祈求正義、自由和光明能「快快地到來」，以宣慰四人在天之靈。卞之琳也重拾詩筆，發表〈血說了話〉來哀悼死難同學，這是他在西南聯大期間唯一一首新詩。而身體狀況不佳的朱自清，沒有多餘的力氣作激昂的演說或寫文章，他親自到靈堂向死者致哀，以行動表達最深的同情。

然而李宗黃對教授們的舉動感到不以爲然，他已經下令禁止集會，因此派兵騷擾，理由充足。他認定學生在盧漢抵昆明前發動集會遊行，是龍雲舊勢力勾結共產黨想趁機給他難堪，阻止他掌控雲南。〔註 103〕因此揚言：「陰謀

〔註 99〕 〈國立西南聯合大學全體教授爲十一月二十五日地方軍政當局侵害集會自由事件抗議書〉，北京大學、清華大學、南開大學、雲南師範大學編：《國立西南聯合大學史料》，總覽卷，頁 214。

〔註 100〕 〈教授會三十四年度第四次會議〉，北京大學、清華大學、南開大學、雲南師範大學編：《國立西南聯合大學史料》，會議記錄卷，頁 553～554。

〔註 101〕 吳晗：〈「一二一」慘案與紀綱〉，張守常、常潤華主編：《吳晗文集》，第三卷，頁 140。

〔註 102〕 馮姚平選編：《馮至美詩美文》（北京：東方出版社，2005），頁 98。

〔註 103〕 楊奎松：〈國民黨人在處置昆明學潮問題上的分歧〉，《近代史研究》，2004 年第 5 期，頁 5。

份子越是鼓動左派學生，我就越是要同他們對著幹！」隨後不僅在中等以上學校校長聯席會直言必要時將使用武力，還直接參與組織「反罷課委員會」以資抵制，聲稱對學生要「以宣傳對宣傳，以流血對流血，進行反擊」〔註104〕。李宗黃對流血事件毫無慚愧或自責之情，自然更不認為自己需要向師生道歉、自請處分或下台負責。

國民黨政府並不隨著李宗黃武斷的想法起舞，他們自知對學生理虧而放低姿態。由盧漢接手的雲南省政府，出面弔唁死者、慰問傷者、許諾追查嚴懲肇事凶犯，並從優承擔醫療、喪葬、撫卹等賠償費用，竭力釋出善意；而中央政府方面亦努力安撫學生，蔣介石將嫡系將領關麟徵停職，迅速批准槍決陳奇達、劉友治等兩名在師院投擲手榴彈的「凶手」；並發表〈告昆明教育界書〉，聲明對昆明流血事件將會依據是非法紀做出公平處置，希望師生能以社會安定為要，先恢復課業。〔註105〕但種種努力仍無法使罷課學生態度軟化，支持學生的這一方認定李宗黃無疑是製造慘案的主謀，而他卻依然高傲地穩坐民政廳長大位。此外，官方處理過程出現嚴重瑕疵，也不斷在刺激學生的情緒：《中央日報》連日以學生受共產黨愚弄的角度報導學潮、發表「學潮已得合理解決」的假消息；逮捕的兩名「凶手」以軍法會審火速判刑槍決〔註106〕；李宗黃又下令中學提前放假〔註107〕；而具有代表性的〈告昆明教育界書〉，不僅未承認李宗黃就是元凶，亦未正面回應停止內戰、改組聯合政府等要求，學生集會的初衷，毫無實現的曙光。

許多因素累積下來，使得一度想加入國民黨的聞一多對政府相當失望，連國民黨籍的錢端升也砲火全開，猛力批判官方的粗暴行為。出自於愛護學

〔註104〕沈沉：〈『一二・一』慘案側記〉，中共雲南省黨史資料徵集委員會、中共雲南師範大學委員會編：《一二一運動》，頁424。

〔註105〕〈蔣主席告昆教育界諄切期望即日上課〉，（昆明）《中央日報》，1945年12月8日，第二版。

〔註106〕雲南當局宣告無業流氓陳奇達、劉友治2人為當日在師院投擲手榴彈之罪犯，經「軍法會審」判處死刑，12月11日執行。因為二人並非現役軍屬，軍法機關無審判權，其判決於法無效。且二人並非當場捕獲，種種跡象顯示找人頂罪的可能性很高。因此，關麟徵曾於4日邀請學校和學生派代表參加此案之「軍法會審」，罷聯會拒絕參加。

〔註107〕李宗黃見復課不成，命令各中等學校提前放假，12月6日起強迫執行，學生自治會認為此舉之目的在於讓中學生早日回鄉，以分散罷課學生的力量，因此極為不滿。

生的立場，生性浪漫的聞一多，在學潮中表現得相當激進而衝動。〔註108〕發
生慘案後，聞一多藉民主同盟的資源連夜趕印抗議傳單，為死難者獻上「民
不畏死，奈何以死懼之」的輓聯，提議教授會以「罷教」聲援學生，同時指
導學生自治會的工作，極受學生擁戴。〔註109〕張奚若也支持罷教，在 12 月 2
日的教授會議上「舌戰群儒」，讓擔任書記而無暇發言的聞一多感到「痛快淋
漓」。〔註110〕教授會議圍繞要不要罷教的問題激辯六個多小時，最後以 61 票
對 19 票，否決「罷教」，決定「停課七日」。這樣的結果是否如立場相對的姚
從吾所說的，能讓聞一多「恍然大悟」〔註111〕，我們暫且不論，但相信聞一
多的內心，確實因此嘗到一種被孤立的挫敗感。像聞一多這樣過於激情的人，
並不容易獲得大多數教授的認同，梅貽琦在日記中即嘆：「一多實一理想革命
家，其見解、言論可以煽動，未必切實際，難免為陰謀者利用耳。」〔註112〕
同事多年，梅校長的判斷可謂精確而中肯。誰也沒料到，梅貽琦在寫下這段
話之後不到一年，聞一多即遭霍揆彰派人暗殺，因「理想」葬送了寶貴的生
命，而聞一多也就此和魯迅一樣，被共產黨塑造成「橫眉冷對千夫指」的民
主鬥士。

　　聞一多不止在教授會成為與大多數人對立的少數份子，一向仰賴他的學
生也有些開始不諒解他，弄得兩面不是人。12 月底，他感到學生長期荒廢課
業有害於學，而勸說學生復課，被學生認為是帶頭破壞運動、路線不堅定云
云。學生的激烈反應使他有了新的反省：「我們這些人，所怕的不僅是右——
還有過左，年輕人都性急，恨不得一下子新民主中國就來到——其實，我們
知識份子——連我在內，都是如此的。」〔註113〕學潮中的聞一多，雖然立場

〔註108〕 在「一二·一」之前，聞一多還幫著學校勸說學生復課，指責罷委會代表「感
　　　　 情用事，想用感情煽動人，最幼稚亦最可羞愧。」聞黎明、侯菊坤編：《聞一
　　　　 多年譜長編》，頁 931。
〔註109〕 學生洪德銘回憶道：「聞先生是教授會書記，每次會後，他都向我介紹情況，
　　　　 分析動態，提出我們應如何有目的地做教授工作的意見。教授會有幾次邀請
　　　　 學生自治會代表參加，聞先生總是告訴我們如何準備發言，要派哪幾位做代
　　　　 表比較適宜。聞先生在這方面的關心和工作，對我們了解校情、爭取校方和
　　　　 教授的同情支持，起了無可替代的作用。」《聞一多年譜長編》，頁 952。
〔註110〕 聞黎明、侯菊坤編：《聞一多年譜長編》，頁 935。
〔註111〕 北京大學檔案：〈姚從吾寫給陳雪屏、鄭毅生的信〉，轉引自《聞一多年譜長
　　　　 編》，頁 937。
〔註112〕 黃延復、王小寧整理：《梅貽琦日記》，1945 年 12 月 14 日，頁 190。
〔註113〕 聞黎明、侯菊坤編：《聞一多年譜長編》，頁 951。

已明顯左傾，但仍爲政治腳步是否過於急切而猶疑徬徨。

　　相較於在學校和學生兩面孤立的聞一多，在他對立面的姚從吾、馮友蘭等人，也不見得因爲在教授會人多勢眾而如魚得水。他們處於另一種夾縫——在政府和學生之間，也可以說在「先復課」或者「先去李」之間。馮友蘭覺得「這種調和矛盾的角色很難當，本來想照顧兩面，可是兩面都不滿意」〔註114〕，感到很灰心。這一邊的代表，當推來昆明調停的聯大常委傅斯年。〔註115〕

　　傅斯年雖非國民黨員，但和國民黨接觸密切，又與教育部長朱家驊關係良好。他很快地發現學潮問題受共產黨的煽動尚在其次，地方當局的態度才是關鍵原因。他於8日電告朱家驊：「李宗黃至今仍堅持此次學潮由政府派盧漢來而起，對盧漢及雲南多數人士猛烈攻擊，此公若不暫離昆明，不特學潮無法結束，即大局亦不了。」〔註116〕甚至直言「李宗黃如能即去，教授心意可以平，彼實爲主謀主使，去則政府佔著地步，關僅受李之愚而已。」〔註117〕然而朱家驊深知蔣介石遲遲不動李宗黃必有其原因，亦知委座對於不斷擴大的學潮大爲光火，甚至揚言要解散學校，只能要求傅斯年儘速勸學生復課，恢復秩序。傅斯年明知李宗黃問題不解決，不僅無法說服學生，也難對教師有所交代。去李之路行不通的情況下，只好改採政府、學生、教授三管齊下的進攻策略，一面繼續等待李宗黃有所處置，一面勸說學生代表降低復課條件、顧及學校前途早日復課，另一面則勸說教授宣布學生不復課即全體辭職。方法有了，不過這三條路，傅斯年走得相當踉蹌。首先在和學生代表會面時，雙方發生激烈口角，不歡而散，學生雖基於尊師重道的禮節而於隔日向傅斯年道歉，卻堅定地表示復課條件不會改變，等於間接告訴傅斯年：「我們依然不接受你的勸說」。17日在教授會上，傅斯年又爲了辭職之事和聞一多撕破臉，聞一多還調侃他「何不到老蔣面前去三呼萬歲」，氣得傅斯年大罵：「有

〔註114〕馮友蘭：《三松堂自序》，頁363。
〔註115〕1945年9月4日國民政府令：「國立北京大學校長蔣夢麟呈請辭職，准免本職，任命胡適爲國立北京大學校長。胡適未到任前，由傅斯年代理。」西南聯合大學北京校友會編：《國立西南聯合大學校史》，頁418。因此傅斯年任北大代理校長，亦同時接任蔣夢麟的西南聯大常務委員一職。
〔註116〕〈傅斯年致朱部長並陳布雷先生電〉（1945年12月8日），朱家驊檔，中研院近史所藏，宗號148，冊號2。
〔註117〕〈傅斯年致教育部朱部長電〉（1945年12月11日），朱家驊檔，中研院近史所藏，宗號148，冊號2。

特殊黨派的給我滾出去！」〔註118〕而多次去電中央要求撤換李宗黃未獲正面回音，其困惑與憤慨自不待言，李宗黃調度後的職位後來反倒高升，更表明了傅斯年雖作為政府的調停人，中央對他的意見卻不夠重視。

傅斯年曾做過打算：如果三個方案都不成功，最後一條路是讓聯大「自請停辦」。此一構想來自於梅校長，是針對蔣介石有意解散聯大的反制計畫。梅貽琦在重慶赴朱家驊飯約時，得知蔣有解散聯大和雲大等校之意，朱部長為此甚為緊張，梅貽琦當即表示「倘本週末不能安定復課，則與其經政府解散，無寧自請停辦耳。」〔註119〕以實際面來說，抗戰結束，三校已著手籌備復員，藉此機會早日北上亦無不可。以面子問題來說，自請停辦比起被人強迫解散，顯然好聽得多。但這無非是一個破釜沈舟的辦法，聯大師生誰也不希望走上這條路。幸虧政府方面開始做出讓步，蔣介石透過朱家驊，放出李宗黃即將免職的風聲，以便傅斯年等人推動教授們配合。〔註120〕「去李」消息使得教授會得以展開積極運作，全體通過決議，由馮友蘭等人為代表，與盧漢洽商廢除非法集會之禁令，盧漢欣然允諾；並擬〈教授會告同學書〉，強調教授會將全力促使李宗黃去職一事實現，但學校宜早日恢復常態，「如堅持罷課，則前途演變恐有不忍言者」，暗示學校已知有將被解散的危機。同時也宣布 20 日學生不復課的話，教授將全體辭職。其文曰：「同人在校所司何事，尸位之譏，義不能受，亦當有以自處。」〔註121〕以教授辭職作為勸說籌碼的決議，曾在教授會經過一番鬥法，傅斯年和張奚若兩派人馬各費心機。〔註122〕

〔註118〕 聞黎明、侯菊坤編：《聞一多年譜長編》，頁 946～947。

〔註119〕 黃延復、王小寧整理：《梅貽琦日記 1941～1946》，1945 年 12 月 11 日，頁 189。

〔註120〕 朱家驊的電文寫道：「如能按期復課，此後問題均能順利解決，因其他重要各方亦如此看法，並都主張將來李應必去。此事弟已與月涵兄言之，日來觀察更證明李去稍緩無甚難處，兄可將此意暗示教員，以解其忿。」〈朱家驊致傅斯年電〉，1945 年 12 月 13 日，朱家驊檔，中研院近史所藏，宗號 148，冊號 2。

〔註121〕 〈教授會告同學書〉（1945 年 12 月 19 日），北京大學、清華大學、南開大學、雲南師範大學編：《國立西南聯合大學史料》，總覽卷，頁 241。

〔註122〕 《罷委會通訊》記者張祖道在〈張奚若教授和教授辭職〉一文，記述了張奚若回憶教授會情況：「茶話會上，梅、傅二位常委要引咎辭職，居然還有些教授主張隨同辭職。我就說：『何必呢？我們應該盡力的挽留梅、傅二常委，凡是慰留常委的都請站起來。』於是大家不得不站起來挽留，二位常委也就打消辭意。有人提議將這次茶話會改為教授會議。我知道這些人是計畫要學生限期復課，否則就全體辭職的事，我就竭力反對。可是有人又繞著彎子藉口討論當前局勢，在會上重提全體辭職的事。我為了顧全大局，平下一肚子的

不過這個策略果然奏效，姚從吾給朱家驊的電文中的分析道：

> 聯大教授堅持二十日不復課，全體辭職。此點極重要。一、教授辭
> 職，則一切抬棺遊行煽動全國學潮，向美特使馬歇爾示威等，均無
> 意義。上兵伐謀，此最扼要。二、聯大解散，中立學生極恐慌，可
> 使就範。三、廿日為最後關頭，教授會把握堅定，可以消釋少數奸
> 人陰謀，可以鼓勵黨團員，可以扶持中立派。此事孟真持之堅，枚
> 蓀主之力，若能從此復課，此策實為重要關鍵。〔註123〕

故自 20 日起學生意見開始分化，已有部分學生恢復上課。接下來數日，
有利於復課的多重因素陸續出現：罷聯會方面，因為罷課時間過長，已經使
一些人開始渙散，認為應在適當時候結束罷課〔註124〕；中共方面，因馬歇爾
來到中國，決定中止利用學潮鬥爭的方式，將全副心力放在馬歇爾身上；而
李宗黃亦在 25 日被召去重慶，離開了昆明。於是罷聯會終於發出 27 日停靈
復課的公告，整起學潮暫告平息。

三、轉捩點

王晴佳以聞一多寫的〈八教授頌〉為引子，說明當時的教授，由於師承和
地域的關係，不僅在學術上形成派別，在政治立場上也形成明顯的派別，而這
些派別的不同，又在學潮中有集中的表現。〔註125〕這是從教授們已先有政治
派別的角度來說。各人觀點差異或政治立場轉變自有其遠因可追溯〔註126〕，

> 火氣耐心的跟他們說好話，他們不聽，我只好又站起來說：『剛才二位常委經
> 全體教授挽留，打消了辭意，現在教授們又要辭職，當然囉，禮尚往來，恐
> 怕得請二位常委出面慰留囉！梅常委只好站起來說了幾句，要大家另外想個
> 辦法妥善解決復課問題。話講得很得體，大家不好意思再喊了。』」聞黎明、
> 侯菊坤編：《聞一多年譜長編》，頁 946。

〔註123〕〈姚從吾致朱家驊先生函〉（1945 年 12 月 20 日），朱家驊檔，中研院近史所
　　　　藏，宗號 148，冊號 2。

〔註124〕聞黎明、侯菊坤編：《聞一多年譜長編》，頁 945。

〔註125〕八教授指的是聞一多、張奚若、馮友蘭、沈從文、卞之琳、潘光旦、錢穆、
　　　　梁宗岱等八人。王晴佳：〈學潮與教授〉，《歷史研究》，2005 年 4 期，頁 26。

〔註126〕聞黎明曾撰文指出導致西南聯大教授由支持政府轉向反對政府的原因有數
　　　　點，包括由聯大教授羅隆基等人起草的憲草修正案遭斷然否定、大學教授的
　　　　經濟困境、黨化教育、軍事挫敗、周炳琳和錢端升在國民參政會的意見不被
　　　　宣讀，且台下不斷起鬨叫喊阻止其發言，個人尊嚴不被尊重等。聞黎明：〈論
　　　　抗日戰爭時期教授群體轉變的幾個因素──以國立西南聯合大學為例的個案
　　　　研究〉，《近代史研究》，1994 年第 5 期，頁 156～177。

但客觀地說，教授們此時或有黨籍和傾向之別，處事態度仍相當中立，鮮少一味由政黨利益出發來判斷是非，或為反對而反對，直到「一二・一」運動之後，這些矛盾和差異才被深化。因此「一二・一」運動可說是突顯聯大教授立場趨異的轉捩點，而且教授會上針鋒相對的言論，難免會使得不同立場的聯大教授之間出現裂痕。

　　姚從吾當下即看出「教授會無形中分成兩個系統。一是國民黨左翼，以枚蓀、西孟、自昭為代表，一是 C.P.，以一多為代表（一多不是 C.P.，但他站在最左的一邊，公然反對政府，又可以說是指揮學生會。）」〔註127〕前者我們可視為調停派，後者為鼓動派。鼓動派除了聞一多以外，主要還有張奚若、錢端升、吳晗、潘光旦等人；調停派則除了周炳琳、楊西孟、賀麟之外，還有馮友蘭、姚從吾、梅貽琦、傅斯年等多數聯大教授。當然，這兩派並不是壁壘分明，非一即二，每個人的態度存在著細微的差別。如錢端升一面嚴詞批評政府、同情學生，一面寫信給朱家驊建言，為政府分憂，足見其對國民政府仍有期待，批評時所懷抱的是一種恨鐵不成鋼的心情。這種批評和年輕氣盛、支持共產黨的吳晗不一樣，也和愛護學生、對政府失望的聞一多不同。而在勸說復課的一方，中文系教授唐蘭在罷課期間力勸學生復課，強調「不忍不教而誅之」〔註128〕，言下之意即憂心學生以卵擊石的舉動不智，可能為自己帶來滅亡。這種出發點又和為了「挽救聯大，使其免於解散之災」〔註129〕的馮友蘭有所不同，也和「把阻遏學潮視為反共鬥爭」〔註130〕的姚從吾不同。聞一多曾寫下〈獸・人・鬼〉，概括出聯大教授對「一二・一」運動的幾種不同態度，我們可以以此寓言窺知教授態度之一二。

　　　村子附近發現了虎，孩子們憑著一股銳氣，和虎搏鬥了一場，結果遭犧牲了。於是成人們之間便發生了這樣一串分歧的議論：

　　　——立即發動全村的人去打虎

　　　——在打虎的方法沒有布置周密時，勸孩子們暫勿離村，以免受害。

〔註127〕北京大學檔案：〈姚從吾寫給陳雪屏、鄭毅生的信〉，轉引自《聞一多年譜長編》，頁937。
〔註128〕〈聯大教授・唐蘭〉，西南聯大除夕副刊主編：《聯大八年》，頁181。
〔註129〕馮友蘭：《三松堂自序》，頁363。
〔註130〕楊奎松：〈國民黨人在處置昆明學潮問題上的分歧〉，《近代史研究》，2004年第5期，頁27。

──已經勸阻過了，他們不聽，死了活該。

──咱們自己趕緊別提打虎了，免得鼓勵了孩子們去冒險。

──虎在深山中，你不惹它，它怎麼會惹你？

──是呀！虎本無罪，禍是喊打虎的人闖的。

──虎是越打越凶的，誰願意打誰打好了，反正我是不去的。〔註131〕

　　這個寓言相當生動地反映出教授們的不同觀點。我們不難想見教授群體中，除了帶頭喊打虎和勸阻繼續冒險的兩種人之外，當時確有將「一二‧一」歸罪於學生不顧禁止集會的命令執意開會的〔註132〕，還有置法律於情理之前，辯駁李宗黃等人不是殺人兇手的〔註133〕；也有部分人士採取明哲保身的道家姿態，不發言表態。學潮夾縫中複雜分歧的面貌，不只反映出教授個體的個性、學養、觀點，亦呼應著第二章所提及的聯大精神之一──「忠於自我」的自由傳統。

　　不論出發點如何，爭論的焦點仍舊會歸於「打虎」或「不打」之上。雙方爭議的兩端先是「停課」或「罷教」，後是「學生先復課」或「政府先接受條件」。雖然這兩點爭議都由調停派獲得勝利，但是 2 個月不到，李宗黃即由最高國防委員會任命為黨政工作考核委員會秘書長，獲任更高位階的新職，再度引起公憤。原先教授會曾打下包票，「請求政府將李宗黃先予以撤職處分，如不能辦到撤職，則教授全體辭職。從今日起，以兩個月為求此事實現之最大限度。」〔註134〕如今政府無疑賞了聯大教授狠狠一記耳光，尤其是主導全局的傅斯年、梅貽琦、周炳琳、馮友蘭等人。國民政府未懲處李宗黃使

〔註131〕聞一多：〈獸‧人‧鬼〉，原載於《時代評論》第 6 期，1945 年 12 月 9 日，篇名為〈人‧獸‧鬼〉收入全集時改作〈獸‧人‧鬼〉。聞黎明、侯菊坤編：《聞一多年譜長編》，頁 941～942。

〔註132〕王晴佳舉伍啓元、姚從吾和葉企蓀三人發給教育部長朱家驊的電報為例，認為他們的描述「都說軍警動作在先，過度反應，引起了學生的罷課。……由此可見，教授對軍警的行為表示憤慨，而並不追究他們同事和學生對抗禁令召開集會的行為。」王晴佳：〈學潮與教授：抗戰前後政治與學術互動的一個考察〉，《歷史研究》，2005 年第 4 期，頁 43。然而，由於報告對象是中央的教育部長，且禁止集會的命令是否違憲尚無定論，為避免事件複雜化，強調官方舉措失當而未提及學生對抗禁令一事當屬自然，不完全代表全體教授無人追究違抗禁令召開集會。

〔註133〕〈聯大教授‧燕樹棠〉，西南聯大除夕副刊主編：《聯大八年》，頁 173。

〔註134〕〈三十四年度第九次會議〉（1945 年 12 月 22 日），北京大學、清華大學、南開大學、雲南師範大學編：《國立西南聯合大學史料》，會議記錄卷，頁 560。

他們失信於同事和學生，他們對政府的態度自然因此轉爲不信任。王晴佳指出，教授和學生的行動從此產生一定的隔閡，1946、1947 年的學潮洶湧澎湃，教授已無置喙餘地，加上「他們不但自己感覺到，而且社會也認爲他們已經成了國民黨的『犧牲品』」，學生「反飢餓，反內戰」的口號又貼切地道出了他們的心聲。因此中間人士產生分化，「左、中、右三派的重疊交叉，不復存在，而是變得左右（國共）針鋒相對。……最終的結果是，國民黨逐漸孤立，人心思變。」〔註135〕「一二‧一」運動這道分水嶺，劃開了教授與學生，劃開了教授與政府，也把聯大教授群體劃出了左右兩派，自此從平靜的學術象牙塔被推往政治第一線。

小 結

　　學院空間探討西南聯大文人群關於工作崗位的部分。聯大採取「教授治校」的管理方式，教授們對校務有充分參與的機會，有助於增進對學校的向心力和彼此的團結；清大在人數和資源比例上的絕對多數，也是聯大行政體系穩定的因素之一。教授會和專門委員會是體現教授治校精神的行政組織，文人群經常負責撰寫聯合宣言、紀念碑文、制訂校歌校訓等工作，由於文字精妙，情感豐富，不斷被人傳誦，樹立出一個形象近乎完美的「西南聯大」。受到創作動機的影響，這些文獻所描述的西南聯大有時是寄託與現實相左的期待，而不是切合實際的概括，我們閱讀或引用的時候，必須要加以明辨。新文學在楊振聲和沈從文等人的推動下進入大學殿堂，不僅在全校必修的《大學國文選》選目中佔七分之一，也成爲聯大中文系的正式課程。由新文學人才培養引發改革大學中文系課程的爭議，王力、李廣田、聞一多、朱自清等人均分別提出個人觀點，表達個人對文學教育的認知與期許。朱自清雖站在鼓勵學生研究新文學的一方，卻也提出認識古文學是知識份子應有的文化訓練，並投身於普及古代經典的工作中。

〔註135〕 王晴佳：〈學潮與教授〉，《歷史研究》，2005 年第 4 期，頁 48。文中進而指出教授們對國民政府的失望，影響到 1949 年是否隨政府撤退到台灣的決定。「不但民盟的吳晗、羅隆基、張奚若、潘大逵、潘光旦、費孝通等人決定與共產黨一起，共同建立新中國；許多國民黨籍的教授，如已經左傾的錢端升、楊西孟、李廣田等人決定留在大陸；甚至曾與政府一度十分靠近的馮友蘭、周炳琳、雷海宗、羅常培、賀麟等人也都沒有選擇離開；無黨無派的名流教授選擇留在大陸的更多，如湯用彤、顧頡剛、陳寅恪、金岳霖等。」

　　學術方面，文人群藉所處時空的有利條件相繼完成代表著作。以語言學和哲學為例，羅常培和王力利用雲南的地理優勢，開展少數民族語言文化和漢越語關係的研究；馮友蘭和賀麟視抗戰時期為中華民族復興的偉大時代，在現實生活的啟示和激發下，融會中西哲學，完成新理學和新心學思想體系，對學生和一般大眾產生不少的影響。社會參與方面，抗戰末期，學生對政治不滿，情緒激昂，乃至於遊行、罷課，聯大教授必須居中調解，由「一二‧一」運動可見文人群在學校面臨重要決策時所擁有的影響力。但是立場和觀點互異，使得教授在學生和政府的夾縫中兩難，彼此亦產生分裂，「一二‧一」運動成為重要的轉捩點，破壞了西南聯大這個學院空間內，最難能可貴的團結心和學術氣氛。

第五章　西南聯大文人群的文學空間

前　言

　　第五章探討西南聯大文人群的文學空間。文學空間可涉及的議題相當廣泛，且西南聯大的文學活動豐富多元，舉凡創作理念、創作動機、作品特色、參加文藝座談、指導文學社團、當地文學特色、報刊發展等，均值得深入探究。為避免呈現方式過於瑣碎，因此在第一節大致掌握西南聯大的文學發展概況之後，依新詩、小說和雜文等不同文體，各舉代表作家進行較深入的探討。新詩以馮至的《十四行集》，小說以沈從文的《長河》，雜文則以朱自清、聞一多、王力、馮至等人作為代表。其中，沈從文和馮至雖非一開始即加入西南聯大，但深受聯大學生愛戴，對於培育文學後進有深遠的影響力，其作品亦受文學界所重視。〔註1〕而聞一多和朱自清在聯大期間的寫作，以藝術水準而言，均未超越個人先前的成就，亦非文學史之經典佳作。不過受時代影響，學者雜文形成西南聯大文學圖景中鮮明的一角，聞、朱兩人即為箇中代表。本章將分別從他們在聯大時期的代表作為中心，了解此作品在作家個人生命歷程中處於何種地位？和作家所處時空背景存在著何種繫聯？以及這些作品在現代文學發展上的意義為何？

〔註1〕　馮至、沈從文、李廣田進入西南聯大任教的時間分別於 1939 年、1939 年、1941 年。

第一節　西南聯大文學發展概況

　　1937～1949 年，從中日戰爭到國共戰爭，在中國現代文學史的發展上，被劃歸爲「第三個十年」。〔註 2〕此劃分方式並非單純地以政治事件作爲文學分期的框架，就當時文學作品本身而言，也確實因戰爭產生了顯著的氣質變化。戰時氛圍影響作家們的思維與審美方式，強烈的責任感與使命感促使作家以「愛國」、「救亡」爲思考中心，文學向現實性和民族性迅速傾斜，創作轉而注重功利性和宣傳性。其影響所及，作品的形式趨向短小、思想主題重視民族生存和直接反映社會現實，寫作對象——讀者，從上層知識份子轉向一般大眾，甚至文學活動的傳播方式，也從精緻的書面文字變成淺顯易懂的口語，並結合多元的藝術形式發展出大量的壁報、街頭劇、朗誦詩、歌謠等，以利傳播給中下層民眾。1938 年 3 月 27 日，中華全國文藝界抗敵協會在武漢成立，提出「文章下鄉，文章入伍」的口號，鼓勵作家深入民間、深入戰爭，眞正表現民眾的生活和思想情感，獲得不同派別的作家紛紛響應。「文協」是現代文學史上一次難得的大聯合，有了共同的追求貫穿文學創作，使得「第三個十年」的文學呈現較高的相似性。

一、聯大文人群的文學作品特色

　　在煙硝味全面席捲之下，西南聯大師生自然不能自外於戰火，「文章下鄉，文章入伍」的觀念，使得聯大文人群的創作有著與文壇主流相同的趨向，包括從抒發作家個人內心情懷的浪漫主義轉向反映大眾生活、民族興亡的現實主義，重視作品的宣傳性和實用性，篇幅短小而富渲染力的雜文、街頭劇、朗誦詩風行等等。但在這樣的共性底下，聯大師生的文學創作仍有別於一般的「抗戰文藝」，其差異表現於以下數點：

　　1. 具有抽象哲理之思辨。
　　2. 知性與感性相互融合。
　　3. 展現文化底蘊之深厚。
　　4. 細膩而深刻的心理探索與自我審視。
　　5. 直接或間接地受到世界思潮之影響。

　　以上五點是息息相關、彼此牽連的。由於學者和作家兩種身份具有相通

〔註 2〕　第一個十年指的是 1917～1927 年，第二個十年指的是 1928 年～1937 年 6 月。

的先天特質，個人的學問與才情更得以相得益彰。德國思想家韋伯（Max Weber，1864～1920）曾表示：學術的專業化並非只靠冷靜的頭腦，還要靠「心和靈魂」，研究想法來自熱情的激發，「靈感在學術上的重要性，不亞於它在藝術領域中的重要性。」〔註3〕作品中的情感元素未被嚴肅的學術活動削減殆盡，而理性元素卻顯著增加，抽象哲理的思辨力提高文章的知性，這知性又與文學傳統的感性相互融合。

再者，西南聯大的教授不僅飽讀詩書且多有留學歐美的經歷，用字遣詞之精準流暢自不待言，經典、詩詞、名句、方言信手拈來，皆能巧妙地融入文章，展現深厚的文化底蘊。而西方文化的薰陶，使其作品在心理探索和自我省察方面多所嘗試，善於觀察物我關係、覺察人世間和萬物的抽象意義，並從更高遠的視角詮釋事物，文章處處可見新奇之處。這些細膩而深刻的透視，不僅止於單純的描述或情感宣洩，作者的理想、價值觀或人事褒貶均暗藏於其中。即便只是剎那的情感、晶瑩的露珠或日常生活的食衣住行，都可被賦予生命價值或歷史定位，這些就是西南聯大文學異於其他抗戰文學作品的獨特之處。

二、新詩發展

若以文體區分，新詩是西南聯大師生文學創作中較為突出的一部分。早期白話詩和詩歌評論家朱自清、新月派代表聞一多、「漢園三詩人」中的卞之琳、李廣田，以及被魯迅譽為「中國最為傑出的抒情詩人」〔註4〕的馮至，都匯集到這塊「寧靜的精神家園」〔註5〕。英國現代詩人兼文學理論學者威廉・燕卜蓀（William Empson）也在西南聯大教授「當代英語詩歌」等課程。青年學子透過課堂講授、教師譯介的著作、社團習作交流等方式，累積創作實力，亦形成一批人數不少的學生作家群，如：穆旦、杜運燮、鄭敏、劉兆吉、林

〔註3〕 轉引自陳義芝：〈台灣「學院詩人」的名與實——《學院詩人群年度詩集》綜論〉，《第一屆學院作家學術研討會論文集》（台北：國立台北教育大學語文與創作學系主辦，2007），頁20。

〔註4〕 〈中國新文學大系小說二集序〉，《魯迅全集》（北京：人民文學出版社，1981），第六卷，頁243。

〔註5〕 學者將西南聯大視為戰爭中的奇蹟，書云：「在由於物質匱乏而出現的經商狂潮中，竟然出現了相對寧靜的校園裡對精神的堅守，成為園內人極為珍惜、園外人十分嚮往的戰爭中的精神家園（聖地）。」錢理群、溫儒敏、吳福輝：《中國現代文學三十年》（北京：北京大學出版社，1998），頁444。

掄元（林元）、汪曾祺、趙瑞蕻、王佐良、袁可嘉等人。

　　身為教授的文人群，在西南聯大期間並沒有太多新詩發表。卞之琳除了為「一二‧一」運動寫下新詩〈血說了話〉，幾乎沒有新詩創作，1943 年前後，他曾傾注極大的心力撰寫小說《山山水水》，僅發表過零星片段，而這小說又被卞之琳自己燒毀，終究未能問世。〔註6〕聞一多讚賞田間的詩，稱他為「時代的鼓手」，並寫下〈詩與批評〉、〈新詩的前途〉、〈艾青與田間〉等新詩方面的評論，卻沒有留下著名詩作。朱自清亦鮮少詩作發表，但他對新詩的現狀與未來動向觀察細膩，寫下諸多分析深刻的評論，如〈抗戰與詩〉、〈新詩的進步〉、〈朗讀與詩〉等，後來集結為《新詩雜話》一書出版。教師創作中比較值得一提的是馮至，他在 1941 年完成新詩《十四行集》，不僅在格式上建立中國十四行詩的典範，其關於生命存在、體驗與生存態度等哲理思考，使人耳目一新。

　　在西南聯大的新詩發展過程中，西方現代詩所形成的衝擊佔有極重要的份量，尤其是艾略特、里爾克和奧登的詩。卞之琳寫《十年詩草 1930～1939》時，同時譯介了艾略特和奧登的一些作品；馮至譯介里爾克其人其作，並創作《十四行集》；1938 年，奧登來中國訪問，以十四行詩體寫出名作《戰時在中國作》；而燕卜蓀任教於聯大亦對現代派的詩風產生導引作用。王佐良說：「當時西南聯大文學院的講壇上，多的是有成就、有影響的學者和作家，包括幾個通過研究法國和德國文學也對歐洲現代派詩感興趣、甚至本人也寫現代派詩的人，但是，帶來英國現代派詩的新風的主要是燕卜蓀。一個出現在中國校園中的英國現代詩人，本身就是任何書本所不能替代的影響。」〔註7〕單就現代詩風而言，一個詩人存在於校園的影響尚不能被任何書本取代，更何況是一群著名詩人，在潛移默化中所能激起學生創作新詩的熱忱和感動呢？

〔註6〕　有部份討論西南聯大的文學創作的論文，如楊紹軍：《西南聯大時期的文學創作及其外來影響》，將卞之琳於 1941 出版的《慰勞信集》一併討論，筆者以為並不適當。因為《慰勞信集》乃卞之琳參訪延安之後記下的見聞與感想，當時他仍任教四川的大學，1942 年才轉往西南聯大任教，不論作品內容或者作者的創作環境都與聯大無關，因此本文不將《慰勞信集》納入討論。

〔註7〕　王佐良：〈懷燕卜蓀先生〉，轉引自張同道：〈中國現代詩與西南聯大詩人群〉，《中國社會科學》，1994 年第 6 期，頁 158。

以西方現代詩作為參照，西南聯大詩人群自覺地翻新創作手法。他們積極參與現實生活，從具體的人生表層透視人類靈魂之悸動，以多層次的美學元素表達詩歌意象，從而獲得超越時空的永恆魅力。

三、社團指導與發展

西南聯大的文學生命裡，學生社團顯得熱情活躍，兼顧著傳承和創新兩種角色。一群愛好文學的學生在聞一多、朱自清、李廣田、卞之琳等社團導師的指導下，持續而且大量的發表作品，彼此評講、交流見解，或舉辦詩歌、演講、座談等活動。根據李光榮整理，在西南聯大一百多個社團之中，純文藝性質的就有十多個，它們分別是：南湖詩社、高原文藝社、南荒文藝社、冬青文藝社、布穀文藝社、文聚社、邊風社、耕耘社、文藝社、新詩社、新河文藝社和十二月文藝社。〔註8〕此外，不以「文學」或「文藝」為名或主要宗旨的社團，也有不少從事文學活動或發表文學作品。這些社團大多有屬於自己的發表園地，或刊物，或壁報，或報紙副刊，不過第一手的出版物大多已散失，部份作品後來收錄於其他書籍，是一睹當年作品風采的主要方式，至於社團運作情形，則需透過參加社團的學生回憶文章去了解。

所有文藝社團當中，最早成立的是南湖詩社。南湖詩社聘請聞一多和朱自清為導師，以新詩的創作和研究為主，因文法學院當時在蒙自分校上課，靠近南湖而得名。組織詩社的構想起源於湘黔滇旅行團時，同學們同行、同餐、同寢，一路上打打鬧鬧，無話不談，熟知各人的性格、興趣、志向。幾位愛好詩的同學，經常聚在一起念詩、寫詩、評論古今詩人的詩作，一到蒙自，便將這些人邀集起來組織了詩社，成員可說是精英薈萃。除了發起人向長青、劉兆吉之外，還有查良錚（穆旦）、趙瑞蕻、劉綬松、周定一、林振舒（林蒲）等人。在旅行團期間，聞一多經常和同學們一起談詩，態度謙虛。他曾表示：這些年已經改行教古書（指《詩經》、《楚辭》），不作新詩了，但對新詩又尚未「絕緣」，有時讀讀青年人的詩，覺得比他自己的《紅燭》、《死水》還好。〔註9〕說這話不僅僅只是表示謙虛，聞一多受到政治思潮的影響，已逐漸轉移文學傾向，對自己三十年代名聞遐邇的作品感到「過時」，他並且

〔註8〕 李光榮：〈西南聯大早期文學社團〉，《新文學史料》（北京：人民文學出版社），
　　　　2005 年 3 期，頁 166。
〔註9〕 劉兆吉：〈南胡詩社始末〉，《聯大歲月與邊疆人文》，頁 265。

教導學生：像《紅燭》、《死水》那樣沒有活力、沒有革命氣息的作品，現在
不適合再介紹給年輕人。言下之意，是認為如果連國家都沒了，還談什麼讀
書？要年輕人勇於挑戰、勇於衝鋒陷陣、勇於走上街頭、勇於要求變革，要
告別循規蹈矩的學子模範。聞一多和朱自清也會參加南湖詩社所舉辦的全體
社員座談會，和學生們共同討論新詩的動向、新舊詩對比等問題。而作品發
表則幾乎由學生自發地分工完成，平時因經費困難多採用壁報的形式：將詩
作謄寫於稿紙，貼在牛皮紙或舊報紙上，再貼到校舍的牆上。形式雖簡陋，
卻有不少佳作，如周定一的〈南湖短歌〉、穆旦的〈園〉和趙瑞蕻的〈永嘉籀
園之夢〉……等。「每次詩刊貼出，都有許多同學、也有老師圍觀，「詩人」
們也受到鼓勵，暗暗自喜。」〔註 10〕回到昆明後，南湖詩社改名為高原文藝
社，每兩週舉行一次活動，規模更加擴大，一些作品在壁報上刊登之後又投
到報刊上發表，得以保存下來。1939 年 5 月在香港《大公報·文藝》副刊的
負責人蕭乾的倡導下，高原文藝社又更名為南荒文藝社，並把社員擴大到校
外，每週在翠湖海心亭茶室聚會一次。稿件交由蕭乾編輯發表於《大公報·
文藝》副刊，同時南荒文藝社也為鳳子在昆明編的《中央日報·平明》副刊
撰稿。「僅以作品供兩份大報的文藝副刊發表一項，就可以看出南荒文藝社的
創作質量了。」〔註 11〕

　　除了南湖詩社——高原文藝社——南荒文藝社之外，另一個重要的文學
社團是隸屬群社的冬青文藝社。冬青文藝社聘請聞一多、馮至、卞之琳、李
廣田為導師，作品刊登在林元所主編的《群聲》壁報上。冬青文藝社的作品
文鋒犀利、針對性強。壁報之外，其他作品分別編成《冬青詩鈔》、《冬青小
說鈔》、《冬青散文鈔》、《冬青文鈔》，用統一稿紙抄寫後，加上封面，裝訂成
冊，陳列在圖書館報刊閱覽室裡，讀者眾多。〔註 12〕冬青文藝社曾多次舉辦
別開生面的詩歌朗誦會，除了用普通話朗誦，也用廣東話、英語、法語、俄
語等不同韻味的語言朗誦。〔註 13〕冬青社是聯大所有社團中活動時間最長、
影響亦較大的文學社團。在這兩個大的社團之外，其他零星的小社團也認真
地在文學創作上努力耕耘。

〔註 10〕劉兆吉：〈南胡詩社始末〉，《聯大歲月與邊疆人文》，頁 265。
〔註 11〕李光榮：〈西南聯大早期文學社團〉，《新文學史料》，2005 年 3 期，頁 170。
〔註 12〕李光榮：〈西南聯大早期文學社團〉，《新文學史料》，2005 年 3 期，頁 171。
〔註 13〕李怡、黃菊：〈抗戰時期中國大後方文學的兩大取向〉，周本貞主編：《西南聯
　　　大研究》，頁 239。

　　1943 年 9 月，聞一多在唐詩課上大談田間的詩作並提倡朗誦詩，使聯大興起一股朗誦詩的潮流，新詩社即是受此風潮影響下所成立的文學社團。1944 年 4 月，何孝達（何達）、施載宣（蕭荻）、趙寶煦（白鴒）等十二位愛好朗誦詩的同學組成新詩社，請聞一多擔任詩社導師。由於朗誦詩的群眾性和開放性色彩鮮明，成員有相當一部分是聯大校外人士，也舉辦過千人以上的朗誦詩大會，其發表形式多元，有朗誦、壁報、傳單、刊於街頭、出版或發表在報刊上。〔註 14〕聞一多經常出席新詩社舉辦的詩歌創作、朗誦與討論活動，他認真直率地講評學生的詩作，也向學生侃侃而談對詩的見解。從批判中國傳統詩教，到寫詩和做人的道理，乃至於現實生活的感受、對詩社的期望，無一不談。學生將老師的教誨歸為詩社的四條綱領，由此可窺知聞一多晚期的作詩態度：

　　1. 把詩當作生命，不是玩物；當作工作，不是享受；當作獻禮，不是商品。

　　2. 反對一切頹廢的、晦澀的、自私的詩；追求健康的、爽朗的、集體的詩。

　　3. 生活的道路，就是創作的道路；民主的前途，就是詩歌的前途。

　　4. 我們之間是坦白的、直率的、團結的、友愛的。〔註 15〕

　　由學生零碎的回憶，亦不難想見社團聚會如何把年輕人凝聚在文學的園地裡。聞山在〈教我學步的人——聞一多先生逝世十周年祭〉一文裡描寫當時聚會的情景：

> 夜晚，在一座小樓上，一群喜愛詩的年輕人熱哄的聚在一起。各人帶來自己最近寫的詩，交換看著。聞先生也來了。他是大家的詩的讀者，也是臨時的批評家。房子太小，人多，又沒有凳子，於是拿稻草打成的圓墊子疊起來，靠著牆坐了一排，屏風欄上也坐滿了人。〔註 16〕

人多地方小，大家聚在一塊讀詩，從文學中取暖，也從文學中找到表達內心思想、省察中國社會文化的一條出路，為枯燥乾扁的生活找到精神寄託。

〔註 14〕 李光榮：〈西南聯大晚期文學社團〉，《新文學史料》，2006 年 1 期，頁 177。

〔註 15〕 聞黎明、侯菊坤編：《聞一多年譜長編》（武漢：湖北人民出版社，1994），頁 701。

〔註 16〕 聞黎明、侯菊坤編：《聞一多年譜長編》，頁 702。

　　學生們樂於請具備作家身份的教師擔任社團導師,聞一多、朱自清、李廣田、卞之琳、馮至等人,便經常同時擔任兩個以上的社團導師。由於社團屬於文學性質,請作家當指導教師本屬自然,不過就現有的材料觀察:擔任社團指導老師的掛名成份居多,有的一學期僅參加過兩、三次聚會,有的甚至只有成立的時候出席過,所謂的社團導師究竟能「指導」多少,令人存疑。雖然「正式課程」所傳遞的知識技能有限,但是「潛在課程」及其他方面的影響卻不容小覷。比如教師的名聲能吸引、鼓舞愛好文藝的學生,為社團達到良好的宣傳效果,而不需花費多餘的時間或心力;知名教授的思想言談、態度、價值觀,亦在非計劃內的直接、間接相處中,對學生產生關鍵性的指導作用,如聞一多與大家圍坐閣樓談詩,使學生感受隨和、不擺架子的大師風範。由於學生本身對文藝的愛好,加上名師引導、獲益高的討論會和多元的作品發表管道:社團刊物、報紙副刊專欄、街頭朗誦、校內的壁報熱等因素,將學生們緊緊繫在文藝創作這條路上,使得西南聯大的文學社團活躍且成績可觀。在不斷的學習、試驗、創新的過程中,成就了一批出色的作家。

四、小說發展

　　自抗戰爆發至四十年代中期,中國現代小說的雅俗界線較前期模糊。國統區的作家由於從沿海往內陸遷移,與農村、農民和戰爭現實接觸,加上新創辦的社團和刊物眾多,為爭取廣大讀者,小說走向通俗化,成為不可免的趨勢。作家對現實環境的反思,亦使其作品中也經常帶有諷刺與批判。西南聯大幾位寫小說的作家,在通俗、現實化的潮流下完成四十年代的代表之作,不僅在敘述技巧上採用大眾能夠接受、理解的方式,作品主題亦蘊含作者對現世的感觸或期待。如沈從文的《長河》、馮至的《伍子胥》、陳銓的《狂飆》等長篇小說有別於其他作品之處,即在現實的描寫或批判之外,採取了更寬廣的視角,並加入更深層的歷史省思和文化精神,使作品成為表達作者世界觀的方式之一。他們用知識份子的視野和理想,豐富了四十年代的小說風貌。

　　西南聯大文人群在小說創作方面有所成就的,有沈從文、李廣田、陳銓和馮至等人,其中當屬沈從文的讀者最廣,作品水準亦最高。沈從文目睹湘西社會種種變化,感到外來文化的庸俗與勢利正一步步滲透他的家園,湘西百姓原有的正直、素樸之美卻漸漸喪失,因而將離家後的鄉愁,結合這多層

次的文化失落，以及對中華傳統文化、民間底層生命力、民族品格的未來等憂患意識，構築成有別於《邊城》的湘西世界，創作出長篇小說《長河》。這部沈從文集中精力創作的小說作品，寄寓作家對故鄉湘西和整個中華民族深刻且炙熱的感情，如果拿《長河》與沈從文同時期的其他文字相互對照，如：散文、書信和文論等，將能對這位四十年代重量級的「多產作家」的思維有較多面向的認識，筆者將在第三節繼續探討。

　　沈從文在雲南期間所寫的小說相對較少，除了《長河》之外，短篇小說有〈王嫂〉、〈鄉城〉、〈笨人〉、〈鄉居〉、〈主婦〉、〈看虹錄〉、〈摘星錄〉等篇，其中〈鄉居〉、〈主婦〉、〈看虹錄〉帶有自傳式散文體小說的味道，可映照出沈從文在雲南時期的生活，惜較少研究者關注。〈王嫂〉的主角是一名勤勞沉穩的女傭，相信「生死有命，富貴在天」，雖然命運多舛，卻依然樂天知命，人物塑造真實且生動。而〈鄉城〉用半詼諧半諷刺的筆調，描寫青年服務團下鄉宣傳抗日，地方長官為了招待他們弄得人仰馬翻，王老太太的雞也被迫抓去宰來吃。然而，學生們帶來的高級知識文化，處處和鄉下老百姓格格不入，「宣傳」並未收到應有的效果。比如張貼標語用美術字來寫，看了「歪歪斜斜，不大認識」；代家屬寫信給前線軍人，卻滿紙文藝腔，用「我忠勇的健兒，時代輪子轉動了，帝國主義末日已到，歷史的決定因素不可逃避……」〔註17〕等文字書寫，不僅缺乏親切感，寄送時就連收信人的軍隊番號和駐防地點都沒有，無法寄出。故事以一種平淡的口吻作結：第二天城裡報上熱烈敘述了下鄉宣傳的成功，卻未曾提及小縣長忙成什麼樣子、花了多少錢，更不會提及王老太太失雞的小事。文末「附記」更直說：「大家都說『下鄉宣傳』，這件事自然很好。可是宣傳並不只是靠『熱情』，需要知識似乎比熱情多一些。想教育鄉下人，或者還得先跟鄉下人學學，多明白一點鄉下是什麼，與城裡有多少不同地方。」〔註18〕沈從文這類小說多少都隱含著「教育」知識份子的意味，不論是青年學生還是行政文官都不應該照搬外來的東西，自以為是地企圖「改造」鄉下人。

　　面對戰爭的體驗各有不同，沈從文選擇把現代城市和鄉村的觀點兩相對照，馮至則藉由改寫伍子胥從楚國流亡出走的歷史故事，呈現他在抗戰期間

〔註17〕　沈從文：《沈從文全集》，第 10 卷，頁 292。
〔註18〕　沈從文：《沈從文全集》，第 10 卷，頁 293～294。

的生活體會。〔註19〕馮至的中篇小說《伍子胥》，把爲父兄報仇的復仇主題以精神分析的敘述方式陳述出來，「作品著眼的不是他復仇的實際過程，而是他精神生命的『決斷』與『沉思』的過程。」〔註20〕小說選取了伍子胥出亡之後的九個場景，安排不同立場和身份的人物出現，使他從不斷的自我詰難中思索生命的意義與價值，讓他爲自己的行爲做出取捨。小說中的伍子胥有無數的理由、無數的誘惑可以放棄復仇的使命，但經過幾番抉擇，最終使他堅定方向，勇於承擔起命運所賦予他的重任。〔註21〕如同《十四行集》中令人印象深刻的「蛻變」意象，馮至把人物精神層次的新生於《伍子胥》中表現得更淋漓盡致。回應當時的時代氣氛，馮至或許想藉由《伍子胥》的故事喚醒仍在躊躇的人們，澄清所有疑慮，勉勵全中國人勇於承擔起抗戰的使命，以突顯自身存在的價值。

陳銓的作品以話劇著稱，先後創作了《黃鶴樓》、《野玫瑰》、《藍蝴蝶》、《金指環》等多幕劇，以及長篇小說《狂飆》、《衝突》等，尤以 1941 年的《野玫瑰》最受矚目，曾在各地舉行過多次公演。陳銓的政治理念豐富而深遠，有其一貫的民族主義理想，他將這種理想貫徹在文學寫作之中，因此作品大多採用與抗戰或革命有關的題材。〔註22〕《狂飆》即爲一例，全書共 37 章，由四個人的感情糾葛寫起，自 32 章起描寫重心轉向抗日戰爭，主人公在面對民族危機時，選擇犧牲小我完成大我的壯烈胸襟，表現中華民族堅貞不屈、浴血反抗的一面。

1940 年 4 月 1 日，《戰國策》雜誌創刊號出版，陳銓曾於該刊發表〈浮士

〔註19〕 馮至自述創作《伍子胥》的思想變化：我在內地的幾個城市裡流離轉徙時，有時仰望飛機的遨翔，我也思量過寫伍子胥的計畫。可是伍子胥在我的意象中漸漸脫去了浪漫的衣裳，而成爲一個在現實中眞實地被磨鍊著的人，這有如我青年時的夢想有一部份被經驗給填實了，有一部份被經驗給驅散了一般……現在所寫的和十多年前所想像的全然不同了。馮姚平編：《馮至美詩美文》，頁 147。

〔註20〕 楊紹軍：《西南聯大時期的文學創作及其外來影響》（北京：作家出版社，2007），頁 110。

〔註21〕 伍子胥陸續遇到避世隱居的楚狂夫婦、以避世心態爲官的申包胥、雖生猶死的太子健，和雖死猶生的子產等人，使他認眞思考避世/用世、在朝/在野、卑微的生/光榮的死……彼此之間的意義。他對避世的楚狂夫婦雖感到有些羨慕，但他還是愛惜自己艱苦的命運，因爲只有這艱苦的命運才屬於他自己，才能使他繼續在「出亡」的道路上感受到自己作爲個人的眞實的存在。

〔註22〕 魏朝勇：《民國時期文學的政治想像》（北京：華夏出版社，2005），頁 146。

德的精神〉、〈政治理想與理想政治〉、〈指環與正義〉、〈五四運動與狂飆運動〉、〈論英雄崇拜〉、〈民族運動與文學運動〉、〈尼采的道德觀念〉等文章，與林同濟等人同被稱爲戰國策派。戰國策派視當前爲新的戰國時代，陳銓企盼由「政治統一」的國家決定敵人，而非由政黨決定；認爲「生存意志是推動人類行爲最偉大的力量」，不但要生存，還要擁有權力，生存若沒有權力就不是光榮的生存，暗指國家「生存」和「主權」不可缺一的相互關係；中華民族必須保有浮士德的精神──對於世界人生永不滿意、不斷努力奮鬥、不顧一切、感情激烈和浪漫；而此階段的中心思想，不應是個人，也不是階級，而是民族，中國當以追求民族的自由、平等和驕傲爲新時代中心。〔註23〕陳銓希望藉由民族文學運動宣揚一種文化民族主義的精神，提倡民族文學「要採中國的題材，用中國語言」創建一種文人生活的「智識潮流」。〔註24〕由陳銓的政論文章去理解他的文學作品，較易理解其創作之意涵，可惜陳銓的政治理想難爲時人所理解，經常被誣指爲法西斯主義者流。魏朝勇對此指出：「陳銓的文化民族主義是『文學』的民族主義，『文學』的民族主義只是以文學來表達民族主義的政治倫理。『文學』的民族主義之於民族語言、生活題材與浪漫精神的薰陶，終因國家政治生存危機而成了從屬性概念。在這個角度上說，陳銓的民族主義也只能是『政治的民族主義者』的『民族認同』。」〔註25〕陳銓作品的藝術特色及其意義，仍有待研究者更進一步之探究。

　　西南聯大文人群的另一位重要小說作家是李廣田，抗戰時期著有短篇小說集《歡喜團》、《金壇子》，和長篇小說《引力》。《歡喜團》出版不久，桂林即陷落，該書大多未發出而毀於戰火，其中四篇後來再收錄於《金壇子》一書，於1946年由文化生活出版社出版。李廣田善於刻畫人物的性格特徵，他的小說多直接以抗戰作爲時代背景，表現戰時中下層人民的生活。

　　另外，學生中也有一群小說作家，包括汪曾祺、林掄元（林元）、方齡貴（辛代）、王鐵臣（田堃）、劉北汜、盧福庠（盧靜）、劉兆吉、蔡漢榮（馬爾俄）等人。學生和上述教授作家較不同之處在於創作方法上的多方嘗試，如盧靜的《夜鶯曲》採用浪漫主義的手法，汪曾祺的《待車》採用現代意識流

〔註23〕　參溫儒敏：《時代之波──戰國策派文化論著輯要》（北京：中國廣播電視出版社，1995）。
〔註24〕　溫儒敏：《時代之波──戰國策派文化論著輯要》，頁378～379。
〔註25〕　魏朝勇：《民國時期文學的政治想像》，頁146。

的手法；題材方面多從個人見聞寫起，有的反映大學生生活，有的描寫國際
友人對抗戰的支持，也有的描寫百姓生活貧富懸殊的情況，其中亦不乏佳作。

五、雜文發展

七七事變激起全國各界的愛國心，人們亟於為中國的衰弱找出藥方，就
算不能迎頭趕上強敵日本，也應當先革除社會種種弊端。由於雜文篇幅短小，
便於立即傳遞觀念、迅速反映變動不居的戰爭社會，又能尖銳地揭露社會弊
端、容易引起社會大眾的迴響。因此成為四十年代最興盛的文體，鮮少有作
家未涉及此一領域者。〔註 26〕

受時代風氣影響，西南聯大文人群幾乎人人皆曾寫作雜文。以馮至為例，
他開始撰寫雜文，是在 1942 年之後。依其說法，促使其創作發生轉向的原因
有兩個：一是現實生活的種種不合理，使他感受到寫作亦應擔負起社會責任；
二是昆明開始流行起小型週刊，發表園地多，作者和讀者也跟著變多，雜文
一時蔚為風尚。馮至說：「眼看著成群的士兵不死於戰場，而死於長官的貪污，
努力工作者日日與疾病和飢寒戰鬥，而荒淫無恥者卻好像支配了一切。我的
寫作興趣也就轉移……」〔註 27〕當時國內可刊載雜文的報紙雜誌或小型週刊
如雨後春筍，數量前所未見，最早的是《生活導報》，還有《春秋導報》、《自
由論壇》、《獨立週報》、《星期評論》、《掃蕩報》、《正義報》等。同一刊物上
往往有各式各樣、甚至相互矛盾的觀點，對於某個討論議題，可以隨時表達
自己的觀點，不像詩或散文等作品需選取題材、安排情節，得花長時間構思。
再者，這些報刊的編輯者，「善於催稿，走進門來，和顏悅色地說明來意，使
人不得不給他們寫點東西。」〔註 28〕而且撰稿人多為學者或文化界人士，論
理說事不同於一般市井評論，撰寫雜文代表某種身份認同，同時也是具有正
面影響的思想表達與對話。

〔註26〕《中國現代文學三十年》對這個時期的雜文發展作出如下的結語：在多難的
戰爭年代，雜文這種短促突擊的文體可以更直捷地與現實對話，也更能適應
讀者的需要。但雜文較之其他散文文體，更難於體現藝術個性，加上這一時
期雜文大都著眼於現實批判，而較少如魯迅那樣的深層次的文化批判與思想
批判，所以儘管有人提出過「超越」魯迅的目標，但要真正達到，是困難的。
錢理群、溫儒敏、吳福輝：《中國現代文學三十年》，頁 468。

〔註27〕馮至：〈昆明往事〉，韓耀成等編：《馮至全集》（石家莊：河北教育出版社，
1999），第四卷，頁 359。

〔註28〕馮至：〈昆明往事〉，韓耀成等編：《馮至全集》，第四卷，頁 359。

　　西南聯大作家群的雜文，在內容題材方面多少都與各自的學科有關，其中又可分爲三種表達方式。第一種是「寓社會政治批評於考證研究之中」，把對社會和政治的角度作爲研究的動力去撰寫文章，費孝通、吳晗、馮友蘭、潘光旦等人的雜文均屬此類，又以馮友蘭的文化批評，和吳晗的歷史雜文爲代表。〔註29〕第二種是「學術普及化」，將學術內容結合社會文化，以通俗平易的方式傳播出來，如羅常培的〈中國人與中國文〉、〈漢語的聲音是古今一樣的嗎〉、〈語言學在雲南〉等篇，朱自清的《經典常談》、《新詩雜話》、《語文影及其他》等，王力亦有部分文章以語言文字的源流爲引子，說明中國人的禮儀或風俗。第三種是採用學者觀點去議論種種人間相，朱自清的《人生的一角之輯》，和王力的〈看戲〉、〈跳舞〉、〈食〉、〈住〉、〈領薪水〉等篇均屬此類。

　　此外，沈從文也寫下大量的雜文，但和西南聯大文人群的其他雜文作品相較，則明顯少了些學者的書卷氣。雖身爲大學教授，沈從文也從不以教授自稱，交遊的對象也是作家多於教授同仁，在某些文章裡，他更坦率指陳對於部份大學教授作爲的不滿。人性的頹喪使沈從文充滿無奈：教授沉溺於牌桌、大學生擠到商學院註冊、女學生好吃懶做、商人囤貨大發國難財……，但他並沒有灰心喪志，用寫作保持樂觀積極的心態，希望能有助於導正人心。這一時期，他收到許多讀者來信述說各自的迷惘與困惑，沈從文一一回覆，後來這些信件結集成《雲南看雲集》。他在信中除了針對讀者的身份和疑問給予客觀的解答之外，並鼓舞青年從戰爭中體驗人生，不論何時都要有抗戰必勝的信念，民族才有翻身的希望。此外，沈從文把客居昆明鄉下的生活體驗，和思索人生各種矛盾與可能的心靈奇想，也以半散文半小說的方式記錄下來。《燭虛》、《七色魘集》、《在昆明的時候》等即屬此類創作。

　　抗戰之前潛心於學術的文壇大家──朱自清和聞一多兩人，在戰爭後期亦重新拾筆撰寫雜文。雜文的雕琢功夫少，是容易表現出個人性格與氣質的文體。聞一多把寫新詩的手法挪移到雜文，文章顯得情感澎湃，不論憤怒或慨嘆，皆給人強烈的震懾力，但是數量不多。朱自清的雜文多爲說理性散文，

───────────────

〔註29〕部分論者將馮友蘭的「貞元六書」歸爲雜文，吳晗亦以古諷今撰寫多篇歷史研究短文。吳晗的雜文如〈明代的錦衣衛和東西廠〉、〈歷史上政治的向心力和離心力〉、〈貪污史的一章〉等，後來收入《歷史的鏡子》一書。雖敘述歷史事件，但都是藉歷史事件指桑罵槐，暗諷當時國民政府的弊端，其言論明顯偏向共產黨，政治企圖鮮明，亦可視爲政治雜文。

也有些是序跋書評的文章，字句精鍊並採用口語的書寫方式，顯得樸實自然。透過這些文章，可以明顯地看出兩人在寫作特色與藝術追求上的轉向，這部份將在本章的第四節進行探討。

第二節　馮至的生命追尋與《十四行集》

抗日戰爭的第二年年底，馮至跟隨任教的同濟大學西遷，經過湖南、桂林、平樂、柳州、南寧，取道河內輾轉到達昆明，後轉入西南聯大外國語文學系教授德文。在昆明居住的七年半，對馮至而言，是一生中最意義非凡的時期。馮至晚年透過假設性的問答方式寫道：

> 如果有人問我，「你一生中最懷念的是什麼地方？」我會毫不遲疑地回答，「是昆明」。如果他繼續問下去，「在什麼地方你的生活最苦，回想起來又最甜？在什麼地方你常常生病，病後反而覺得更健康？在什麼地方書很缺乏，反而促使你讀書更認真？在什麼地方你又教書，又寫作，又忙於油鹽柴米，而不感到矛盾？」我可以一連串地回答：「都是在抗日戰爭時期的昆明。」〔註30〕

生活最苦，回憶卻最甜；書很缺乏，卻促使讀書更認真，這些相對的句子代表著昆明生活的物質低下，精神上卻意外的富足。的確，聯大時期的馮至，不僅因戰爭落腳於意料之外的雲南而更能體會杜甫的詩境，對於崇敬的德國詩人歌德、哲學家尼采、丹麥思想家基爾克郭爾、當代詩人里爾克等人的作品有了更深一層的感悟，更在這裡打破長達十年的沉默期，達到創作巔峰。〔註31〕

四十年代可說是馮至的創作黃金期。經驗的長期積澱、東西方哲理的反覆咀嚼，復加以昆明自然山水和風土人情，促使馮至的創作生涯宛如經過蟄伏、等待、掙扎、蛻變，而重獲新生，比起早期的詩作更為成熟而內斂。新

〔註30〕 馮至：〈昆明往事〉，韓耀成等編：《馮至全集》，第四卷，頁341。

〔註31〕 馮至在1927年和1929年分別出版《昨日之歌》和《北遊及其它》兩部詩集，曾被魯迅稱為「中國最傑出的抒情詩人」。但是1930年到1940年之間，馮至幾乎沒有詩作。他自述在德國留學的時候，聽亞斯丕斯講存在主義哲學，讀基爾克戈爾特的詩歌，欣賞梵訶和高更的繪畫，以極大的興趣誦讀里爾克的詩歌，而自己卻一首像樣子的詩也寫不出來，回國後面對社會混亂的現象，「寫不出來的情況依然持續著」，甚至認為「與文學好像已經失掉了關係」。1941年偶然寫出一首變體的十四行詩，便順勢而發，重回創作之路。

詩《十四行集》（1941年）、中篇小說《伍子胥》（1942年）和散文集《山水》
的部分篇章，都是這個時期的代表作。此外，馮至同時在《生活導報》、《中
央日報》、《雲南日報》等報刊，也相繼發表了近五十篇時事短評和文化雜文。

一、《十四行集》與楊家山林場茅屋

空襲頻繁的緣故，馮至「疏散」到昆明市郊的一座林場，《十四行集》的
出現和這座林場關係匪淺，其中許多意象乃取自於林場內或昆明近郊的自然
景物和風土人情，馮至曾感恩地回憶道：

> 那裡的一口清泉，那裡的松林，那裡林中的小路，那裡的風風雨雨，
> 都在我的生命裡留下深刻的印記。我在40年代初期寫的詩集《十四
> 行集》、散文集《山水》裡個別的篇章，以及歷史故事《伍子胥》都
> 或多或少地與林場茅屋的生活有關。換句話說，若是沒有那段生活，
> 這三部作品也許會是另一個樣子，甚至有一部分寫不出來。〔註32〕

林場由一位同濟大學學生吳祥光的父親所經營，位於楊家山上，故常有人稱
之楊家山林場。據馮至描述，林場周圍約有二十里，種植著松樹、樅樹，還
有尤加利樹，進入林場的小徑兩旁是茂密的松林。馮至看中這裡「空氣新鮮，
特別幽靜，不僅可以躲避空襲，也是『療養』的好地方。」〔註33〕他經常邀
請朋友來此作客，向客人誇讚「松林被陽光蒸發出來的香氣是多麼健康，路
旁的小草、尤其是別處罕見的鼠曲草是多麼謙虛而純白，走到高處，眺望滇
池有如一面明鏡，是多麼心曠神怡。」馮至在林場茅屋越住越感到親切，而
這親切之感是住在城裡難以想像的，他說：「在這裡，自然界的一切都顯露出
來，無時無刻不在跟人對話，那真是風聲雨聲，聲聲入耳，雲形樹態，無不
啓人深思。」〔註34〕

楊家山林場的周遭環境勾起馮至對生命的感觸，某天在往返林場和學校
的路途中，偶然打動了馮至塵封已久的詩心：

> 1941年我住在昆明附近的一座山裡，每星期要進城兩次，十五里的
> 路程，走去走回，是很好的散步。一人在山徑上、田埂間，總不免
> 要看，要想，看的好像比往日格外多，想的也比往日想的格外豐富。

〔註32〕馮至：〈昆明往事〉，韓耀成等編：《馮至全集》，第四卷，頁355。
〔註33〕馮至：〈昆明往事〉，韓耀成等編：《馮至全集》，第四卷，頁352。
〔註34〕馮至：〈昆明往事〉，韓耀成等編：《馮至全集》，第四卷，頁353。

　　那時，我早已不慣於寫詩了……。但是有一次，在一個冬天的下午，

望著幾架銀色的飛機在藍得像結晶體一般的天空裡飛翔，想到古人

的鵬鳥夢，我就隨著腳步的節奏，信口說出一首有韻的詩，回家寫

在紙上，正巧是一首變體的十四行。〔註35〕

每星期必須來回路程有十五里的楊家林場和西南聯大兩次，換言之，每週即

有步行六十里（約三十公里）的時間，可以讓馮至一邊領略自然風光，一邊

天南地北地馳騁思緒。這樣的山光水色和完整而規律的獨處時間，無疑提供

馮至絕佳的思考空間。我們可以推測在這個例行的散步時間，馮至的心是安

適的，雖然所見的是因戰爭而出現的銀色飛機，卻並不感到心煩，湛藍天空

和飛機一相襯，反而使他想起了古人的鵬鳥夢，展開一場古今心靈對話，寫

下了《十四行集》的第八首詩〈一個舊日的夢想〉。〔註36〕

　　這個偶然的開端，促使馮至內心一種「感恩」的情愫開始發酵，迎風搖

曳的花草、善思考的哲學家、一聲哭泣、一場狂風暴雨……，這些豐富生命

的珍貴體驗，馮至想為他們留下紀念。

　　有些體驗，永遠在我腦裡再現，有些人物，我不斷地從他們那裡吸

收養分，有些自然現象，他們給我許多啟示。我為什麼不給他們留

下一些感謝的紀念呢？〔註37〕

因此，從「不朽的人物」到「村童農婦」，從「千古名城」到「飛蟲小草」，

從「個人生活」到「許多人共同的遭遇」，馮至都為他們寫出一首詩。一年下

來，共完成了二十七首，經整理謄錄，匯集成《十四行集》，於 1942 年由桂

林明日出版社出版。

二、《十四行集》與馮至四十年代的生命追尋

　　《十四行集》收錄了馮至在 1941 年所寫的二十七首詩作，它不僅對馮至

個人來說是重拾詩筆的重要轉折，也是中國第一部成熟的十四行詩集，在新

〔註35〕馮至：〈《十四行集》序〉，收錄於韓耀成等編：《馮至全集》，第一卷，頁213。

〔註36〕詩文如下：是一個舊日的夢想／眼前的人世太紛雜／想依附著鵬鳥飛翔／去
和寧靜的星辰談話／／千年的夢像個老人／期待著最好的兒孫——／如今有
人飛向星辰／卻忘不了人世的紛紜／／他們常常為了學習／怎樣運行，怎樣
降落／好把星秩序排在人間／／便光一般投身空際／如今那舊夢卻化作／遠
水荒山的隕石一片。韓耀成等編：《馮至全集》，第一卷，頁223。

〔註37〕馮至：〈《十四行集》序〉，韓耀成等編：《馮至全集》，第一卷，頁214。

詩發展史上具有里程碑的意義。就形式而言，十四行詩分作四段，各段行數為「四——四——三——三」。馮至引用李廣田在〈沉思的詩——論馮至的《十四行詩集》〉的話：「它的形式層層上升而又下降，漸漸集中而又解開，以及它的錯綜而又整齊，它的韻法之穿來而又插去」，表示十四行詩起、承、轉、合的結構，正巧適合表現所欲表現的思想，能夠「把思想接過來，給一個適當的安排。」〔註38〕到了晚年他仍再度述說自己並非有意將十四行詩的形式移植到中國，只不過這個形式幫助了他：像宋代的詞人常常翻新唐人的詩句填在自己的詞裡那樣，完全是由於內心的同感，不是模仿，不是抄襲。〔註39〕留學德國、深受德國詩人里爾克影響的馮至，把德國式的哲學情思放入詩中，因而他的詩裡充滿對生命的存在、生命的價值、宇宙的遼遠和片刻、個體的燦爛與孤寂等沉思性的感悟。

（一）從里爾克找到生命的啟示和理想的自我

里爾克深深打動馮至是在1931年之後的事。里爾克的《祈禱書》（1905）、《新詩》（1907）、《布里格隨筆》（1910），晚年的《杜伊諾哀歌》（1923）、十四行詩，和動人的書簡，令馮至深深著迷，以至於「完全沉在 Rainer Maria Rilke 的世界中，上午是他，下午是他，遇見一兩個德國學生談的也是他」〔註40〕，把別的書都丟開，專心一意研讀里爾克。馮至在給楊晦、廢名和陳祥鶴的信中表示，他從里爾克的全集（三本詩集、兩本散文、一本翻譯）中，看到了「理想的詩」、「理想的散文」以及「理想的自我」。〔註41〕這個自我不再是恐懼的、膽怯的、自卑的或虛榮的，而是整個的、純潔的、可愛的、謙虛的。他說：

> 自從讀了 Rilke 的書，使我對於植物謙遜、對於人類驕傲了。現在我再也沒有那種沒有出息「事事不如人」的感覺。同時 Rilke 使我「看」植物不卑不亢，忍受風雪，享受陽光，春天開它的花，秋天結它的果，……那真是我們的好榜樣。（因此我想把「馮至」的名

〔註38〕　馮至：〈《十四行集》序〉，韓耀成等編：《馮至全集》，第一卷，頁214。

〔註39〕　馮至：〈在聯邦德國國際交流中心「文學藝術獎」頒發儀式上的答辭〉，韓耀成等編：《馮至全集》，第五卷，頁205。

〔註40〕　馮至致楊晦信函，1931年3月15日，韓耀成等編：《馮至全集》，第十二卷，頁117。

〔註41〕　馮至致楊晦信函，1931年4月10日，韓耀成等編：《馮至全集》，第十二卷，頁118。

字廢去，還恢復我的「馮承植」了——請不要笑我孩子氣。）所以
我也好好鍛鍊我的身體、我的精神，重新建築我的廟堂。外邊的世
界我不知道怎樣了，——同時我也像是深一點地知道它是怎樣了。
〔註42〕

馮至自覺到里爾克的作品使他從怯懦變得不卑不亢，進而想要鍛鍊自我的身
體和精神，使自己能夠站在平等的位置靜觀外在世界，用原始的眼睛重新發
現物體的靈魂。里爾克曾發出這樣的疑問：「人類有史以來幾千年是過於浪費
了」，「我們到底是發現了什麼呢？圍繞我們的一切不都幾乎像是不曾說過，
多半甚至於不曾見過嗎？對著每個我們真實觀看的物體，我們不是第一個人
嗎？」〔註43〕這種思考影響馮至創作《十四行集》時，把一些從未被人注意
的宇宙萬物，捧在手裡小心翼翼地觀看。他要向里爾克學習：懷著純潔的愛，
靜聽宇宙萬物的有聲或無語，分擔他們被人們所漠視的命運。

　　里爾克對馮至自我生命探尋的啓發，在詩歌創作與生命存在的關係上得
到另一次驗證。馮至在整個三十年代沒有詩歌創作，曾為此創作危機苦惱，
幾乎要放棄詩的寫作。而里爾克在給一個青年詩人的信裡說：

探索那叫你寫的原因，考察它的根據是不是盤在你心的深處；你要

坦白承認，萬一你寫不出來，是不是必得因此而死去。〔註44〕

馮至認為里爾克的話「擊中了他的要害」，詩不僅僅是一種藝術形式，同時也
是與自己內心深處緊緊相繫的有機體。在《布里格隨筆》中，里爾克講到法
國詩人阿維爾斯在臨死前聽見照顧他的修女說錯了一個單詞的字母，詩人為
了糾正這個錯誤，把死亡推遲了一瞬間。因為「他是詩人，他憎恨『差不多』」，
對他而言，這件事與真理攸關，他不願意帶走這個令他不安的印象，讓世界
繼續敷衍下去。〔註45〕把作詩視為嚴肅而困難的工作，謹慎而清醒地去完成
它，徹底改變了馮至創作新詩的態度。

〔註42〕 馮至致楊晦信函，1931 年 4 月 10 日，韓耀成等編：《馮至全集》，第十二卷，
　　　　頁 121。
〔註43〕 馮至：〈里爾克——為十週年祭日作〉，韓耀成等編：《馮至全集》，第四卷，
　　　　頁 85。
〔註44〕 馮至：〈在聯邦德國國際交流中心「文學藝術獎」頒發儀式上的答辭〉，韓耀
　　　　成等編：《馮至全集》，第五卷，頁 199。
〔註45〕 馮至：〈在聯邦德國國際交流中心「文學藝術獎」頒發儀式上的答辭〉，韓耀
　　　　成等編：《馮至全集》，第五卷，頁 199。

馮至多次在書信或文章中讚嘆里爾克所帶給他的感動，並且認爲中國青年們同樣可以從里爾克這裡獲得啓發。馮至表示：

> 現在中國的青年生活是盲目的，沒有嚮導。現代中國人絕大多數離人的本性太遠了，以致無法認清現實的命運。——青年們現在正陷於錯誤和混亂之中，我的責任是翻譯一些里爾克的作品，好讓他們通過里爾克的提示和道路得到啓發，拯救自己，以避免錯誤和混亂……〔註46〕

馮至通過里爾克得到頓悟式的精神收獲，找到觀照生命更適切的位置，也希望缺乏精神嚮導的中國青年能從中獲益。譯介里爾克的作品，成爲馮至責無旁貸的自我期許。

（二）由小景物照見大宇宙

從里爾克那裡，馮至學會了「觀看」。里爾克認爲：

> 我們必須觀看許多城市，觀看人和物，我們必須認識動物，我們必須去感覺鳥是怎樣飛翔，知道小小的花朵在早晨開放時的姿態。我們必須能夠回想：異鄉的路途、不期的相遇、逐漸臨近的別離；回想那還不清楚的童年的歲月；……想到兒童的疾病……想到寂靜、沉悶的小屋內的白晝和海濱的早晨……〔註47〕

里爾克不僅無所不看，而且也認爲「詩需要的不是情感，而是經驗」，因此「沒有一事一物不能入詩」。長期受到里爾克的精神薰陶，使得馮至在《十四行集》的觀看與沉思，和里爾克的影響緊緊相繫，更有論者提出：《十四行集》是馮至自己歸納出來的里爾克詩學的寫作實踐。〔註48〕

馮至深深服膺「詩是經驗」的詩學觀念，日常事物在他眼裡也充滿了不一樣的詩性思考。《十四行集》便經常以小景物或小人物作爲描寫對象，從中體悟宇宙世間的大道理，哲理深刻，毫無說教意味或宗教色彩。這些對象包括躲警報的人們、原野裡啼哭的村童或農婦，包括自然界的動植物：飛蟲、

〔註46〕 馮至致鮑爾信函，1931 年 9 月 10 日，韓耀成等編：《馮至全集》，第十二卷，頁 147。

〔註47〕 馮至：〈里爾克——爲十週年祭日作〉，韓耀成等編：《馮至全集》，第四卷，頁 86。

〔註48〕 陳太勝：《象徵主義與中國現代詩學》（北京：北京大學出版社，2005），頁 189。

初生的小狗、有加利樹、鼠曲草和蛻化的殘殼〔註49〕，也包括無生命的小橋、小路，以及案頭擺設的用具等等。從昆蟲渺小而短暫的生命歷程，馮至領悟到生命貴在精妙而不在長久；從出生的小狗和昆蟲的飛翔感受到新生的喜悅，「在深夜吠出光明」；從威尼斯水城的小橋，領悟到人與人就像一座座寂寞的島，需要良好的溝通，才能化解彼此之間的距離；從有加利樹高聳的身軀，對照出人類的渺小與卑微；從一叢白茸茸的鼠曲草，祈禱人的一生也能如此高貴而潔白……。馮至留心於生活周遭，在他眼裡，日常所見的微小事物都可以成為人類的經驗。而這種觀念和他的生活態度相互滲透，以致於時時感到「我們的身邊有多少事物／向我們要求新的發現」，不由得「終日在些靜物裡／不住地思慮」。

馮至在里爾克的詩歌裡找到了與他生命內在相符合的觀念和形式，而昆明的自然景物和風土人情又提供了馮至適宜選取的意象。除了抱持上述「觀看」和「經驗」的詩學觀念，戰爭的社會一瞥、人的孤獨和寂寞、生死與存在的探討，都是《十四行集》重要的思想主題，其思想又透過小草、小路、動物的蛻變和新生等意象，得到鮮明的體現。以小路為例，《十四行集》不少地方將「小路」入詩，第七首〈我們來到郊外〉把躲警報的市民從大街小巷湧來郊外的景象，比喻成河水融成一片大海，而昆明那些分歧的街衢則是一條條源頭各異的河道；第十六首〈我們站立在高高的山巔〉用到了三次「蹊徑」；第十八首〈我們有時度過一個親密的夜〉寫的是寄居旅舍的感觸，我們無從認識房間的白晝，遑論它的過去和未來，僅依稀記得我們「在黃昏時來的道路」，當作對它的認識。這些「小路」分別象徵人生的不同際遇和不同抉擇的生命轉彎處，時而聚首，時而分離回到各自崗位；時而化身為蹊徑上行人生命的一部分；時而在不經意的人生旅程中，交織成潛意識中隱藏的愛與恨、過去與將來。而〈原野的小路〉和〈我們天天走著一條小路〉更以「小路」為主題進一步開展：

〔註49〕 鼠曲草和有加利樹帶給馮至不同的感受：鼠曲草在歐洲是屬於名貴的小草，非登上阿爾卑斯山的高處不能採擷，在昆明「卻是每逢暮春和初秋一年兩季地開遍了山坡」。馮至喜愛那有白色茸毛的花朵，謙虛地雜在亂草中間。但這「謙虛裡沒有卑躬，只有純潔；沒有矜持，只有堅強。」相對地，看著高聳直立、時時都在生長的有加利樹，則感到「自己的靈魂有些擔當不起，感到悚然，好像對著一個崇高的嚴峻的聖者，你不隨著他走，就得和他離開，中間不容有妥協。」馮至：〈一個消逝了的山村〉，韓耀成等編：《馮至全集》，第三卷，頁48～49。

你說，你最愛看這原野裡／一條條充滿生命的小路，／／是多少無名行人的步履／踏出來這些活潑的道路。／／在我們心靈的原野裡／也有幾條婉轉的小路，／但曾經在路上走過的／行人多半已不知去處：／／寂寞的兒童、白髮的夫婦／還有些年紀輕輕的男女，還有死去的朋友，他們都／／給我們踏出來這些道路；／我們紀念著他們的步履／不要荒蕪了這幾條小路。〈原野的小路〉（第十七首）

詩文從「行人的步履踏出原野的小路」做爲引子，探索心靈之路。親人、朋友、有過一面之緣的路人，……在我們的生命裡留下足跡，提醒我們要時時反省自我，把過去喜怒哀樂的種種人生滋味放在心上，才能知足、惜福、感恩，別讓心靈的小路荒蕪了。而另一首以「小路」爲題的詩作，意境全然不同：

我們天天走著一條熟路／回到我們居住的地方；／但是在這林裡面還隱藏／許多小路，又深邃、又生疏／／走一條生的，便有些心慌，／怕越走越遠，走入迷途，／但不知不覺從樹疏處／忽然望見我們住的地方／／像座新的島嶼呈在天邊。／我們的身邊有多少事物／向我們要求新的發現：／／不要覺得一切都已熟悉，／到死時撫摸自己的髮膚／生了疑問：這是誰的身體？〈我們天天走著一條小路〉（第二十六首）

這首詩把「路」比喻成「經驗」，即使是相同的經驗，在不同的時空、從不同角度觀看、解讀，也會具有不同意義，何況還有許多「深邃又生疏的小路」我們還沒走過呢！而人們習常苟安的心態也容易錯失體察新事物的契機，因此要有冒險的精神，時時惕勵自己保持清醒的頭腦，冷靜分析，不要以爲一切已經熟悉。《十四行集》從諸多角度詮釋或引用「路」的意象，以致於德國漢學家顧斌認爲：馮至的十四行詩是關於「路的哲學」的詩。〔註50〕

　　至於「蛻變」也是馮至經常重複使用的意象。《十四行集》有三首詩作採用「蛻變」的意象，第二首即以〈什麼能從我們身上脫落〉爲詩名，強調人與自然的和諧：要把我們安排在自然裡，像蟬蛻化的殘殼丟在泥土裡那樣。第十三首〈歌德〉則設問：「你知道飛蛾爲什麼投向火焰？蛇爲什麼脫去舊皮才能生長？」點出他自己之所以看重「蛻變」，是由於「死和變」道破一切生

的意義。四十年代初期，馮至除了《十四行集》之外還寫了不少作品，包括中篇小說《伍子胥》。這部小說以一個為父兄報仇的歷史故事為題材，著重表現伍子胥的內心歷程，透過幾組生命具有相對意義的人物引發伍子胥的反思，使他在「沉思」與「決斷」中思考逐漸成熟，獲得新生。在主人翁沉思的過程中，有一段自白也同樣用「蛻變」的意象來描述：

> 蟬在蛻皮時的那種苦況，子胥深深地體味到了；舊皮已經和身體沒
> 有生命上深切的關聯，但是還套在身上，不能下來；新鮮的嫩皮又
> 隨時都在渴望著和外界的空氣接觸。子胥覺得新皮在生長，在成熟，
> 只是舊皮什麼時候才能完全脱卻呢？〔註51〕

這裡的舊皮是比喻人思想的一部分，雖有新的思想衝擊，汰除舊的思想仍需要一番掙扎。「蛻變」的思考來自歌德，馮至認為在變化多端的戰爭年代，經常感到有「拋棄舊我迎來新我」迫切需要，因此對反應「蛻變論」思想的作品都頗有同感。〔註52〕曾有論者提出：歌德所影響馮至的「蛻變論」和「反否定的精神」，其重點在於人格的塑造與主體意識的豐富和發展。強調人的一生應當是在不斷超越自我和自我否定中發展和變化，從衝突中求和諧，從片段達到完整，經過無數迷途，最終成為一個「完整的人」。〔註53〕由此可呼應到馮至四十年代的經歷產生的思想轉折，不也是他生命中的一次「蛻變」嗎？

（三）與先賢對話追求生命燦爛的收束

《十四行集》的詩題有兩類特別突出，一類是前述關於鼠曲草、昆蟲、小狗、小橋流水、小路等自然景物，另一類則是馮至的精神導師，包括北大校長蔡元培、文化先驅魯迅、唐代詩人杜甫、德國哲學家歌德和畫家梵訶，共有五首。〔註54〕

這群人物的生存時間、空間或者肩負的社會責任和馮至並不相同，馮至彷彿穿越了時空，與私淑的先賢對話。詩中直接使用第二人稱「你」，頌讚每一位人物。他對杜甫說：「你在荒村里忍受飢腸，／你常常想到死塡溝壑，／

〔註51〕 馮至：〈伍子胥〉，韓耀成等編：《馮至全集》，第三卷，頁398～399。
〔註52〕 馮至曾概括歌德對自己的影響是：蛻變論、反否定精神、向外又向內的生活。〈《論歌德》的回顧、説明與補充〉，韓耀成等編：《馮至全集》，第八卷，頁5～7。
〔註53〕 段美喬：〈「工作而等待」：論四十年代馮至的思想轉折——馮至先生誕辰一百週年紀念〉，《文學評論》，2006年第1期。
〔註54〕 梵訶，1853～1890，荷蘭畫家，與高更、塞尚並列為後印象派畫家的代表，今譯梵谷。

你卻不斷地唱著哀歌／爲了人間壯美的淪亡」（第十二首）；對歌德說：「你生
長在平凡的市民的家庭／你爲過許多平凡的事物感嘆，／你卻寫出許多不平
凡的詩篇；／你八十年的歲月是那樣平靜，／好像宇宙在那兒寂寞地運行，
／但是不曾有一分一秒的停息」（第十三首）；又對梵谷說：「這中間你畫了吊
橋，／畫了輕盈的船：你可要／把些不幸者迎接過來？」（第十四首）由這些
詩作，不難發現馮至在面對自強不息的大宇宙所映照出的「生命的暫住」和
「無法把握的實在」時，必須尋求心靈對話的對象，從中獲得寄託，或者解
脫。他試圖以楷模人物和自然的和諧秩序，作爲特定社會政治時空下，個體
生存的一種參照方式，力求個體生命按照宇宙的大規律自然地消長，像有加
利樹和鼠曲草那樣生長，也像這群使他領受啓示的先賢們。〔註55〕

　　如同第一首所表現的，小昆蟲經過一次交媾或抵禦一次危險，便完成一
道美麗的生命彩虹，「追求生命燦爛的收束」是馮至《十四行集》重複出現的
概念之一。1941 年 3 月 5 日──蔡元培逝世一週年紀念日，馮至寫下〈蔡元
培〉，詩文云：

> 你的姓名常常排列在
> 許多的名姓裡邊，並沒有
> 什麼兩樣，但是你卻永久
> 暗自保持住自己的光彩：
> 我們只在黎明和黃昏
> 認識了你是長庚，是啓明，
> 到夜半你和一般的星星
> 也沒有區分：多少年輕人
> 從你寧靜的啓示裡得到
> 正當的死生。如今你死了，
> 我們深深感到，你已不能
> 參加人類的將來的工作──
> 如果這個世界能夠復活，
> 歪扭的事能夠重新調整。（第十首）

黎明和黃昏時分，光線的明暗最難掌握，象徵的是前途不明朗、充滿困惑的
時代，只有在這種時候才能突顯領航者的可貴。「從你寧靜的啓示裡得到正當

〔註55〕 張輝：《馮至：未完成的自我》（北京：文津出版社，2004），頁 97。

的死生」一句，更點出了有限的生命因「正當的死生」，而得以演化出無窮的契機，成就無限的光芒。因此馮至將蔡元培比作長庚星和啓明星，雖不耀眼，卻能「暗自保持住自己的光彩」。在〈杜甫〉中，馮至如此比喻：「像一件聖者的爛衣裳，／就是一絲一縷在人間／／也有無窮的神的力量」（第十二首），其光彩足以照耀後人且能恆久不滅。

　　與精神導師對話的一系列詩作中，隱含著「追求生命燦爛的收束」的主題，和歌詠小景物的其他詩作遙相呼應，成爲《十四行集》一個重要基調。戰爭的社會環境下，各階層都有爲了己身利益而奸佞巧詐的投機份子，越是在困頓的時刻，越能深刻感受到「正當的死生」的偉大。作爲一位詩人，馮至透過歌頌文化名人和小生命，描繪出「平凡中的壯美」，期許每個生命都像鼠曲草一樣：過一個渺小的生活，／不辜負高貴和潔白，／默默地成就你的死生。（第四首）

　　《十四行集》甫出版，便受人矚目。朱自清認爲這部詩集「建立了中國十四行的基礎，使得向來懷疑這詩體的人也相信它可以在中國詩裡活下去。」〔註56〕李廣田亦以專文評論之，寫下〈沉思的詩——論馮至的《十四行詩集》〉，稱讚馮至的詩是「沉思的詩」，並強調「生活得最好的，最理解生命的人」，也就是能發掘事物最深最遠的意義的人，那可被發掘的意義不在別處，就在我們的腳所踐履的土地——生長一切也埋葬一切的土裡。〔註57〕馮至既能從身邊事物體悟出深遠的涵義，又能將它表現了出來，不僅是詩人，更是一位哲人。生存與死亡、眞實與虛幻、親密與生疏……等，這些關於生命存在狀態的反覆思考和追問，拉高了馮至對生命自覺的思考層次，表露出一種積極的人生態度，其藝術技巧更使《十四行集》享譽國際，而這一切蛻變的開端仍須感謝昆明的山水。

第三節　沈從文的社會關懷與《長河》

　　沈從文的作品始終忠於自己的生活。最初，將描寫兵士生活和情感的作品帶進小說界，繼以構築自給自足式的湘西世界，建立起中國文學現代地域敘事的一種典範。在八十年代學界所掀起的「沈從文熱」，更抬升了他作爲本土作家的獨特性，並推崇他爲湘西文化的代言人。

〔註56〕朱自清：〈詩的形式〉，《新詩雜話》，收錄於《朱自清全集》第二卷，頁398。
〔註57〕李廣田：〈沉思的詩——論馮至的《十四行詩集》〉。

　　然而，沈從文的思想卻不盡然像《邊城》那般與世無爭，隨著名聲越大，他企圖改造社會的野心也就越大。他不只一次在書信中表露視文學為永恆事業的自我期許，在給妻子的信上寫著：「我的唯一成就，或者還是一些篇幅不大的小冊子。我的理想，我的友誼，我的熱情，我的智慧，也只能用在這一堆小冊子上。」〔註58〕1942 年給大哥的家書又寫到：「我正想好好的來個十年工作計畫，每年來寫一兩本好書。我總若預感到我這工作，在另外一時，是不會為歷史所忽略遺忘的，我的作品，在百年內會對於中國文學運動有影響的，我的讀者，會從我作品中取得一點教育的。」〔註59〕聯大時期，沈從文的情感是極其矛盾的：厭惡知識份子的某些作為，卻躋身國立大學教授之列；不相信共產黨的集體神話，卻也看不慣國民政府官官勾結的腐敗現象；不論身為作家還是學者，必須在都市裡求生存，但是又憎惡都市追求時髦、功利的價值觀。面對一切不如意，他無能為力，但他仍熱愛生活在這塊土地上的中國人，故「預備用這枝筆來與流行風氣和歷史上陳舊習慣、腐敗勢力作戰」。他時時提醒自己要削弱這些醜惡的力量也同樣是一種戰爭：「我無一時不在戰爭中，無一時不在抽象與實際的戰爭中，推挽撐拒，總不休息。……相信一切由庸俗腐敗小氣自私市儈人生觀建築的有形社會和無形觀念，都可以用文字作為工具，去摧毀重建。」〔註60〕雖然孤獨、艱辛、沒有盡頭，但要為此而戰。

　　結合民族、文化、道德觀的「戰鬥」思想，應是理解三十年代末至四十年代的沈從文的最佳切入點。他不僅不厭世，反而還充滿著積極入世的情懷。而最能容納沈從文此時複雜情感的作品，當屬抗戰時期創作的唯一一部長篇小說──《長河》。

〔註58〕沈從文：〈致張兆和〉，1938 年 8 月 19 日，《沈從文全集》，第 18 卷，頁 330。
〔註59〕沈從文：〈致沈雲麓──給雲麓大哥〉，1942 年 9 月 8 日，《沈從文全集》，第 18 卷，頁 410。沈從文在這封家書還寫道：「眼看到並世許多人都受不住這個困難試驗，改了業，或把一枝筆用到為三等政客捧場技術上，謀一官半職，以為得計，唯有我尚能充滿驕傲，心懷宏願與堅信，來從學習上討經驗，死緊捏住這枝筆，且預備用這枝筆來與流行風氣和歷史上陳舊習慣、腐敗勢力作戰，雖對面是全個社會，我在儼然孤立中還能平平靜靜來從事我的事業。我倒很為我自己這點強韌氣概慰快滿意！」由此可知沈從文以文學作為人生事業，並佐證後文欲以文學作品和全社會「作戰」的企圖心。
〔註60〕沈從文：〈長庚〉，《沈從文全集》，第 12 卷，頁 39。

一、描繪被時代大力曲屈的靈魂：《長河》的創作緣起

1937 年戰爭爆發之後，沈從文和楊振聲、朱光潛、錢端升、梁宗岱等人乘火車南下。12 月，由長沙，經常德，來到他稱之為第二故鄉的沅陵，在大哥沈岳霖的新居停留了大約四個月，這對他而言，是第二次的精神洗禮。沈從文更深一層的省思現代性對家鄉的衝擊。

1934 年冬天，沈從文因事回湘西，感到故鄉的一切都不同了：表面上看來，事事物物都有了極大進步，仔細注意，便見出在變化中墮落趨勢。最明顯的事，即農村社會所保有那點正直素樸人情美，快要消失無餘，代替而來的卻是近二十年實際社會培養成功的一種唯實唯利的庸俗人生觀。〔註61〕沈從文在給妻子張兆和的家書中表示家鄉的轉變令他十分感慨，是「使我這出門過久的人很難過的事」〔註62〕，因此促使他寫下《邊城》和《湘行散記》，希望從人物的正直和熱情重新燃起年輕人的自信心和自尊心，並冀望在另一部作品「把最近二十年來當地農民性格靈魂被時代大力壓扁曲屈失去了原有的素樸所表現的式樣，加以解剖與描繪。」〔註63〕沅陵住處恰居水路要衝，見聞復多，對於湘西在戰爭下的變遷，以及民族品德和地方上早已存在的種種問題，得以和他三年前的觀察相互對照並驗證。在沅陵的短暫停留，勾起沈從文繼續構築湘西世界並思考其未來的熱忱。1938 年 4 月，甫定居春城，沈從文便開始構思如何創作這部被賦予著時代與民族關係等重大意義的作品。

《長河》原本預計寫六萬字，大約一部中篇小說的篇幅，下筆之後發現這些字數不足以容納他對時代變動的觀察，打算改為四卷本的長篇小說。〔註64〕

〔註61〕 沈從文：《長河》，《沈從文全集》，第 10 卷，頁 3。

〔註62〕 沈從文：〈湘行書簡・感慨之至〉，《沈從文全集》，第 11 卷，頁 204。

〔註63〕 沈從文：《長河》，《沈從文全集》，第 10 卷，頁 5。

〔註64〕 關於創作《長河》的構想與態度可見於沈從文的往來書信。1938 年 7 月，他在給妻子的信中寫道：「我用的是辰河地方作故事背景，寫桔園，以及附屬於桔園生活的村民，如何活，如何活不下去；如何變，如何變成另外一種人。預備寫六萬字。」、「我寫了《長河》五個頁子，寫一個鄉村秋天的種種……我想起數千年前人住在洞穴裡，睡在洞中一隅聽雷聲轟響所引起的情緒。同時也想起現代人在另外一種人為的巨雷響聲中所引起的情緒。我覺得很感動。唉！人生。這宏大聲音，令人對歷史感到悲哀，因為他正在重造歷史。」到了 1942 年 5 月給大哥沈岳霖的家書中又寫道：「《長河》已成十三萬字，不久可付印。」「《長河》有三十萬字，用呂家坪作背景。」「最近在改《長河》，一連兩個禮拜，身心都如崩潰，但一想想，該作品將與一百萬或更多讀者對面，就不敢不謹慎其事了。」沈從文：《沈從文全集》，第 18 卷，頁 313、316、402。

然而，沈從文並沒有如願，只完成了第一卷。儘管如此，《長河》第一卷是沈從文所有作品中規模最大、用力最深的一部，不僅受到人們廣泛的關注，也獲得極高的評價，《長河》也是他文學生涯的最後一部長篇小說。《長河》所涵蓋的藝術層面，較《邊城》更爲複雜且多面向，同時，它把四十年代「與歷史、文化甚至政治語境絞結糾纏的沈從文」、「熱切思考和回應現代性和民族國家問題的沈從文」〔註 65〕集中地映現出來。帶有文化關懷和政治熱情的作家沈從文，無疑和現實生活中的沈從文更爲契合，佐其同時期其他文字論述，和兩次文學論爭中（反對革命八股文學、反對作家從政）總是居於中心並勇於迎戰的態度，即可明顯地認識到沈從文絕非僅僅甘於作爲一位「鄉土景觀的紀錄人」。

二、新生活運動：《長河》的政治符碼

辰河、《申報》和「新生活運動」，無疑是貫穿《長河》主線的幾個關鍵詞彙。吳曉東曾提出：《長河》頻繁使用的《申報》字樣，作爲現代大眾傳媒符碼，以其「眞實性」與權威性的幻覺，實行對社會輿論空間的宰控；而「新生活運動」作爲政治文化的鮮明符碼，既表現了外部世界的重大事件對湘西的影響，又標誌著作者潛在的政治關懷。〔註 66〕沈從文如何把這三個各具意義的詞彙串連起來，又如何呈現作爲政治符碼的「新生活運動」，是我們理解沈從文此時對政治態度的一個參照點。

辰河是長江支流沅水流域的一條小支流。支流的支流，在現實版圖中實爲偏僻且微不足道，不過辰河在小說中卻是當地居民生計之所繫，扮演重要的角色。辰河不僅擁有交流與集散的功能，同時也是文化意義的生產渠道。它負載著新舊資訊、往來上下游的經濟、不同身份階層和目標的人群⋯⋯，其連結的彼端，是農村生活的人們所難以想像的武漢、南京，甚至杭州、上海，那樣繁榮發達、充滿現代色彩的大都市。河道上有數道關卡，對往來貨物進行查驗及收稅工作，收稅的長官往往任其所好扣住貨船，貪圖商家給點「方便錢」中飽私囊。爲了省錢省麻煩，層層關卡限制了貨物交流的速度和遠近。相對的，下游大都市所有資訊，來到小商阜呂家坪和「完全農村景象」

〔註 65〕吳曉東：〈《長河》中的傳媒符碼──沈從文的國家想像和現代想像〉，李陀、陳燕谷主編：《視界》（石家庄：河北教育出版社，2003），第 12 輯，頁 198。

〔註 66〕吳曉東：〈《長河》中的傳媒符碼──沈從文的國家想像和現代想像〉，李陀、陳燕谷主編：《視界》，第 12 輯，頁 198。

的蘿蔔溪，也得經過層層關卡而扭曲變形。透過辰河這個管道，「失掉時效性但真實性不容質疑」的《申報》進入本地鄉紳的視野，成為他們認識天下大事的途徑；也是透過辰河這個管道，「新生活運動」的名稱輾轉來到本地，揉合鄉下人對國家政治的觀感與想像，轉化成具有全新意義的符號。

新生活運動是國民政府所推行的公民教育運動，實施時間自 1934 年至1949 年，因戰亂之故，推行最徹底的時間僅在 1934 年到 1935 年前後。該運動以「禮義廉恥」為中心思想，欲從人民的基本生活開始，改善其習慣與素質達到所謂「救國」、「復興民族」的目標。新生活運動促進會舉辦各種活動，提倡清潔和守規矩。「規矩」方面有守時運動、節約運動、升降旗禮等；「清潔」則有夏令衛生運動、清除垃圾和污水、滅蠅競賽等。亦有針對愚民陋習、不良風氣而提倡的活動，如識字運動、禁煙消毒（即禁毒）運動等。短短數月即遍及全國二十多個省市，沈從文藉此作為小說的素材之一，可引起讀者之共鳴。但沈從文不從上而下的政策角度理解之，而是用鄉下人由下而上的角度，呈現外來文化經過農民口耳相傳之後重塑的異樣形態。

小說中，新生活運動先後以兩種姿態出現：一是比軍隊、土匪更會劫掠百姓的大批烏合之眾，使人感到異常憂慮和恐慌；另一種確實是政令，但荒唐可笑，必定只能在大城市實施，鄉下辦不成。前者描寫最生動的部份，是路過祠堂的幾名男子和一位背著豬籠的婦人的對話，精彩的句子如：

> 我們這裡共產黨一走『新生活』又來了。
>
> 不明白『新生活』是什麼樣子，會不會拉人殺人……保不定一來了到處村子又是亂亂的，人呀馬呀的擠在一處，要派夫派糧草，家家有分。
>
> 在河邊眼看到『新生活』下船，人馬可真多！機關槍、機關炮、六子連、七子針、十三太保，什麼都有。
>
> （婦人）想起家中床下磚地中埋藏的那二十四塊現洋錢，異常不安，認為情形實在不妥，還得趁早想辦法，於是背起豬籠，忙匆匆的趕路走了。兩只小豬大約也間接受了點驚恐，一路尖起聲音叫下坳去。

〔註 67〕

〔註 67〕 沈從文：《長河》，《沈從文全集》，第 10 卷，頁 27。

鄉下人誇張的想像和反應，出自於幾年來政局動盪不安的恐懼心理，不免令人從刻意安排的諧趣中感到悲哀。

而受點教育、有點地位的鄉紳和到過大城市的水手們，尚不至於如此「道聽塗說」、「杯弓蛇影」，他們的轉述和評論代表另一種鄉下人觀點：即是城市的規則，鄉下根本用不著。比如當橘子園主人滕長順設想常德實行新生活的情形移到鄉下來，便不免感到可笑：

> 走路必向左，鄉下人怎麼混在一處趕場？不許脫光一身，怎麼下水拉船？凡事要爭快，過渡船大家搶先，不把船踏翻嗎？船上灘下灘，不碰撞打架嗎？事事物物要清潔，那人家怎麼做霉豆腐和豆瓣醬，澆菜用不用大糞？過日子要衛生，鄉下人從哪裡來衛生丸子？鈕扣要扣好，天熱時不悶人發痧？總而言之就條例言來都想不通，做不到。鄉下人因此轉一念頭，這一定是城裡的事情，城外人即不在內。
> 〔註68〕

中國幅員廣大，各地風俗習慣不同，要推行全國統一的生活規矩，在城市還行得通，農村則難以勉強為之。「官」和「新生活運動」，為寧靜的湘西帶來的只有莫名的擾攘而已。

「新生活運動」等字詞作為《長河》的政治符碼，除了顯而易見的嘲諷之外，它代表的是無政府主義的期待，還是更負責而有力的政府能真心為小老百謀福利？應該與《長河》其他具有政治批評的部分一併觀察。《長河》中，官員的形象多為負面：省裡的委員們是多事又無知識的城裡人，行為舉止怪異，抓了肥雞肥鴨說要回去請賞領金字牌銀字牌，結果往往不見下文；河上水警從不打匪，只會恐嚇船上人找麻煩，凡事都要錢；保安隊長私吞地方賠償的槍款、訛詐長順的免錢橘子又調戲他年輕聰敏的女兒夭夭；湖南省主席為了鞏固權力，軍隊總是調來調去，長官和兵互不熟識，因此官兵不負責任，只準備上路不準備打匪，駐防就只是想撈點油水走人……，諸如此類。官兵的種種惡行，鄉下人若遇上了也自有一套解釋——氣運不好。歷經「『共產黨』來了又走了，『中央軍』來了又走了」，鄉下人的感想是：「世界既然老在變，變來變去如像十八年的革命，輪到鄉下人還只是出錢。」而且「錢出來出去，世界似乎還並未變好。」〔註69〕這些敘述暗示：湘西不需要外來政權的干涉，

〔註68〕　沈從文：《長河》，《沈從文全集》，第 10 卷，頁 56。
〔註69〕　沈從文：《長河》，《沈從文全集》，第 10 卷，頁 26、45。

無政府管轄或可免除許多不必要的麻煩，因此有人認爲沈從文是個無政府主義者，或主張地方自治。雖不排除這個可能，但是我們也需要注意另一個相反的推論，即沈從文對政府抱有強烈期望的可能性。小說中作者爲滕長順進行一段旁白式的剖析寫道：

> 長順是個老《申報》讀者，目擊身經近二十年的變，雖不大相信官，可相信國家。對於官永遠懷著嫌惡敬畏之忱，對於國家不免有了「信仰」。這點信仰和他的家業性情相稱，且和二十年來所得的社會經驗相稱。他有種單純而誠實的信念，相信國家有了「老總」究竟好多了。國運和家運一樣，一切事得慢慢來，慢慢的會好轉的。〔註70〕

中國有相當一部份老百姓的想法和長順一樣，不相信官可是相信國家，也相信「老總」，相信國運慢慢會好起來的。小說中還有許多地方與這種「國家信仰」相呼應，比如：相信中央軍會挾著大批軍火追「新生活」；「老總」必定會從《申報》得知當地有官與民爭利的消息來解決麻煩；《申報》之所以好些事情未提，是因爲不能給日本鬼子知道；「老總」之所以沒能解決地方上大小麻煩，是因爲「日本鬼子每天和他打麻煩」、「地方事件中央管不著」。由此可知國家的認同感與隸屬感，於該群體心理佔據重要地位，若抽離了「國家」之寄託，內心將更爲惶恐不安。

我們可以合理地把沈從文歸爲「不相信官但相信國家」這群人的其中一份子。抗戰初期，沈從文加入抗戰文藝組織「文協」，受教育部委託編寫教科書，寫〈怎樣從抗戰中訓練自己〉等文章鼓勵年輕人，並響應林徽因等人徵集手工藝品外銷，增加外匯買軍火，以助抗戰，就能力之所及可說不遺餘力，且時時流露對國父孫中山的崇敬之意。〔註71〕但他對政府的作爲實抱持諸多不滿，具體的批評包括書刊審查制度、公式化的抗戰文學作品、文藝政策、對湘西軍人的不公不義……。四十年代，當多數作家因爲外在環境而改變文學觀念時，沈從文卻始終堅持文學自由獨立之理想，拒絕一切政治勢力與黨派，不參加任何形式的集團活動或政治表態，希望透過文學的力量改造社會。

〔註70〕 沈從文：《長河》，《沈從文全集》，第 10 卷，頁 90。

〔註71〕 林徽因當時亦在昆明，受人委託，徵集手工藝品做樣子，大規模仿造，以便拿出國換外匯，買軍火，增加抗戰力量，一面亦可使鄉村手工業興起。沈從文連續催促大哥務將此事放在心上，若有必要，將辭去昆明所有工作回鄉協助，充分顯現其愛國熱忱。〈致沈云麓 19390605〉，《沈從文全集》，第 18 卷，頁 372～373。

也就是說，越過「官」這個階層，以「偉大的文學作品所表示的人生優美原則與人性淵博知識」〔註72〕作指導媒介，達成建設美好國家的理想。「不相信官但相信國家」，正是我們從沈從文於四十年代的創作中，所認識到的一種「文學忠誠者」的政治態度。

三、「照例」：現代性衝擊下的文化反思

熟悉沈從文作品的人，對「照例」一詞必不陌生，不論是指責好吃懶做的知識份子、從農民身上撈點好處的小官員，還是嗟嘆勤苦認份的鄉下人，敘述時往往都用「照例」說明之。《長河》全文不下數十個「照例」，自第一章〈人與地〉開始，便用這種「照例」的諷刺筆法，勾勒辰河流域一帶近三十年來人民生活的大略情形。從屈原乘白木船沿沅水上溯寫起，這二千年來在日光雨雪四季交替中，生活在此的人和樹，都依然寄生於這塊土地。要不「吃水上飯」——吃魚、吃蝦，住在船上，同魚蝦一樣，無拘無束各處漂泊；要不就「吃土地飯」——在土地上紮根，種橘、種柰、照顧政商關係、當地下員外。〔註73〕「照例」，是常態下的自然循環，表面上人民的生活樣式似乎在一種無可避免的發展中循環著，既漫長又停滯。不過，在經濟、政治劇烈變動的大時代之下，即使這樣一個兩千年來生活型態不變的鄉村，也「照例」逃不過外來文化的衝擊。小說雖然寫的是湘西一隅，卻能投射出許許多多一樣被現代文明不得不推著走的小鎮。

沈從文在〈題記〉中點出《長河》的設計原委，著重人物在「常」與「變」之間的生活哀樂：

> 就我所熟習的人事作題材，來寫寫這個地方一些平凡人物生活上的「常」與「變」，以及在兩相乘除中所有的哀樂。……作品起始寫到的，即是習慣下的種種存在，事事都受習慣控制，所以貨幣和物產，這一片小小地方活動流轉時所形成的各種生活式樣與生活理想，都若在一個無可避免的情形中發展。人事上的對立，人事上的相左，

〔註72〕 沈從文：〈「文藝政策」檢討〉，《沈從文全集》，第 17 卷，頁 286～287。

〔註73〕 在沈從文的觀察下，時間對一代又一代生存在這塊土地上的人來說，似乎是停滯的。「然而細細一想，這些人根本上又似乎與歷史毫無關係。從他們應付生存的方法與排泄情感的娛樂看起來，竟好像今古相同，不分彼此。這時節我所眼見的光景，或許就和兩千年前屈原所見的一樣。」沈從文：《湘行散記·箱子巖》，《湘行集》（長沙：岳麓書社，1992），頁 223～224。

更彷彿無不各有它宿命的結局。作品設計注重在將常與變錯綜，寫
出「過去」「當前」與那個發展中的「未來」。〔註74〕

「常」與「變」各爲何指？實難截然劃分。所謂的「常」與「變」並非完全
對立，有時「常」與「變」會巧妙地產生相乘作用，在「變」的衝擊之下，「常」
不僅不能起著抗衡作用，反而促使事情朝向更不可預測的未來發展。《長河》
裡那位背豬籠的婦人，依過去認知模式所想像出的「新生活」即爲一例。即
便如此，「常」與「變」仍有各自相對應的脈絡錯綜進行著，沈從文既然提出
此一創作面向，那麼他對「常」與「變」的褒貶態度，便值得我們作進一步
觀察。

《長河》裡「變」的部分，除了「新生活運動」的實施、保安隊及保安
隊長的作爲、各種變動的稅收制度、大小戰爭影響經濟價格起落……等政治
取向較強的素材之外，還有另一條較不明顯的「變」，是關於文化角度的，屬
於現代文明對人性的侵蝕。沈從文認爲『『現代』二字已到了湘西，可是具體
的東西，不過是點綴都市文明的奢侈品大量輸入，上等紙煙和各樣罐頭在各
階層間作廣泛的消費。抽象的東西，竟只有流行政治中的公文八股和交際世
故。」〔註75〕1935 年之後，沈從文除了文學創作之外，教書、編輯、修改舊
作、幫年輕人賣稿、寫稿等活動佔據了他大部分的生活，同時議論性、抨擊
時政的文字也越來越多，他在各種議題的文字中，流露出對時人以錯誤心態
片面追求「現代」的厭惡感。楊聯芬曾指出：在以「西方」和「進步」爲指
南的現代性思潮中，沈從文的文化思想與二十世紀中國的主流思想顯得很不
一樣。他不輕言「變」，對現代社會寄希望於「變」的普遍心態，其態度向來
偏於「保守」。〔註76〕

〔註74〕 沈從文：《長河》，《沈從文全集》，第 10 卷，頁 7。
〔註75〕 沈從文：《長河》，《沈從文全集》，第 10 卷，頁 3。
〔註76〕 楊聯芬：〈沈從文的「反現代性」〉，《中國現代文學研究叢刊》，2003 年第 2
期，頁 137、144。楊教授於該篇亦對中國現代性一詞有清楚的界定：中國的
現代性是對西方近代三四百年歷史進程中積聚和積澱的現代性文化資源，進
行接受和整合的結果，所以既師承西方，又有若干不同。……概而言之，中
國的現代性，在工具理性的支配下，有兩個特徵：一是確立了以「進步」爲
指向的社會文化發展圖式；二是將西方現代文明神聖化和理想化。五四以對
中國傳統文化的全面否定而建構起具體的西方化的現代性指標，使晚清開始
的現代性追求趨於「定型」，現代性成爲中國現代文化思想的主流。頁 134、
136。

由於文化影響較政治命令緩慢且隱而不明之故，沈從文對現代文明的不安，在第一卷僅埋下了伏筆，並未鋪陳，那所謂「宿命的結局」、「發展中的未來」，爲接下來未完成的三卷留下可預知的悲劇想像空間。即以《長河》的女主人公爲例，「黑中俏」的夭夭天眞無邪、聰慧又乖巧，定親的對象是省裡師範學校的學生，最快要等三年之後畢業方可成親。原應是人人稱羨的婚姻，但在那時年輕人崇拜革命和自由戀愛的風氣下，夭夭的未婚夫學成返鄉之後恐將出現變數。第一章〈人與地〉如此描述考入省立師範學堂的青年：

> 兒子自以爲已受新教育，對家中一切自然都不大看得上眼，認爲腐敗瑣碎，在老人面前常常作「得了夠了」搖頭神氣。雖隨便說點城裡事情，即可滿足老年人的好奇心，也總像有點煩厭。

> 兒子成了名，少年得志，思想又新，當然就要「革命」。接受「五四」以來社會解放改造影響，革命不出下面兩個公式：老的若有主張，想爲兒子看一房媳婦，實事求是，要找一個有碾房橘子園作妝奩的人家攀親，兒子卻照例不同意，多半要省立女學校從省中請來的女教員，因爲剪去了頭髮，衣襟上還插一支自來水筆，有「思想」，又「摩登」，懂「愛情」，才能發生愛情，郎才女貌方配得上。意見如此不同，就成爲家庭革命。

> （或婚事不成問題……）兒子抱負另有所在，於是作代表，辦學會，控告地方公族教育專款保管委員，建議採用祠廟產業，且在縣裡石印報紙上，發火氣極大似通非通的議論，報紙印出後，自己還買許多份各處送人。……〔註77〕

沈從文屢屢自稱「鄉下人」，正是有意將自己和具有都市文化、現代文化身份的學生區隔開來。〔註78〕沈從文認爲學生們讀《創造》、《解放》等雜誌，便自以爲有了新知識新觀念，地位比家鄉的父老高一些，好以革命之名抒發議

〔註77〕 沈從文：《長河》，《沈從文全集》，第 10 卷，頁 15。

〔註78〕 沈從文選用「鄉下人」這個都市人用以指稱外來人口的貶義性稱呼來自我定位，本身就是一種有意對都市文化價值保持對抗的姿態，其中包含了自貶與自傲的價值宣示。以此自稱，一方面宣示自己確實屬於爲城市所貶低與鄙棄的社會文化群體，另一方面也同樣宣示對於城市文化群體的貶低與鄙棄。沈從文從「鄉下人」的複雜涵義中找到他抵抗現代都市物質與精神文明的支撐點。黃鍵：〈沈從文的文化區隔構築與鄉土文化資源發掘〉，《青島科技大學學報》（社會科學版），2005 年 1 期，頁 92。

論，感情方面不聽從父母及媒妁之言……，因此夭夭的感情世界將會遇到什麼曲折可想而知。

現代教育培養出的女學生也一樣令沈從文失望，他批評女學生「做人無信心，無目的，無理想」、「借同學筆記抄抄，寫報告時也能勉強及格」、「也學美術、歷史、生物學，這一切知識都似乎只能同考試發生關係，絕不能同生活發生關係」、「並不知道真正要解放的是什麼……最先解放了一個胃口，隨時都需要吃，隨時都可以吃」……。〔註79〕依《長河》的故事發展，這樣的女學生，「因為剪去了頭髮，衣襟上還插一支自來水筆，有『思想』，又『摩登』，懂『愛情』」，具備現代摩登女性的特徵，正好成為夭夭未婚夫心儀的對象。夭夭可能遭逢的命運，僅是「自由戀愛」和片面追求時髦之觀念，衝擊中國傳統婚姻制度的例子之一，沈從文對現代文明世界的明批暗諷自然不僅於此，科技方面如機器生產、娛樂方面如看電影和玩牌、傳播方面如《申報》主導輿論……等等，都在《長河》表現出或多或少的批評。《長河》若能完稿，對現代文化的憂慮必會更全面地鋪展開來，成為媲美雨果《悲慘世界》那樣既宏觀又細膩的文學經典，並建立另一種現代敘事典型——表現中國純樸鄉鎮在「現代」衝擊下各階層小人物的悲劇。

《長河》的常與變兩條主線，沈從文側重於「變」的一方，看重的卻是「常」的一方。無論是政治帶來的「變」還是文化帶來的「變」，沈從文的敘述多採用扭曲、諷刺的手法。鄉土傳統的生存方式和觀念雖不一定好，但也有可取之處，「現代」二字在沈從文眼裡，絕非「進步」的同義詞。〔註80〕西風東漸之際，就連商業化的大都市，中國傳統文化也無法一下子被革除，西方文化又不加選擇地被吸納進來，造成文化價值混亂。有些人曾經認為全盤

〔註79〕 文中沈從文繼續批評現代女子教育，他說：「現代教育特點事實上應當稱為弱點，改造運動必須從修正這個弱點著手。修正方法消極方面是用禮貌節制他們的『胃部』，積極方面是用書本訓練他們的『腦子』。一個『摩登女郎』的新的含意，應當是在飲食方面明白自制，在自然美方面還能夠有興致欣賞。且知道把從書本吸收一切人類廣泛知識，看成是生命存在的特別權利，不僅僅當作學校或爸爸派定義務。」沈從文：〈燭虛〉，《沈從文全集》，第12卷，頁11。

〔註80〕 與那些處處強調革新與改造的激進主義者不同，沈從文更看重傳統與鄉土生存方式及觀念形態，如正直素樸人情美、做人時的義利取捨是非辨別，甚至敬鬼神為天命的迷信等等。吳曉東：〈《長河》中的傳媒符碼——沈從文的國家想像和現代想像〉，李陀、陳燕谷主編：《視界》，第12輯，頁198。

現代化是社會進步的必經之路，但對西方文化精義尚未體悟，遽模仿其表象，甚或沈迷於燈紅酒綠的放蕩生活。如此一來，中國傳統文化和優良的部分往往被遺忘，腐敗的部分卻反倒流行起來，這對信仰「人生優美原則與人性淵博知識」強化民族國家的沈從文而言，沈痛之情不難想見。「鄉下人」與「城裡人」互相想像的文化距離，凸顯現代文明和傳統文化不相容的對立關係。〔註81〕《長河》用「鄉下人」的視角和幽默的口吻述說湘西故事，除了呼應現實生活中作者自稱「鄉下人」的自我認同，寄寓著一位文化獨行者的政治理想，同時也表達現代作家對現代性的另一種視野。

第四節　朱自清、聞一多等人的雜文創作

　　雜文屬於廣義的現代散文。小品文式的散文著重情致，美學的成份較高；雜文則較重思辨，便於進行社會與文化批判，與現實事件的連結度較高。就體裁而言，學術隨筆、文藝批評、社會政治評論，以及各種序跋文章，皆可歸屬於雜文之範疇。雜文的格式豐富多樣，短小靈活，要求藝術上表現理趣性、抒情性和形象性，有著較鮮明的諷刺或幽默的喜劇色彩。〔註82〕受到砲火激盪和報紙刊物盛行的影響，雜文的創作隊伍愈加龐大，創作風格更豐富多彩，西南聯大文人群絕大多數都寫過雜文，更貼切地說：他們之中鮮少有人從不寫雜文的，朱自清、聞一多、王力、馮至、李廣田、羅常培、費孝通、吳晗、潘光旦、雷海宗、賀麟、沈從文等人都發表過大量雜文。

　　早年以文學創作名聞邇邇的朱自清和聞一多，抗戰前已將生活重心置於教學與研究領域。朱自清已不再創作恬淡的散文，聞一多也停下詩筆埋首學術，還在蒙自得了「何妨一下樓主人」的雅號，不過兩人卻不約而同地，在

〔註81〕　《長河》有多處以鄉下人的視角想像都市人的行為，也間接諷刺都市人崇洋的心態。如：頂可笑的還是城裡人把橘子當補藥，價錢貴得和燕窩高麗蔘差不多，還是從外洋用船運回來的。橘子上印有洋字，用紙包了，紙上也有字，說明補什麼，應當怎麼吃。若買回來依照方法擠水吃，就補人；不依照方法，不算數。／要看看他們城裡人吃橘子怎麼下手。用刀子橫切成兩半，用個小機器擠出水來放在杯子裡，再加糖加水吃，多好笑！他們怕什麼？一定是怕橘子骨骨兒卡喉嚨，嚥下去從背上長橘子樹！沈從文：《長河》，《沈從文全集》，第10卷，頁20、85。

〔註82〕　姚春樹、袁勇麟：《20世紀中國雜文史》（福州：福建教育出版社，1997），上冊，頁5。

抗戰後期把寫作興趣轉移到雜文上，呈現與早期風格迥異的文學特色。聞一多的雜文意象鮮明、情感濃烈，朱自清則平實素樸、嚴謹論學；王力的雜文詼諧幽默，風格獨具，堪稱一絕，馮至的雜文和他的詩一樣，哲理深刻，識見高遠，可惜較少學者提及。本節將側重朱自清、聞一多、王力和馮至等四位的雜文作品及其思想內涵。

一、意象鮮明、情感濃烈：聞一多的雜文

聞一多的詩人性格在他的生活中展現無遺，一生三次的重大思想轉折，使他的生命充滿戲劇化。在清大任教的時候，曾被學生批評上課沒有內容，遇到不清楚的部份常呵呵地傻笑便打混過去；在西南聯大的前半期，聞一多耽於典籍、專心著述、無心於談論政治或宴遊；到了後期，被政治現實所觸動，終於走出書齋、走上街頭，大聲疾呼要喚醒中國人血液裡最樸質、原始的民族生命力，說到激動之處，還回頭否定曾經用心甚苦的中國古典文學。

1944～1946 年，抗戰勝利前後約兩三年的時間，聞一多對中國古典文化和現實政治的不滿，進行不同層面的批評，以戰士的姿態站上社會舞台。短小鋒利的雜文成為聞一多戰鬥的武器，這些文章足以代表聞一多晚期思想的轉變。

（一）舉旗：不該沈默的沈默

冠冕堂皇的官方言論，粉飾太平的社會表象，是把聞一多從書齋推出來的主要力量。眼見飢餓、病死的兵士，社會貧富差距拉大，聞一多認為有地位的知識份子應當站出來，學習青年人激起抗戰怒潮，而不是辦畫展、寫軟性文章，或看一些顧左右而言他的副刊和小報。令聞一多感到惋惜的是：「一部份人雖看出方向的錯誤，卻還要力持冷靜，或從一些繁瑣的立場，認為不便聲張，不必聲張。眼看青年人完成抗戰，爭取勝利的意志必須貫徹，然而沒有老年人中年人的智慧予以調節與指導，青年的力量不免浪費。」聞一多希望能以身作則，拋磚引玉，領著青年人怒吼，為國家的前途負起一份責任。他向社會上有地位的知識份子懇切呼籲，不要漠視了個人身份所應負起的社會擔當：「時機太危急了，這不是冷靜的時候，希望老年人中年人的步調能與青年齊一，早點促成勝利的來臨！大眾的堅忍的沈默是可原諒的，因為他們是災荒中生長的，而災荒養成了他們的麻木，有著粉飾太平的職責的人們是可原諒的，因為他們也有理由麻木。可是負有領導青年責任的人們，如果過

度冷靜，也是可怕的，當這不宜冷靜的時候！」〔註83〕

（二）破舊：非孔棄儒

　　1944 年之後，聞一多全面否定中國傳統思想，開始大力抨擊以儒學、經學為主的士大夫文化，他說：

> 我父親是一個秀才，從小我就受《詩》云子曰的影響。但是越讀中
> 國書就越覺得他是要不得的，我的讀中國書是要戳破他的瘡疤，揭
> 穿他的黑暗，而不是去捧他。……當時要打倒孔家店，現在更要打
> 倒，不過當時大家講不出理由來，今天你們可以來請教我，我唸過
> 了幾十年的《經》書，越念越知道孔子的要不得，因為那是封建社
> 會底下的，封建社會是病態的社會，儒學就是用來維持封建社會的
> 假秩序的。〔註84〕

聞一多認為「封建社會是病態的社會，儒學就是用來維持封建社會的假秩序的」，而且「唸過幾十年的《經》書，越念越知道孔子的要不得」。用現在的角度看，這種說法不免過於偏頗與和武斷，並且和當今中國社會瀰漫的「國學熱」恰成對比，但回歸當時的情境，卻不難被理解。自五四之後，要求「全盤西化」的聲浪不斷，一群主張中國文化精華仍有寶貴價值的學者們各成學說，形成復興儒家的「新儒家」勢力。「新儒家」的學者勢力至抗戰時期益見龐大，同時代的新儒家代表人物除了馮友蘭、賀麟，還有熊十力、梁漱溟、張君勱等人。由於儒家學說重視倫理，臣要盡忠，子要盡孝，這種思想相對來說守舊而封閉，是統治階層良好的保護傘，不僅不利於民主改革，亦不利於團結人民的力量制裁無能政府。聞一多並不完全否定儒家文化，但認為中國優良文化不僅只有儒家思想，有時儒家文化會導致中國人的因循怠惰，扼殺青年人的生路。他說：「文化是有惰性的，越老的文化，惰性也越大」，「文化史上每放一次光，都是受了外來的刺激，而不是死抓著固有的東西」〔註85〕，其與「新儒家」針鋒相對的意味濃厚。

〔註83〕　孫黨伯、袁謇正主編：〈可怕的冷靜〉，《聞一多全集》，第 2 卷，頁 376。
〔註84〕　孫黨伯、袁謇正主編：〈五四歷史座談〉，《聞一多全集》，第 2 卷，頁 367。
〔註85〕　孫黨伯、袁謇正主編：〈復古的空氣〉，《聞一多全集》，第 2 卷，頁 354～355。
　　　　聞一多雖未指明新儒家，但在文章中提及：近來在思想和文學藝術諸方面，
　　　　復古的空氣頗為活躍，這是值得注意的一個現象。……就這群渾渾噩噩的大
　　　　眾說，他們始終是在「古」中沒有動過，他們未曾維新，還談得到什麼復古！
　　　　我們所謂復古空氣，自然是專指知識和領導階級說的。

聞一多曾把儒家、道家、墨家作一比較，將三者分別比喻成偷兒、騙子、土匪。他引述韓非的話：「儒以文亂法，俠以武犯進」，說明儒家的「巧取」和墨家的「豪奪」，正是偷兒和土匪的差別。而道家的「無爲而無不爲」，等於無所不取，無所不奪，看上去又像是一無所取，一無所奪，正像個騙子之作爲。不過論起兇惡的程度，是土匪不如偷兒，偷兒不如騙子，意即「墨不如儒，儒不如道」。三個重要的先秦思想竟被比作小偷、騙子和土匪，沒有一個是正當合法的，可見聞一多爲了阻止傳統思想繼續擴大蔓延，不惜以粗劣的手法歪曲中國哲學之意涵，難免有因噎廢食之譏。這篇載於 1944 年 7 月 20日《昆明日報》的文章，於諷刺維護中國傳統文化的先生之外，也一併影射時局。文曰：三者之中，土匪最老實，其前身墨家的動機也最光明。……如今國內的偷兒騙子在儒道的旗幟下，天天剿匪，連國外的人士也隨聲附和的口誅筆伐，實在有欠公允。〔註 86〕由他同情共產黨，爲其發言的立論角度，亦可知聞一多的思想此時已呈現明顯左傾。

（三）立新：發揚「五四」、追步魯迅

聞一多在眾多歷史晚會、文藝晚會等演講場合，再三提及「五四」的歷史價值，也在學生主編的《五四特刊》、《悠悠體育會五四週年紀念特刊》、昆明《民主週刊》等刊物，分別發表關於「五四」的雜文。

以聞一多的詮釋，「五四」是中國民族工業新興之後必經的社會階段，更是代表人民力量戰勝封建勢力的歷史殷鑑。民族工業興起後，對外要打倒帝國主義，以求階級解放；對內要打倒軍閥，以求民主發展。爲了要宣傳這樣的新思想，進而喚醒群眾的鬥爭情緒，於是有了白話文，這是中國必經的社會階段。〔註 87〕此外，聞一多分析 1914 年以前活躍於中國政經戰場上的有三種勢力：（1）各字號的帝國主義，（2）以袁世凱爲中心的封建殘餘勢力，（3）代表人民力量的市民層民主革命勢力，包括國民黨政治集團和北京大學文化集團。此三者的勢力消長，在聞一多眼中代表著一種歷史法則：

> 你不記得僅僅距袁式稱帝後四年，督軍團解散國會和張勳復辟後二
> 年，向封建勢力突擊的文化大進軍，五四運動便出現了嗎？從此中
> 國土地上便不斷地湧著波瀾日益壯闊的民主怒潮，終於使國民革命
> 軍北伐成功，北洋軍閥徹底崩潰。這時人民力量不但鏟除了軍閥，

〔註 86〕 孫黨伯、袁謇正主編：〈關於儒・道・土匪〉，《聞一多全集》，第 2 卷，頁 381。
〔註 87〕 孫黨伯、袁謇正主編：〈五四與中國新文藝〉，《聞一多全集》，第 2 卷，頁 230。

> 還給剛從歐洲抽身回來的帝國主義吃了不少眼前虧。請注意：帝國
> 主義突然退出，封建勢力馬上抬頭，跟著人民的力量就將它一把抓
> 住，經過一番苦鬥，終於將它打倒──這一歷史公式，特別在今天，
> 是值得我們深深玩味的！

聞一多藉「五四」說明帝國主義退出，正是人民一舉殲滅封建勢力的時機，用以鼓舞人民站出來，反對封建勢力繼續使中國腐化，並疾呼：「誰說歷史不會重演？」「至於最後的勝利，放心吧！有歷史給你作保證。」

　　肯定「五四」之外，聞一多亦重新肯定魯迅的精神，他曾在昆明文化界紀念魯迅逝世八週年的集會上發言道：

> 從前我們住在北京，我們有一些自稱「京派」的學者先生，看不起
> 魯迅，說他是「海派」。就是沒有跟著罵的人，反正也是不把「海派」
> 放在眼上的。現在我向魯迅懺悔，我們罵錯了。魯迅對，我們錯了。
> 「海派」為什麼就要不得？當魯迅受苦受難的時候，我們卻在享福。
> 當時如果我們都有魯迅那樣的硬骨頭精神，那怕是只有一點，中國
> 也不至於現在這樣了。〔註88〕

稱許魯迅堅毅不屈的「硬骨頭精神」的那一面，將魯迅地位推舉到很高的位置。

　　晚年的聞一多和硬骨頭的魯迅，面對重大問題的觀點時有許多相似之處，直接針砭現實的筆法亦相合，故不少學者在探究聞一多的雜文特色時，將兩人相互比較。當然，兩人仍然有明顯的不同，魯迅式的雜文像是孤獨的先覺者，時而感慨，時而發發牢騷，又有時不免喃喃自語；一多式的雜文則像是醉酒的亡國臣，時而咆嘯，時而痛哭，癲狂卻情真意摯。相同的是，兩者都具有豐富的感染力。讀聞一多的雜文，有時會感到立論不夠客觀，情感宣洩太過奔放。然而將其雜文和新詩相比，可發現其語言技巧具有相似性：他常抓住事物的某個特質，設計鮮明的意象加以渲染，或以絕對的二分法評斷事物。換言之，聞一多常以新詩的手法撰寫雜文。因此，他的雜文或許禁不起事實的仔細推敲和考究，但若能懷抱同情與理解的態度，深入其時代背景理解一位文化人的思想，會發現箇中豐富的探討面向。

〔註88〕　孫黨伯、袁謇正主編：〈在魯迅逝世八週年紀念會上的講話〉，《聞一多全集》，第2卷，頁392。

二、嚴謹論學、懇切論世：朱自清的雜文

相對於主觀情感強烈的聞一多而言，文學風格同樣產生轉變的朱自清則顯得較為客觀厚道。但是「性緩佩弦以自急」的朱自清和過去的自己相比，也一改溫吞的儒者形象，關心起基礎國文教育問題，並在聯大後期日漸顯露對政治社會的不滿，逐步走向政府的對立面。抗戰時期，朱自清致力於中學生國文教育，寫下《經典常談》，並與葉聖陶合著《精讀指導舉隅》、《略讀指導舉隅》和《國文教學》等書，除此之外，也寫了不少關於語言和文學的雜文，收錄為《語文零拾》、《新詩雜話》、《語文影及其他》等集。其中，《語文影及其他》包含了談論語文的《語文影之輯》和談論生活片段的《人生的一角之輯》。〔註89〕而自 1946 年至 1948 年胃病逝世為止，朱自清表現出更多對文學、生活和社會階層的看法，收錄為《標準與尺度》和《論雅俗共賞》等書。

（一）肯定雜文地位：為文學開生路的第一員先鋒

朱自清在一系列關於語言和文學的文章中，突出報章等現代傳媒對文學的影響，並強調雜文的歷史作用。他在〈什麼是文學？〉中，指出「現代中國文學的發展，雖只短短三十年，卻似乎也是從詩的時代走到了散文時代。……到了現在，小說和雜文似乎佔了文壇的首位。特別是雜文的發展，使我們的文學意念近於宋以來的古文家而遠於南朝。」〔註90〕他認為：報章雜誌擴大了文藝的讀者群，因此文藝不能再是「文章千古事，得失寸心知」，必須訴諸青年、小店員，甚至攤販等廣大讀者，話劇和報紙也促使文藝不自覺的走上「明白痛快的寫實一路」。在這種情形下，雜文、小說和話劇加速發展，「這三員大將依次的正是我們開路的先鋒」，而雜文便是其中的第一員先鋒。〔註91〕他分析道：集體的要求漸漸強大，現實的力量漸漸逼緊，於是雜文便成了春天的第一隻燕子。雜文從尖銳的諷刺個別事件起手，逐漸放開尺度，嚴肅的討論到人生的種種相，筆鋒所及越漸深廣，

〔註89〕 這兩部書由於數量不足以成冊，因此合為一部出版。朱自清自述：「抗戰期中也寫過這種短文，起先討論語文的意義，想寫成一部《語文影》，後來討論生活的片段，又想寫成一部《人生一角》，但是都只寫了三五篇就擱了筆。」朱自清：〈標準與尺度自序〉，朱喬森編：《朱自清全集》，第 3 卷，頁 113。

〔註90〕 朱自清：〈什麼是文學〉，朱喬森編：《朱自清全集》，第 3 卷，頁 162。

〔註91〕 朱自清：〈什麼是「文學」的生路？〉，朱喬森編：《朱自清全集》，第 3 卷，頁 167。

影響也越漸久遠。〔註92〕

　　朱自清重視雜文在現代文學的發展和社會影響力，並時常留意個別作品，從中對應新思想與雜文的新走向。他曾著文評論馮雪峰的雜文集——《鄉風與市風》，這裡指的「鄉風」是農民和下層社會婦女的生活表現，「市風」則是大都會知識分子的生活表現。馮雪峰提醒讀者要將歷史的重任放在肩上，自覺地走上戰鬥的路，並且把戰線伸展到生活和思想的所有角落去，因而對「鄉風」和「市風」委曲地加以分析、批判，以至否定。朱自清稱許馮雪峰這部雜文集開創了新的雜文作風：這種新作風不像小品文輕鬆、幽默，可是保持著親切；沒有諷刺文的尖銳，可是保持著深刻，而加上溫暖；不像長篇議論文的明快，可是不讓它的廣大和精確。〔註93〕這種親切、溫暖、廣大而精確的雜文作風，顯然深受朱自清的期待，在談論雜文的相關文章中，朱自清也提及一些雜文觀念，如：將雜文與小品文區分開來，歸為「力的文學」或「雜文學」；一面取材自活的語言，一面也要使文藝的語言變成活的語言；重視雜文的「理趣」……等，為雜文創作理論和研究提供個人貢獻。

（二）重拾新詩興味：意義分析是欣賞的基礎

　　朱自清是散文名家，不過奠定其文學地位的不是散文，而是新詩〈毀滅〉。在五四時期朱自清即開始寫詩，並主編中國最早的詩刊——《詩》月刊，他的詩作富有時代精神，顯現年輕學子面臨時代變動時的心態，但他發現自己的專長並不在詩，因而轉向散文。〔註94〕1920～1930 年是朱自清散文創作的蓬勃期，〈荷塘月色〉、〈背影〉、〈匆匆〉、〈槳聲燈影裡的秦淮河〉等篇，都是膾炙人口的作品。直到 1941 年，朱自清在成都休假，從友人厲歌天所蒐集的雜誌和現代文藝作品中讀到了一些新詩，才重新引起他對新詩的興味。秋返昆明途經敘永分校，和李廣田談新詩甚多，到昆明便寫下〈抗戰與詩〉。受李廣田的鼓勵，朱自清兩年內又陸續寫成 12 篇自成單元的短篇，加上先前寫好的 3 篇，集成《新詩雜話》一書。該書對於抗戰時期的詩作、新詩的發展趨勢，以及新詩與哲理、幽默、感覺、朗讀、愛國等彼此之間的關係，分別進行探討，對於了解朱自清的新詩理論與批評擁有重要價值。

　　《新詩雜話》並非系統的著作，它是以隨筆的方式談論新詩，從形式、

〔註92〕朱自清：〈歷史在戰鬥中〉，朱喬森編：《朱自清全集》，第 3 卷，頁 35。
〔註93〕朱自清：〈歷史在戰鬥中〉，朱喬森編：《朱自清全集》，第 3 卷，頁 42。
〔註94〕陳俊啟編著：《朱自清》（台北：三民書局，2006），頁 3。

聲律、趨勢、社會發展等各方面去「解詩」。雖是隨筆，敘述明暢，立論卻十分嚴謹，因爲朱自清認爲：「意義的分析是欣賞的基礎。」、「文藝的欣賞和了解是分不開的，了解幾分，也就欣賞幾分；而了解得從分析意義下手。」〔註95〕而「曉得文義」不易，「識得意思好處」又更難，仔細思索玩味尚且出錯，如何能不謹慎？試看〈朗讀與詩〉一文，博引《國語》、《左傳》、《墨子》、《周禮》，解讀詩文與「誦」、「讀」、「吟」、「唱」的關係，再論四言、五言、四六文等字數改變，以及佛經轉讀、四聲、平仄等聲律對朗讀的影響，歸納出「詩體依附音樂而起，脫離音樂而存」之論，因此「新詩不要唱，不要吟；它的生命在朗讀，它得生活在朗讀裡。」同時朱自清也中肯地指出：現時的詩朗誦運動固然不失爲詩的一體，但要將詩一概朗誦化就很難。〔註96〕該書呈現出朱自清論學之特色：嚴謹而中肯，立論持平不極端，對新詩人及其作品的評價亦有獨到之處。朱自清曾讚馮至的《十四行集》是新詩中成熟的中年人〔註97〕，若同樣以人比擬，那麼朱自清的篇章則可說是飽讀詩書的翩翩儒者了。

（三）望治而不好亂：與群眾站在同一線

晚年的朱自清對政治頗多不滿，尤其在復員北京後所寫的文章，批判性特別強。由於此時西南聯大已經結束，批評社會現狀的雜文超出本文的研究範圍，但細究這些思想的出現，乃是在聯大時期點滴積聚而成，多數研究者亦將朱自清的政治轉向與聯大時期劃爲同一階段合而論之，故在此特別提出此一面向，以求完善。

1944～1945 年間，朱自清對復興民族、建設新中國仍充滿希望〔註98〕，偶見的批評或抱怨，亦多針對讀書人的刻苦或人性的貪婪自私。直至中日戰爭結束，緊接著國共戰爭越演越烈，與民心厭戰的情緒完全抵觸，物價越趨失控，挨餓的民眾搶米、吃大戶，被逼得無路可走，加上多年好友聞一多慘

〔註95〕朱自清：〈《新詩雜話》序〉，朱喬森編：《朱自清全集》，第 2 卷，頁 316。
〔註96〕朱自清：〈朗讀與詩〉，朱喬森編：《朱自清全集》，第 2 卷，頁 388～395。
〔註97〕朱自清：〈詩與哲理〉，朱喬森編：《朱自清全集》，第 2 卷，頁 336。
〔註98〕如朱自清 1944 年所寫的〈新中國在望中〉提出：新中國要從工業化、民主化、集納化中新生，我們非得再接再厲的硬幹、苦幹、實幹；1945 年的〈論轟炸〉也強調從警報聲提出正向思考：認爲警報喚醒了醉生夢死、麻木不仁的人，使他們認識時代，使人們從試驗與錯誤裡學習敏捷，守秩序，和學習怎樣生活在公眾裡。轟炸將會使我們互助、親愛、團結，讓我們的國家從火裡再生。朱喬森編：《朱自清全集》第 4 卷，頁 436；第 3 卷，頁 418。

遭暗殺，終於使朱自清不得不同意「讀書人必須走出象牙塔站上十字街」，否則知識份子獨善其身，老百姓埋怨氣數不好而隱忍下去，結局仍是維持現狀，讓統治者穩坐江山。〔註99〕朱自清肯定青年的改革力量、標語口號作為戰鬥武器的存在必要、呼喚群眾團結力量便足以和統治階級對抗……，他期盼國家儘速從動亂時代進入小康時代，人人享有「免於匱乏的自由」，其政治轉向映現出當時愛國知識份子左傾的普遍心態。

三、詼諧諷刺、笑中帶淚：王力的雜文

　　語言學家王力為了多賺取些稿費而開始寫雜文，他在 1942 年到 1946 年間所寫的 62 篇雜文，後來收錄成《龍蟲並雕齋瑣語》、《棕櫚軒詹言》，由上海觀察社出版。他把正式的研究論文比喻成「龍」，輕鬆、軟性的小品比喻成「蟲」，「龍」與世隔絕，「蟲」則可親近讀者，抗戰時期王力兩者並雕，各有可觀之處。

（一）隱諷的血淚文章

　　王力反對公式化、概念化、口號式的雜文，他主張用「隱諷」的方式寫文章，認為「直言和隱諷，往往是殊途而同歸。有時候，甚至於隱諷比直言更有效力。」〔註100〕因此，王力暗諷立場偏頗、筆調僵化的、直言式的雜文是《紅樓夢》裡瀟湘館的鸚鵡：雖然會唱兩句葬花詩，但畢竟傷心是假的，「倒反是『滿紙荒唐言』的文章，如果遇著了明眼人，還可以看出『一把辛酸淚』來！」〔註101〕他把自己的文章稱為「血淚寫成的軟性文章」，既不同於口號標語式的雜文，亦不同於書寫性靈、閒適的小品，但是明眼人一看，便知文章中具有莊重且深刻的意涵。

（二）取材生活瑣事、設喻巧妙

　　王力的雜文不直接碰觸敏感的政治問題，而是廣泛地談論生活中平凡無奇的種種小事，從中抒發議論。比如：〈勸菜〉、〈迷信〉、〈看戲〉寫的是文化陋俗；〈清苦〉、〈失眠〉、〈寫文章〉寫的是知識份子的煩惱；〈路有凍死骨〉、〈窮〉、〈富〉、〈戰爭的物價〉等篇則寫貧富不均的隱憂和經濟問題。由於寫的是生活切身感受，觀察細膩，因此很能引起知識份子的共鳴。

〔註99〕朱自清：〈論不滿現狀〉，朱喬森編：《朱自清全集》，第 4 卷，頁 512～515。
〔註100〕王力：〈生活導報和我（代序）〉，《王力散文》，頁 3～4。
〔註101〕王力：〈生活導報和我（代序）〉，《王力散文》，頁 3～4。

　　王力的雜文還有另一個特色，即是善用譬喻、誇飾、類比、反向邏輯推理的方式，從側面迂迴地諷喻，同時藉此製造詼諧的效果。比如〈戰時的書〉將書籍比喻成親密的女友，為了「女友」會用上許多大可不必用的錢，而太太孩子在家啃窩窩頭、穿補丁衣服，更像有了外遇，「但見新人笑，不見舊人哭」〔註102〕；〈勸菜〉一文將這種技巧表現得益加淋漓盡致，文章提出最足以表示中國人合作精神的便是吃飯：十人一盤菜，你不愛吃的卻正是我所喜歡的，可以互相調劑，減少剩菜。勸菜的風俗更是展現禮儀之邦的「美德」，「全桌的人都把『好菜』堆到你的飯碗裡來，堆得滿滿的，使你鼻子碰著鮑魚，眼睛碰著雞丁，嘴唇上全糊著肉汁，簡直吃不著一口白飯。」而勸菜的那人要是「唾腺發達」，則不免令接受的人感到為難了，王力如此形容這般情景：

> 主人是一個津液豐富的人。他說話除了噴出若干吐沫之外，上齒和下齒之間常有津液像蜘蛛網般彌縫著。入席之後，主人的一雙筷子就在這蜘蛛網裡衝進衝出，後來他勸我吃菜，也就拿他那一雙曾在這蜘蛛網裡衝進衝出的筷子，夾了菜，恭恭敬敬地送到我的碟子裡。……同是一盤炒山雞片，為什麼剛才我自己夾了來是好吃的，現在主人恭恭敬敬地夾了來勸我卻是不好吃的呢？〔註103〕

從「蜘蛛網彌縫著」、「筷子衝進衝出」等譬喻，把主人席間的神情和客人因不衛生而感到尷尬的窘況刻畫得極為生動。關於勸菜，王力還結下一個謬論：「中國人之所以和氣一團，也許是津液交流的關係」，怎不令人在莞爾一笑之餘，深自反省呢。

（三）善用詩詞典故、文句清美

　　王力擁有高妙的語言駕馭能力，他的雜文經常引用詩詞古文或成語典故，揉雜文言與白話，而不覺拗口矯作，他還經常用映襯、排比、對仗等句式，使文章富有節奏感。試看〈領薪水〉的一段：

> 家無升斗，欲吃卯而未能；鄰亦簞瓢，嘆乎庚之何益！典盡春衣，非關獨酌，瘦鬆腰帶，不是相思！食肉敢云可鄙，其如塵甑愁人，乞墦豈曰堪羞，爭奈儒冠誤我！〔註104〕

〔註102〕王力：〈戰時的書〉，《王力散文》，頁14。
〔註103〕王力：〈勸菜〉，《王力散文》，頁45～46。
〔註104〕王力：〈領薪水〉，《王力散文》，頁88。

寥寥幾句話，串連了「寅吃卯糧」、「顏回簞食瓢飲」、「李白月下獨酌」、「衣帶漸寬終不悔，為伊消得人憔悴」、佛家「凡食肉者自是可鄙」等數個典故，還採用了駢文的四六句法。不僅顯得文采豐富，也能透過音韻的節奏感，將作者的情緒巧妙地傳達出來。這種寫法，若沒有相當文化基礎和生活閱歷的人閱讀起來，自然不能發掘其中奧妙之處，雖說題材多取自身邊瑣事，但是典故多、文采美，也限制了它的讀者群。

四、尊重歷史、融貫中西：馮至的雜文

馮至以十四行詩聞名，在聯大任教期間，也有出色的小說《伍子胥》和充滿田園風光的散文集《山水》問世。1942 年以後，他的文藝氣漸漸收斂，開始撰寫雜文。馮至曾寫下〈書店所見〉、〈詩與事實〉、〈杜甫和我們的時代〉、〈論歷史的教訓〉等三十多篇文章，後收錄於《馮至選集》，1985 年由四川文藝出版社出版。從這些雜文可看出馮至的價值傾向：

（一）關懷邊緣人

馮至的觀察細膩，眼光經常投注在夾縫中的、無助的人身上。〈書店所見〉一文寫下被出版體系忽視的一群人：馮至在書店見到衣衫不整的兵士在舊書店揀上大半天，終於挑出一部破爛不堪的《幼學瓊林》，心滿意足地離開；還有一回，七、八歲的女兒央求父親為他買書，整個書店卻沒有「兒童讀物」；在昆明近郊亦常見幾個兵士，在工作之餘圍著一張舊報紙，從頭到尾一字不放鬆地讀完。〔註 105〕從他筆下，我們赫然發現，許多兵士和兒童是如此強烈地渴望求知，他們需要知識，社會卻沒有提供更有意義的書給他們閱讀，國家又怎麼能進步呢？

〈外鄉人與讀書人〉將讀書人與外鄉人相提並論：人們一般覺得外鄉人很有本領，能做些和本地人不同的事，同時又輕視他，覺得他是沒有根柢的人，行為很可疑；讀書人也是，有時被視為是文明的創造者、維護者，備受禮遇，有時讀書人便是無用人的別稱，竟然懂得經濟原理而不會發國難財。馮至把讀書人的處境形象化地表達出來，使人重新思考知識份子的邊緣地位，以及社會上是否存在太多對知識份子的偏見。

〔註 105〕馮至：〈書店所見〉，韓耀成等編：《馮至全集》，第四卷，頁 17～19。

（二）尊重歷史與具備史料意識

馮至的部分雜文表現出清醒的史料意識，對於加油添醋、斷章取義的文章往往感到憤慨與惋惜，由這些篇章可感受到他尊重歷史的態度。當時報章上出現許多引古論今的文章，意在把過去的教訓影射現在，使時人有所警惕。馮至認爲這類文字很可能「以今亂古」——藉古事諷諭現狀，爲了遷就現狀而有心或無心地忽略歷史的眞實；或者「以古亂今」——把兩件事只就表面上的相似相提並論，而不顧及左右現象演變的複雜因素，犯張冠李戴的時代錯誤。歷史應當歸諸歷史，不讓它摻在現在的問題裡限制我們的行動，也不該用現在的色彩去渲染它、蒙蔽它的眞實，才能眞正從前人的努力中得到鼓勵和啓發。〔註 106〕

一次，馮至的朋友和查戶口的警察起了爭執：戶口人員把女傭的名字和妻子的名字寫反了，朋友認爲不合事實，必須更改，但警察卻說公家的簿子不能輕易更改，非要保長具函才行。一位穿著中山裝隨警察來的人忽然插上一句：「X 先生，你在這裡不是暫住嗎？」「既然是暫住，何必這樣認眞呢？」把戶口簿一合，兩人不約而同站起來，走了。一般人在這件事所得到的啓發或許是中國人凡是「差不多」的辦事態度，但馮至卻從這件小事開始替將來的考據家擔心，他聯想到「如果百年後，有考據家要像人考據天寶亂後杜甫的行蹤似的來考察他在抗戰期內的流浪生活以及家庭狀況，不惜迢迢的路程跑到這個城市裡來，從警察局存檔案的屋子裡翻出那年的戶口簿，那麼他就會上一個大當。」〔註 107〕

馮至同樣抨擊不顧事實寫文章的人。一位大學教授把另一位教授父子間的約定加以渲染，以聳動的標題〈H 教授稚子廢學賣報矣〉作詩刊在報上。馮至讀後相當不以爲然，認爲詩不顧事實本不足爲奇，但應當有值得鑑賞其美麗之處，既無美感，又與事實不符，公諸報端未免草率。詩是出自大學教授兼名詩人之筆，所詠的事既同時又同地，所詠的人又是同行，哪一點叫人不信？〔註 108〕但不眞實的文字處處可見，怎能不替將來想知道這時代教授生活的人擔心呢？

〔註 106〕 馮至：〈論歷史的教訓〉，韓耀成等編：《馮至全集》，第四卷，頁 103～105。
〔註 107〕 馮至：〈替將來的考據家擔心〉，韓耀成等編：《馮至全集》，第四卷，頁 36～37。
〔註 108〕 馮至：〈詩與事實〉，韓耀成等編：《馮至全集》，第四卷，頁 48～50。

（三）以歐陸經驗開展思考

留學德國的影響，馮至經常拿歐洲經驗作為參照，期望給予中國社會一些啓發。〈教育〉一文寫的是教育之於民族文化，正如水能載舟亦能覆舟，可以培養健全的人格，也可以滅絕人性。引發思考的是一位德國教授要中國留學生多帶幾本康德全集回去，教授感慨地說：「將來德國也許會有一天，連一部康德全集都找不到，到那時我們好到中國去找。」繼而是一份俄國對德國俘虜的測驗報告，青年兵竟有十之七八不識歌德，教授的憂心竟然一語成讖。馮至反覆思考，發現「這些德國青年兵在十年前都還是乳臭未乾的孩子，而人的知識的增加最重要是仰仗從十歲到二十歲這十年內的教育，假如在這十年內納粹黨的教育不使他們知道歌德的名字，他們自然也就可能不知道了。」〔註109〕越王勾踐「十年生聚，十年教訓」，十年所能發揮的強大力量，如今更能深刻體會。由德國文化的衰弱再拉回中國戰場，美國雜誌刊載日本小學生被載到上海附近剛發生激烈戰事的戰場，教師命令那些兒童跑到屍體中間任意撫摸殘缺的屍體，以增強膽量。這種教育所訓練出來的未來精英，怎能不令教書的人不寒而慄呢？而世界各國是否也同樣在開文化衰頹的教育倒車而不自知？其他如〈簡單〉從希臘詩人的話省思如何用心地、實事求是地過著簡單爽朗的生活；〈沙龍〉從十八世紀的巴黎文化省思中國的貧富不均和虛附風雅……等，皆是以歐陸國家的經驗為題材，進而反思中國社會的文章。馮至的筆調細膩醇厚，鮮少進行銳利的批評。以學者的觀點發抒感懷，指出待人處世之間體會到的矛盾現象，往往能發人深省。

西南聯大雜文作家群在抗戰之前是知名的學者兼作家，平時並不積極參與政治，亦不常對社會問題發表議論，卻在抗戰中後期紛紛開始撰寫雜文，針砭現實，在身份角色上極具說服力。由於精通古今中外的歷史和文化，知識廣博，能觸類旁通，加上敏銳的觀察力和思辨能力，又有各自獨特的藝術風格。因此有別於同時期其他地方的雜文流派〔註110〕，自成一個有特色的雜文作家群。

〔註109〕 馮至：〈教育〉，韓耀成等編：《馮至全集》，第四卷，頁65。
〔註110〕 同時期的雜文派別有上海地區王任叔、唐弢、柯靈等人的魯迅風派、桂林地區夏衍、聶紺弩等人的《野草》派，以及延安地區郭沫若、茅盾、馮雪峰等人以《新華日報》為發表地的雜文作家群。姚春樹、袁勇麟：《20 世紀中國雜文史》，上冊，頁 409。

小　結

　　西南聯大文人群的文學空間，以作品爲出發點，可從共同特色、西方文學接受、社會環境影響、與作家生活的關係、作品呈現之思想內容，以及文學史上的意義等層面觀察。由於學者和作家的身分特質有相通之處，學問與才情得以相輔相成，故聯大文人群的作品感性與理性兼具、文化底蘊深厚，且能深刻而細膩地審視自我心理和社會現象。在西方文學觀念接受方面，以新詩最爲顯著，英國詩人燕卜蓀帶來現代派的詩風，加上李廣田、聞一多等新詩詩人推波助瀾，校園內新詩創作風氣很盛。影響所及，學生的文學興致高昂，文學社團眾多，文人群擔任社團導師，在正式和非正式的課程傳承文學觀，成就不少新作家。個別作家亦深受西方文學影響，如里爾克的「觀看」和歌德的「蛻變」啓發馮至的詩學創作，完成中國第一部成熟的十四行集。社會環境影響方面，小型報刊林立和政治亂象，促使雜文興盛，雜文作品反映出聯大文人群各異的文學風格和價值觀；作家取材自生活，昆明的景物和風土人情，提供作家思想馳騁的空間，因而直接或間接地影響文學作品的產生。從文學作品可以發現聯大文人群此時的態度是積極而入世的，在追求以文學改造社會的同時，仍把握住文學應具備的藝術價值，完成現代文學史上雖受戰爭、流亡影響卻名列經典的不朽之作。

第六章 結 論

　　本文以西南聯大文人群為研究對象，他們大多同時具有學者與作家的身分，有留學歐美的求學經歷，曾在北京大學和清華大學就讀或任教，彼此知識水準與社會地位相當。雖未有明顯的文學主張或組織團體、發行刊物，但由於先天背景相近，後天境遇相仿，而作為文人群體研究之。

　　本文首先探究國立西南聯合大學之成立背景、遷校經歷、原有校風和校長治校理念等影響校園精神的因素，及其與文人群的關係。西南聯大文人群在戰爭爆發到正式開學上課期間，經歷了錯愕、奮起、抉擇、沉潛四個心理階段。由於未料到地方性衝突引發人戰，加上盧溝橋事變發生時，大學校長正齊聚南京開會，無法指揮調度，損失不少圖書和儀器。日人刻意攻擊清大、南開等大學校園，以遂其消滅中華文化的目的，北大、清大、南開接受教育部的建議，合併為聯合大學，原落腳於長沙，後因戰事不利，一學期後又轉往昆明。南下的決定倉卒，且危險艱辛，至此三校教授們的人生規劃至少分為六種不同之結果：1.留在北平繼續任教，2.留在北平閉門研究或寫作，3.離開北平前往烽火未及之他校任教，4.接受中英庚款董事會的補助前往邊區大學開設講座，5.前往國外大學任教，6.轉任學術以外的其他工作。因此選擇不遠千里來到西南聯大的教授，在價值觀上已有相合之處，為此群體組成之先天同質性。從長沙遷至昆明的過程中，部分師生以行軍方式徒步前往，名曰「湘黔滇旅行團」。徒步三個邊區省份的經驗，使他們加深對國情的認識，萌生研究邊疆的興趣，加強體力與意志的雙重考驗，成為「堅毅」校風的一部份。綜合西南聯大諸多特點，不難發現上至規章制度，下至師生言行，在在體現「自由」的可貴，其所堅守的自由精神使文人群能忠於自我、坦蕩光明，保有無愧於心的氣度。校長梅貽琦以師為本，尊重教授的意見，文人群對聯大

校務擁有高度參與和決策權,而梅貽琦不居功、不掌權的個人特質,成功擔起溝通協調的角色,亦深獲支持。

西南聯大文人群的自我空間從實際生活層面進行探討。就飲食而言,西南聯大文人群來到昆明,很快地接受雲南料理的口味,米線、餌塊、乾巴菌、宣威火腿各有愛好者。昆明菜對聯大師生而言,由因好奇而接觸的異地食物,變成平日飲食生活的一部分,離開昆明之後又昇華爲追憶聯大歲月的媒介。吃飯的方式除了夫人自行料理和偶爾餐館外食外,大多參加伙食團「包飯」——由多人共同聘請一位廚子料理三餐,其價格與菜色因城鄉、年代、廚子的廚藝高下而有所差異。住的方面,衛生條件不佳且極爲不便:不時有人染上瘧疾,虱子橫行;沒有電燈,只能用昏暗不明的菜油燈,盡量利用白天的自然光讀書;用水靠配送或自行打井水,常有無水可喝的危險,數天甚至一兩個月才至公共浴室洗一次澡。1938 年底起,由於日軍空襲頻繁,文人群多將居住的地方往城外「疏散」,形成大普吉、龍泉鎮、呈貢等三個學者雲集的文化圈,郊區的景色、人情味、和同事間的情誼,於文人群的生命中更添豐富色彩。閒暇時,文人群從事的休閒娛樂活動主要有以下幾種:看竹(打麻將)、玩撲克牌、偕伴踏青出遊、散步閒談、蒐集手工藝品、欣賞昆曲或話劇表演、看電影、種花與養寵物等,不透過金錢獲取享受,善於品嘗生活趣味。悠閒的另一面是威脅生命的空襲行動,重者房舍被炸毀、人員傷亡,輕者如金岳霖遺失數十萬字的《知識論》初稿。幸虧空襲時間固定,警報分爲三級可提早準備,聯大又鄰近郊區,由後門向西郊疏散十分便捷,師生們會利用跑警報的兩三個小時看書,馬尾林下,坐在厚軟的鬆毛上,濃郁的松脂氣味環繞,對部分人而言,跑警報反倒帶點愜意。回到基本的收入與開銷上,戰爭初期聯大教授的薪水依原有薪給爲基準,改以 50 元爲底薪,餘下以七成發給,生活尚能維持。1941 年後法幣貶值迅速,薪津增加的速度遠遠不及通貨膨漲,薪津實值僅相當於戰前 10 到 20 元。爲了維持最低生活程度,文人群各憑本事開發副業:兼課、投稿、寫書法賣字、撰墓誌銘、刻印……,組織賣文賣字的團體,明定價碼,公開招攬生意。教授夫人也利用兼課、製糕點、炸麻花捲、做女紅等方式分擔經濟壓力,在聯大文人生活中扮演不可忽視的角色。

西南聯大文人群的學院空間分爲行政、教學、研究、社會責任等四個層面,探討文人群在西南聯大工作時的情形、對聯大之影響及意義。行政方面,聯大採取「教授治校」的管理方式,教授們對校務有充分參與的機會,教授

會和專門委員會即是體現其精神的行政組織；加上清大在人數和資源比例上的絕對多數，使得行政體系得以保持相對穩定。文人群在行政事務上經常擔任撰寫聯合宣言、紀念碑文、制訂校歌校訓等工作，為「西南聯大」樹立近乎完美的品牌形象。然而受到創作動機的影響，這些文獻所描述的西南聯大有時是寄託與現實相左的期待，而不是切合實際的概括，閱讀或引用時，須加以明辨。教學方面，由新舊文學的消長，觀察文人群的文學教育理念與實踐。新文學在楊振聲和沈從文等人的推動下，成為聯大中文系的正式課程，並在全校必修的《大學國文選》選目中佔了七分之一。而新文學人才培養問題，進一步引發大學中文系重新分組和中外文系合併的爭議，王力、李廣田、聞一多、朱自清等人，各自就此表達贊同與反對的意見，其論點包含著他們個人對文學教育的認知與期許。學術方面，西南聯大文人群的研究動機與現實生活緊密相關。戰爭背景成為哲學研究的動力，馮友蘭和賀麟視抗戰時期為中華民族復興的偉大時代，開展儒家思想，融會中西哲學，完成新理學和新心學思想體系；金岳霖則完成中國第一部系統性研究邏輯的著作，並取名為「有中國味」的《論道》。語言學藉著「語言學的黃金地」的地理位置優勢，羅常培開展西南少數民族語言文化研究，王力針對漢語與越南語的關係和漢語語法特點，完成代表著作。社會責任方面，知識份子於充實自我之外，應盡改善社會之義務，討論時事、提出建言，實屬本分。但 1945 年底，雲南政府下令禁止一切集會活動或遊行，引發學生強烈反彈，不久即演變為多人死傷的「一二‧一運動」（昆明慘案）。全市學生響應罷課，共產黨更趁勢攻擊國民黨的專制政策，視該運動為青年運動的新標誌。夾在政府與學生之間的聯大教授，一方面主張當局為事件負責，一方面要求學生早日復課，因調解過程落得兩面不討好的局面。該運動可視為一道分水嶺，破壞了教授和政府、教授和學生，以及教授們彼此之間的關係，也導致教授們的政治傾向，由左、中、右三派重疊，變成左、右（共、國）針鋒相對。

　　第五章探討西南聯大文人群及其文學作品的關係。聯大文人群的創作特色有五點：1.具有抽象哲理之思辨，2.知性與感性相互融合，3.展現文化底蘊之深厚，4.細膩而深刻的心理探索與自我審視，5.直接或間接地受到世界思潮之影響。在西南聯大期間，各類文體創作均有突破性的發展，其中現代詩受外來思潮影響最為明顯，並吸引大批學生組織文學社團、投入創作。文人群的創作深受昆明風土人情的影響，生活條件雖差，精神卻意外的富足。馮至

因楊家山林場打動塵封的詩心，並在里爾克的詩歌裡找到與生命相合的觀念與形式，成熟內斂、充滿哲學思辨的詩作，達成個人創作顛峰，建立了中國十四行詩的基礎。情感與立場多所矛盾的沈從文，抱持積極入世的情懷，打算用筆向流行風氣與腐敗勢力作戰，將時代與民族、政治與歷史文化的關係，以及對現代性熱切思考與回應，鎔鑄在長篇小說《長河》之內。本文由政治符碼「新生活運動」、「照例」的文化反思、「常與變」、「鄉下人」等切入點，照見沈從文這位文化獨行者的視野與理想。最後談論戰爭末期因現實生活不公不義，和小型報刊林立等因素而興盛的雜文。聞一多的雜文意象鮮明、情感濃烈，揚棄孔子學說和士大夫傳統思想，主張發揚五四精神、追步魯迅，呈現晚年思想的大轉折；朱自清文如其人，嚴謹而平實，曾提出雜文能討論人生的種種面向，為文學開生路的先鋒，並寫下多篇新詩評論，用意義分析的角度解讀新詩；王力的雜文取材自生活瑣事又善用詩詞典故，巧妙的諷喻中含有深意，往往令人笑中帶淚；馮至的雜文細膩醇厚，擁有敏銳的觀察力和反省能力，他關懷邊緣人、尊重歷史且具備史料意識，並從歐陸經歷開展對本國的思考，自成一格。

　　前述各章討論，已針對西南聯大文人群的生活文化，依具體而抽象、個人影響而社會大眾影響的順序分層處理，並提出相關內容之梗概及其歷史意義，以期收由小見大之效，作出兼具廣度與深度的探討。現有的西南聯大研究資料雖豐富，但研究者述的部份居多，論的部分較少，少數篇章也有簡略、誇大、和將研究對象神化的缺憾，以至於諸多深具意義的論題未被發掘。筆者試圖突破「述而少作」的困境，在各類文獻資料中抽絲剝繭，尤其注重時間與空間的對應考察，探求文人群生活文化的細節，從中謀取共同點，找尋「典型現象」與具代表性的人事物，並彰顯其所具備之特殊意涵。如「西南聯大文人群組成的先天同質性為八年來團結合作的因素之一」、「雲南料理昇華為聯大師生的精神標記」、「聯大文人群擔任行政事務與聯大品牌形象塑造的關係」等論點，皆是筆者所掌握的相關研究中尚未提出者。除了部份論點尚未經過檢驗之外，聯大文人群本身的文學作品和以個別人物為研究對象的著述浩如煙海，難以面面俱到。因此，本文尚待學界進一步擴充與指正。不論西南聯大對於大專院校的治學與辦學方式，或者西南聯大文人群對於知識分子處事態度與生命觀照，仍有諸多可資借鑒之處，期望本文有助於來者進行更細緻的相關研究。

參考書目

（一）專書

1. 中共雲南省黨史資料徵集委員會、中共雲南師範大學委員會編：《一二一運動》，北京：中共黨史資料出版社，1988。

2. 中國人民政治協商會議全國委員會文史資料研究委員會文史資料選輯編輯部編：《文史資料選輯》第 1 輯，北京：中國文史出版社，1986。

3. 中國人民政治協商會議西南地區文史資料協作會議編：《抗戰時期內遷西南的高等院校》，貴陽：貴州民族出版社，1988。

4. 孔慶東：《1921：誰主沉浮》，濟南：山東教育出版社，1998。

5. 王力：《中國現代語法》上冊，台中：藍燈文化，1987。

6. 王力：《王力散文》（《龍蟲並雕齋瑣語》），台北：新學識，1990。

7. 北京大學、清華大學、南開大學、雲南師範大學編：《國立西南聯合大學史料》，昆明：雲南教育出版社，1998。

8. 史景遷：《天安門：知識份子與中國革命》，北京：中央編譯出版社，1998。冰心著，卓如編：《冰心全集》，福州：海峽文藝出版社，1999。

9. 朱自清：《經典常談》，新店：立緒文化，2000。

10. 朱自清等編：《大學國文選》，台北：國立編譯館，1952 年。

11. 朱金順編：《朱自清研究資料》，北京：北京師範大學出版社，1981。朱喬森編：《朱自清全集》，江蘇省：江蘇教育出版社，1988。

12. 西南聯大校友北京校友會校史編輯委員會編：《笳吹弦誦在春城——回憶西南聯大》，昆明：雲南人民出版社；北京：北京大學出版社，1986。

13. 西南聯大除夕副刊主編：《聯大八年》，昆明：西南聯大學生出版社，1946。

14. 西南聯合大學北京校友會編:《國立西南聯合大學校史:一九三七至一九四六年的北大、清華、南開》,北京:北京大學出版社,2006。

15. 西南聯合大學北京校友會編:《國立西南聯合大學校史》(修訂版),北京:北京大學出版社,2006。

16. 西南聯合大學北京校友會編:《笳吹弦誦情彌切──國立西南聯合大學五十週年紀念文集》,北京:中國文史出版社,1988。

17. 余斌:《西南聯大·昆明記憶》第 1-3 冊,昆明:雲南民族出版社,2003。

18. 吳大猷:《八十述懷》,台北:遠流出版社,1990。

19. 吳宓著、吳學昭整理:《吳宓日記》,北京:生活·讀書·新知三聯書店,1998。

20. 宋德宣:《新儒家》,台北:揚智文化事業股份有限公司,1994。

21. 李洪濤:《精神的雕像──西南聯大紀實》,昆明:雲南人民出版社,2001。

22. 李振興、黃沛榮、賴明德注譯:《顏氏家訓》,台北:三民書局,1993。

23. 李書磊:《1942:走向民間》,濟南:山東教育出版社,1998。

24. 沈從文:《沈從文全集》,太原:北嶽文藝出版社,2002。

25. 沈從文:《湘行集》,長沙:岳麓書社,1992。

26. 沈雲龍主編:《第二次中國教育年鑑》第 6 編,台北:文海出版社,1986。

27. 汪曾祺:《人間草木》,南京:江蘇文藝出版社,2005。

28. 汪曾祺著、鄧九平編:《汪曾祺全集》,北京:北京師範大學出版社,1998。

29. 周本貞主編:《西南聯大研究》第 1 輯,北京:中國大百科全書出版社,2005。

30. 周作人:《知堂回想錄》下冊,石家莊:河北教育出版社,2002。

31. 季鎮淮編著:《聞朱年譜》,北京:清華大學出版社,1986。

32. 金以林:《近代中國大學研究》,北京:中央文獻出版社,2000。

33. 金岳霖:《論道》,上海:上海書店,1993。

34. 南開大學校史研究室編:《聯大歲月與邊疆人文》,天津:南開大學出版社,2004。

35. 姜建、吳為公編:《朱自清年譜》,合肥:安徽教育出版社,1996。

36. 姜建:《完美的人格──朱自清》,台北:文史哲出版社,2001。

37. 姚丹:《西南聯大歷史情境中的文學活動》,桂林:廣西師範大學出版

社，2000。

38. 姚春樹、袁勇麟：《20世紀中國雜文史》，上冊，福州：福建教育出版社，1997。

39. 封海清：《西南聯大的文化選擇與文化精神》，昆明：雲南人民出版社，2006。

40. 胡軍：《金岳霖》，台北：東大圖書公司，1993。

41. 胡頌平：《胡適之先生年譜長篇初稿》第5冊，台北：聯經出版事業公司，1984。

42. 胡適：《胡適來往書信選》中冊，香港：中華書局，1983。

43. 孫黨伯、袁謇正主編：《聞一多全集》第2冊，武漢：湖北人民出版社，1993。

44. 浦江清：《清華園日記——西行日記》，北京：生活・讀書・新知三聯書店，1999。

45. 浦江清：《無涯集》，天津：百花文藝出版社，2005。

46. 耿雲志、歐陽哲主編：《胡適書信集》，北京：北京大學出版社，1996。

47. 張守常、常潤華主編：《吳晗文集》第3卷，北京：北京出版社，1988。

48. 張谷、王緝國：《王力》，武漢：湖北人民出版社，2002。

49. 張曼菱編撰：《照片裡講述的西南聯大故事》，北京：人民文學出版社，2003。

50. 張寄謙編：《中國教育史上的一次創舉——西南聯合大學湘黔滇旅行團紀實》，北京：北京大學出版社，1999。

51. 張憲文：《中國現代史史料學》，濟南：山東人民出版社，1985。

52. 張輝：《馮至：未完成的自我》，北京：文津出版社，2004。

53. 張學智：《賀麟》，台北：東大圖書股份有限公司，1992。

54. 張雙英：《文學概論》，台北：文史哲出版社，2002。

55. 張清常：《張清常文集》第2卷，北京：北京語言大學出版社，2005。

56. 清華大學校史研究室編：《清華大學史料選編》，北京：清華大學出版社，1994。

57. 清華大學校史編寫組：《清華大學校史稿》，北京：中華書局，1981。

58. 許淵沖：《追憶逝水年華》，北京：生活・讀書・新知三聯書店，1996。

59. 陳平原：《中國大學十講》，上海：復旦大學出版社，2002。

60. 陳太勝：《象徵主義與中國現代詩學》，北京：北京大學出版社，2005。

61. 陳明遠：《文化人的經濟生活》，上海：文匯出版社，2005。

62. 陳明遠：《文化人與錢》，天津：百花文藝出版社，2000。

63. 陳俊啓編著：《朱自清》，台北：三民書局，2006。

64. 陳寅恪：《陳寅恪集：詩集》，北京：生活·讀書·新知三聯書店，2001。

65. 鹿橋：《未央歌》，台北：台灣商務印書館，1995。

66. 賀麟：《文化與人生》，上海：上海書店，1990。

67. 賀麟：《近代唯心論簡釋》，上海：上海書店，1991。

68. 馮友蘭：《三松堂自序》，新店：古風出版社，1987。

69. 馮友蘭：《馮友蘭集》，北京：群言出版社，1993。

70. 馮友蘭：《新理學》，上海：上海書局，1996。

71. 馮友蘭：《三松堂小品》，北京：北京出版社，1997。

72. 馮姚平選編：《馮至美詩美文》，北京：東方出版社，2005。

73. 黃延復、王小寧整理：《梅貽琦日記（1941-1946）》，北京：清華大學出版社，2001。

74. 黃延復：《清華逸事》，瀋陽：遼海出版社，1998。

75. 楊紹軍：《西南聯大時期的文學創作及其外來影響》，北京：作家出版社，2007。

76. 楊鴻銘：《歷代古文析評——兩漢魏晉之部》，臺北：文史哲出版社，1983。

77. 溫儒敏：《時代之波——戰國策派文化論著輯要》，北京：中國廣播電視出版社，1995。

78. 董鼏總編輯：《學府紀聞——國立西南聯合大學》，台北：南京出版有限公司，1981。

79. 聞黎明、侯菊坤編：《聞一多年譜長編》，武漢：湖北人民出版社，1994。

80. 蒙樹宏：《雲南抗戰時期文學史》，昆明：雲南教育出版社，1998。

81. 劉培育主編：《金岳霖的回憶與回憶金岳霖》，成都：四川教育出版社，2000。

82. 樂黛雲、張輝主編：《文化傳遞與文學形象》，北京：北京大學出版社，1999。

83. 蔣夢麟：《西潮》，台中：晨星出版有限公司，2006。

84. 蔡仲德：《馮友蘭先生評傳》，香港：三聯書店有限公司，2005。

85. 穆旦：《穆旦詩文集》，北京：人民文學出版社，2006。

86. 錢天久主編：《中國旅遊熱點城市——昆明》，北京：中國地圖出版社，2003。

87. 錢理群、溫儒敏、吳福輝著：《中國現代文學三十年》，北京：北京大學出版社，1998。

88. 錢理群：《二三十年代清華校園文化》，桂林：廣西師範大學出版社，2000。

89. 謝泳：《西南聯大與中國現代知識份子》，長沙：湖南文藝出版社，1998。

90. 韓耀成等編：《馮至全集》，石家莊：河北教育出版社，1999。

91. 魏朝勇：《民國時期文學的政治想像》，北京：華夏出版社，2005。

92. 羅常培：《中國人與中國文》，台北：九思出版有限公司，1978。

93. 編者不詳：《國文月刊》合訂本上、下卷，台北：泰順書局，1971。

（二）期刊論文、單篇文章

1. W・顧斌：〈路的哲學〉，《中國現代文學研究叢刊》，1993 年第 2 期。

2. 王佐良：〈懷燕卜蓀先生〉，轉引自張同道：〈中國現代詩與西南聯大詩人群〉，《中國社會科學》，1994 年第 6 期。

3. 王晴佳：〈學潮與教授：抗戰前後政治與學術互動的一個考察〉，《歷史研究》，2005 年第 4 期。

4. 冰心：〈默廬試筆〉，收錄於卓如編：《冰心全集》，福州：海峽文藝出版社，1999。

5. 吳曉東：〈《長河》中的傳媒符碼——沈從文的國家想像和現代想像〉，李陀、陳燕谷主編：《視界》，第 12 輯，石家庄：河北教育出版社，2003。

6. 李光榮：〈西南聯大早期文學社團〉，《新文學史料》，2005 年第 3 期。

7. 李光榮：〈西南聯大中期文學社團〉，《新文學史料》，2005 年第 4 期。

8. 李光榮：〈西南聯大晚期文學社團〉，《新文學史料》，2006 年第 1 期。

9. 李鍾湘：〈國立西南聯合大學始末記（上）〉，《傳記文學》，第 39 卷 2 期，1981 年 8 月。

10. 段美喬：〈「工作而等待」：論四十年代馮至的思想轉折——馮至先生誕辰一百週年紀念〉，《文學評論》，2006 年第 1 期。

11. 胡適：〈華北問題〉，《獨立評論》，第 179 號，1935 年 12 月。

12. 張充和：〈三姊夫沈二哥〉，《聯合文學》，第 27 期，1987 年 1 月。

13. 郭錫良、魯國堯：〈一代語言學宗師——為紀念王力先生逝世二十週年而作〉，《古漢語研究》，2006 年第 4 期。

14. 陳松年：〈雲南解放前的驛傳和交通〉，《雲南文史資料選輯》，第 29 輯，美國 Virginia：中國研究資料中心，出版年不詳。

15. 陳寅恪：〈庚辰元夕作時旅居昆明〉，《陳寅恪集：詩集》，北京：生活‧讀書‧新知三聯書店，2001。陳義芝：〈台灣「學院詩人」的名與實——《學院詩人群年度詩集》綜論〉，《第一屆學院作家學術研討會論文集》，台北：國立台北教育大學語文與創作學系主辦，2007。

16. 黃鍵：〈沈從文的文化區隔構築與鄉土文化資源發掘〉，《青島科技大學學報》（社會科學版），2005年第1期。

17. 楊聯芬：〈沈從文的「反現代性」〉，《中國現代文學研究叢刊》，2003年第2期。

18. 楊奎松：〈國民黨人在處置昆明學潮問題上的分歧〉，《近代史研究》，2004年第5期。聞黎明：〈長沙臨時大學湘黔滇「小長征」述論〉，《抗日戰爭研究》，2005年第1期。

19. 聞黎明：〈論抗日戰爭時期教授群體轉變的幾個因素——以國立西南聯合大學為例的個案研究〉，《近代史研究》，1994年第5期。

20. 魯迅：〈中國新文學大系小說二集序〉，《魯迅全集》，第6卷，北京：人民文學出版社，1981。羅常培：〈七七事變後北大的殘局〉，《傳記文學》17卷6期，1970年12月。

21. 羅常培：〈語言學在雲南〉，《語言與文化》，北京：語文出版社，1989。

（三）檔案

1. 〈本校各種委員會名單〉，北大檔案室西南聯大檔案，檔案號：LD0000062

2. 〈朱家驊致傅斯年電〉，1945年12月13日，朱家驊檔，中研院近史所藏，宗號148，冊號2。

3. 〈姚從吾致朱家驊先生函〉（1945年12月20日），朱家驊檔，中研院近史所藏，宗號148，冊號2。

4. 〈傅斯年致朱部長並陳布雷先生電〉（1945年12月8日），朱家驊檔，中研院近史所藏，宗號148，冊號2。

5. 〈傅斯年致教育部朱部長電〉（1945年12月11日），朱家驊檔，中研院近史所藏，宗號148，冊號2。

（四）報紙

1. 劉兆吉：〈由幾件小事認識聞一多先生〉，《大公報》，1951年7月16日。

2. 《大公報》（上海），民國26年7月20日，第三版。

3. 〈同濟大學被毀〉，《申報》，民國26年9月3日，第一版。

4. 〈蔣主席告昆教育界諄切期望即日上課〉，《中央日報》（昆明），民國34年12月8日，第二版。

（五）網站

1. 中華民國教育部異體字字典網站 http://140.111.1.40/suoa/suoa060.htm（網站擷取日期：2007 年 6 月 27 日）

2. 國立西南聯合大學網站 http://www.luobinghui.com/ld/（網站擷取日期：2007 年 9 月 12 日）

附錄一：西南聯大文人群名錄

說明一：本表依《國立西南聯合大學史料》（四）教職員卷，對照書中所收錄的人事布告、西南聯大各年度教職員名錄、教授和副教授名單等表整理而成。

說明二：1939年6月13日聯大常委會決議，各學系教授會主席一律改稱系主任。故本表將該時間之前已任職者，以系主席稱之；之後任職者，以系主任稱之。

說明三：由於表列各教職員到校年月，乃依據戰前進入北大、清華、南開各校任教之時間，無法反映該教授在西南聯大任教的日子。因此筆者對照「長沙臨時大學名錄」、「三校參加西南聯大教職員名錄」、「復員教職員名單」，將一路隨校遷移者，到校時間皆同長沙臨大職員開始上任的時間，列為1937年9月；而無明確離校或離職，且名字列於「復員教職員名單」者，在校時間則終於1946年5月。

說明四：本表所列之代表著作，以三、四十年代出版者為主，期能反映該文人在聯大時期前後的思想和學術貢獻。未出版專書，而由他人選編其單篇文章成書者，則逐列後者代表之。

編號	姓名	別號	職稱	在校年月暨任職時間	代表著作
1	梅貽琦	月涵	常務委員（即校長）	1937.09～1946.05	梅貽琦教育論著選（黃延復編）
2	王　力	了一	中國文學系教授	1937.09～1946.05	中國現代語法、中國語言學史、漢語音韻學
3	朱自清	佩弦	中國文學系及國文學系教授 中國文學系及國文學系主席	1937.10～1946.05 1937.10～1939.11	新詩雜話、經典常談、論雅俗共賞

4	李廣田	洗岑	中國文學系教員 國文學系講師	1941.04～1944.07 1943.08～1946.05〔註1〕	歡喜團、回聲、灌木集、創作論
5	浦江清		中國文學系及國文學系教授	1939.08～1946.05	清華園日記——西行日記、無涯集
6	聞一多	友三	中國文學系教授	1937.09～1946.05	神話與詩、楚辭校補
7	楊振聲	今甫	中國文學系及國文學系教授 常務委員辦公室秘書主任 西南聯大敘永分校主任 中國文學系及國文學系主任 總務長	1937.09～1946.05 1937.09～1941.06 1940.11～1941.06 1941.09～1941.12 1938.07～？〔註2〕	楊振聲代表作（中國現代文學館編）、現代文錄（編）
8	羅庸	膺中	中國文學系教授 中國文學系及國文學系主任	1937.09～1946.05 1944.09～1946.05	習坎庸言
9	羅常培	莘田	中國文學系教授 中國文學系及國文學系主任	1937.09～1946.05 1940.08～1941.09 1942.01～1944.09	臨川音系、語言與文化、漢語音韻學導論
10	沈從文		國文學系副教授 國文學系教授	1939.08～1943 1943.08～1946.05	長河、湘西、記丁玲、昆明多景、七色魘集
11	吳宓	雨僧	外國語文學系教授	1937.09～1946.05	吳宓日記、會通派如是說
12	馮承植	君培	外國語文學系教授	1939.08～1946.05	
13	卞之琳		外國語文學系專任講師 外國語文學系副教授	1940.08～1944.08 1944.08～1946.05	雕蟲紀歷（1930～1958）、十年詩草（1930～1939）
14	毛準	子水	歷史社會學系教授	1937.09～1946.05	理想和現實
15	吳晗	辰伯	歷史學系講師 歷史學系副教授 歷史學系教授	1939.08～1940 1940～1943 1943～1946.05	歷史的鏡子、皇權與神權
16	雷海宗	伯倫	歷史社會學系教授 歷史學系兼史地學系主任	1937.09～1946.05 1937.11～1938.05 1939.06～？ 1940.07～1941.06 1942.07～1946.05	文化形態史觀（與林同濟合著）、中國的兵
17	鄭天挺	毅生	歷史社會學系教授 總務長	1937.11～1946.05 1940.02～1945.07	清史探微、明末農民起義史料
18	馮友蘭	芝生	哲學心理學系教授 文學院院長 哲學心理學系主席	1938.10～1946.05 1938.10～1946.05 1937.10～1938.04	中國哲學史、貞元六書（新理學、新世訓、新事論、新原道、新原人、新知言）

〔註1〕 1946年「全校教職員名單冊」中，中國文學系表格列李廣田之職務爲教員，離職年月爲（民國）三三·七；師範學院國文學系表格所列其職務爲講師，到職年月爲（民國）三二·八，無離職年月。1946年「南開大學復員教職員名單」中，李廣田仍列爲中國文學系專任講師。

〔註2〕 1946年「全校教職員名單冊」中，列楊振聲任總務長的到職年月爲（民國）二七·七，離職年月爲（民國）二七·六，對照1938年5月24日發布「總務長周炳琳先生因事離校，請由楊振聲先生暫行兼代」的人事布告，到職和離職時間可能錯置，或離職年份誤載。

19	金岳霖	龍蓀	哲學心理學系教授	1937.09～1946.05	邏輯、知識論
20	賀麟	自昭	哲學心理學系教授	1938.08～1946.05	知行合一新論、精神現象學（譯）、黑格爾學述（譯）、文化與人生、當代中國哲學
21	湯用彤	錫予	哲學心理學系教授 哲學心理學系主席	1937.09～1946.05 1938.04～1946.05	印度哲學史略、漢魏兩晉南北朝佛教史

附錄二：西南聯大文人群小傳[註1]

中國文學系

朱自清

朱自清（1898～1948），原名自華，字佩弦，江蘇揚州人。1920 年畢業於北京大學，曾任中學國文教員。1925 年應聘爲清華大學國文系教授。1932 年休假期間，赴歐洲遊歷，回國後任清華大學中國文學系主任。他是文學研究會成員，「五四」時期著名詩人、散文家，〈槳聲燈影裡的秦淮河〉、〈背影〉、〈荷塘月色〉是他散文中的名篇。在清華開設過「中國新文學研究」、「中國文學批評」等課程。1934 年和鄭振鐸等人編輯《文學季刊》，和陳望道編輯散文雜誌《太白》，同年編選《中國新文學大系‧詩集》並寫〈導言〉。個性耿直、處事認眞負責。長沙臨大時任中文系教授會主席，仍是清華中文系主任。1939 年寒假後，因健康關係辭去系主任職務。朱自清講授宋詩、文辭研究等課，教學態度認眞嚴肅，每次上課都要點名，下課前佈置預習作業，下次授課時檢查。有時指名學生回答問題或講解有關詩文，以培養學生口頭表達能力。有時發紙，讓學生當堂筆答，答卷必認眞批閱、評分，作爲平時成績。他熱心支持學生文藝社團活動，在蒙自分校擔任過南湖詩社的導師，在昆明多次參加新詩社舉辦的詩歌朗誦會，並在會上朗誦一些譯詩。那時他很少寫詩，但新詩仍是他研究課題之一。

[註1] 本附錄依據西南聯合大學北京校友會編：《國立西南聯合大學校史：一九三七至一九四六年的北大、清華、南開》（修訂版）（北京：北京大學出版社，2006），第二編「院系史」中關於教師的部分增補而成。

朱自清的創作大致可分為三個時期，1925 年以前是詩，以後是散文，抗戰勝利後是雜文。散文是創作總體中最主要的部份，有抒情、敘事、遊記、特寫、隨筆，也有對社會片段的描寫，清新真摯，對事物有觀察深入的體味。晚年致力於國文教育，不僅在中文系講授過「國文教學法」〈選修課〉，在《國文月刊》上提出「中學生國文程度是不是低落」的問題以展開討論，還同葉聖陶合著《精讀指導舉隅》、《略讀指導舉隅》〈商務印書館出版〉。另著有《詩言辨志研究》、《經典常談》、《標準與尺度》、《語文零拾》、《書評與議文》、《論雅俗共賞》、《語文影響及其它》、《國文教學》等書。為人剛直，聞一多遇難後，他立刻主編《聞一多全集》，以表達對惡勢力的痛恨與對亡友的深情。他寧可忍受生活困難也不買廉價的美國救濟麵粉，更體現了一個愛國知識份子的情操。

聞一多

聞一多（1899～1946），本名聞家驊，字友三，湖北浠水人。1912 年考入清華學校，1919 年五四運動時積極參加學生運動，曾代表學校出席全國學聯會議（上海）。1922 年赴美，先後在芝加哥美術學院、珂泉羅拉大學學習美術，同時進修西洋文學，研究中國古典詩歌和近代英國詩歌。1923 年 4 月，新詩集《紅燭》問世。1925 年 7 月回國，歷任北京藝術專科學校、國立第四中山大學（1928 年更名為中央大學，1949 年更名為南京大學）、國立武漢大學（任文學院首任院長並設計校徽）、國立青島大學（現中國海洋大學）、政治大學、清華大學、西南聯合大學教授，曾任北京藝術專科學校教務長、南京第四中山大學外文系主任、武漢大學文學院長、國立青島大學文學院長。

1927 年春，一度參加北伐軍總政治部工作。1928 年出版第二部詩集《死水》，在頹廢中表現出深沉的愛國熱忱。同年 3 月參加新月派，和徐志摩、陳夢家、朱湘等人編輯《新月》雜誌和《詩刊》。1932 年秋後應母校清華大學聘請，任中文系教授，與朱自清同事論學，此後致力於古典文學的研究。不僅研究了《詩經》、《楚辭》，考訂《周易》，還研究了文學的起源、發展和文化人類學。由於深入鑽研先秦典籍的需要，他開始研究甲骨文、金文。著有《神話與詩》、《楚辭校補》、《唐詩雜論》、《古典新意》等學術論著。考索賅博，立說新穎翔實，學術貢獻不亞於其文學貢獻。

長沙臨大西遷昆明時，他參加湘黔滇旅行團與學生一起跋山涉水，沿途作了不少風景速寫，體察少數民族的風情和貧困地區百姓的苦難生活。在蒙

自分校時，整天埋頭研究，得到了「何妨一下樓主人」的雅號。在聯大先後開出「詩經」、「楚辭」、「周易」、「爾雅」等近 10 門課程，尤以「詩經」、「唐詩」最受學生歡迎。他講課極爲生動，介紹詩歌的時代背景如講自己的親身經歷，介紹詩人生平如講自己熟識朋友的趣事軼聞，分析內容形式又如詩人在談自己的創作體會。《聞一多全集》中「古典新義」一卷多爲各門課程的講授內容，有許多精闢的見解，學術界給以很高評價。由於通貨膨脹，物價飛漲，生活日益困難，他不得已在昆華中學兼任國文教員，並在課餘爲人治印，聊以補貼家用。1944 年 4 月，擔任新詩社導師，經常參加他們舉辦的詩歌討論會、朗誦會。他打算以詩歌爲武器，寫批評知識份子弱點的《八教授頌》（只完成了一首）。目睹國家處境艱危、官僚體系專制腐敗，思想轉爲激進，參加了中國民主同盟，曾參與主持《民主周刊》。因鋒芒太露，1946 年 7 月 15 日，遭國民黨周圍組織派員暗殺。其遺著由朱自清編成《聞一多全集》四卷。

羅　庸

　　羅庸〈1900～1950〉，字膺中，江蘇江都人。1917 年入北京大學文科國學門，畢業後入研究院。1926 年在教育部工作，兼任北京大學講師。1927 年初赴日本，在東京帝國大學講學。秋，應魯迅邀請，赴廣州中山大學任教授。1931 年任浙江大學教授。1932 年任北京大學教授。抗戰開始，北大南遷，他於年底才離開淪陷區，在長沙臨大講授大一國文。1938 年，學校遷昆，他爲西南聯大創作校歌歌詞，調寄《滿江紅》，充分抒發師生愛國熱情。1944 年羅常培赴美國講學，羅庸代理中文系主任，直到聯大結束。三校復員北返，他留任昆明師範學院國文系主任。1949 年夏，應勉仁學院邀請赴重慶講學，不久病倒，1950 年 6 月去世。他在中文系講授「詩經」、「楚辭」、「論語」、「孟子」等 10 多門課程，尤以講授「論」、「孟」最受學生歡迎。他治學嚴謹，對儒學、佛學均有很深造詣。他主張言行合一，不尚空談，富正義感。他講課深入淺出，語言生動風趣，聲音宏亮。1945 年開明書局出版的《鴨池十講》，收入他在聯大的十次講演稿。

浦江清

　　浦江清（1904～1957），江蘇松江人。1926 年畢業於東南大學外語系，經吳宓推薦至清華大學國學研究院擔任助教，國學研究院結束後（1929）在中文系講授大一國文、中國文學史。1933 年休假期間，赴歐洲遊學，在倫敦圖

書館手抄敦煌寫本多種。回國後仍在清華中文系任專任講師。抗戰開始，隨學校南遷，任長沙臨大、西南聯大教授，講授「中國文學史概要」、「詞選」、「曲選」等課。三校復員後，回清華大學任教。朱自清去世後，代理過中文系主任，主持《朱自清文集》編輯工作。1952 年後在北京大學中文系任教直至去世。《浦江清文錄》（人民文學出版社出版）收入學術論著多篇；其中《詞的講解》是當年「詞選」課的講稿，每首詞都有考證、箋釋和評析，詳盡周密，充分體現他講課細膩的風格。

楊振聲

楊振聲（1890～1956），字今甫，山東蓬萊縣人。1915 年入北京大學。「五四」時，因參加火燒趙家樓曹汝霖事件被捕，經學校營救獲釋。他是新潮社成員，曾發表過不少反映勞動民眾生活的短篇小說與中篇小說《玉君》。1919年畢業，考取公費留美，1920 年入美國哥倫比亞大學攻讀心理學、教育學，獲博士學位，1923 年又入哈佛大學攻讀教育心理學。一年後回國，先後在武昌大學、燕京大學任教。1928 年清華大學文學院院長，次年任清華大學教務長兼文學院院長，同時參加青島大學籌備工作。1930 年任青島大學校長。1933年受教育部委託編寫中學國文教科書。抗戰開始時，教育部委任爲長沙臨時大學籌備委員兼秘書主任。西南聯大時期擔任中文系教授，仍兼秘書主任。1941 年任西南聯大敘永分校主任。分校撤銷後，辭去行政職務，專門從事教學。1944 年赴美國講學一年，回國後仍在聯大任教。三校復員後，任北京大學教授。1952 年院系調整，到吉林大學中文系任教，直至去世。他主持大一國文委員會，編輯《大一國文課本》與《語體文示範》，開設中國現代文學、文學概論等選修課，在推動新文學創作方面盡了很大力量。

羅常培

羅常培（1899～1958），字莘田，號恬庵，北京人，滿族。1916 年考入北京大學中國文學門，後轉入哲學系學習兩年。1926 年在廈門大學中文系講授「中國音韻學沿革」，開始調查廈門方言，日後整理爲《廈門音系》。1929 年，傅斯年成立中央研究院歷史語言研究所，羅常培與趙元任、李方桂爲該所語言組第一批聘用的研究員，三人合譯瑞典高本漢的名著《中國音韻學研究》，並稱爲早期中國語言學界的「三巨頭」，其學術成就對當代中國語言學及音韻學研究影響極爲深遠。1934 年受聘爲北京大學教授，次年兼任中國文學系主任。1939

年起，任中文系代理系主任、系主任，並在北大文科研究所恢復後任語言學部導師。他講課深入淺出，條理清楚，教國際音標時十分重視學生聽音、辨析、記音的基本訓練，強調應用。他曾帶頭調查雲南當地方言和雲南少數民族語言，與高華年、邢慶蘭合開「漢藏語系語言調查」的新課。他也鼓勵青年學生從事方言調查。1944 年赴美國講學。1948 年回國，仍在北京大學任教。1949年後，負責籌建中國科學院語言研究所，任第一任所長。50 年代初在北京大學創辦語言專修科，爲培養語言人才做了許多工作。1955 年當選爲中國科學院哲學社會科學部學部委員。1958 年 12 月 13 日逝世，享年 59 歲。

羅常培的主要成果集中在方言學、音韻學方面，其代表作包括有《廈門音系》、《切韻魚虞之音值及其所據方音考》、《知徹澄娘音值考》、《唐五代西北方音》、《中原音韻聲類考》、《蒙古字韻跋》、《耶穌會士在音韻學上的貢獻》等。他於民族語言學方面亦有建樹，例如他於西南聯大時考察雲南少數民族的語言，即與李方桂同開風氣之先，使西南少數民族語言的研究正式進入中國語言學的視野。他這方面的作品包括有《蓮山擺夷語初探》、《貢山俅語初探》、《貢山怒語初探敍述》等。

王 力

王力（1900～1986），字了一，廣西博白人。出身書香門第，父親王炳如是晚清秀才、曾祖父王文田是清朝貢生。1926 年入清華大學國學研究院。畢業論文《中國古文法》，甚獲導師梁啓超、趙元任的好評。1927 年赴法國，入巴黎大學研究實驗語音學，1931 年獲文學博士學位。在巴黎期間因翻譯文學作品，結識上海商務印書館的葉聖陶先生。1932 年回國，在清華大學任專任講師、教授。1936 年發表《中國文學法初探》，對中國語言學界自《馬氏文通》以來因襲英語語法的狀況提出批評，並對漢語語法的特點和研究方法作了初步探討。抗戰開始後，隨學校南遷，在長沙臨大授課，開始以《紅樓夢》的語言爲對象從事漢語現代語法的研究。1938 年秋，在西南聯大講授「語言學」、「中國文法研究」。1940 年休假，在河內遠東學院研究「漢越語」，一年後回校，開出「漢越語研究」新課。《中國現代語法》（1943）、《中國語法理論》（1944）先後在商務印書館出版。抗戰勝利後，任中山大學中文系教授兼文學院院長，創辦語言學系；1948 年任嶺南大學文學院院長兼語言學系主任、教授；1954年起任北京大學教授；1955 年當選爲中國科學院哲學社會科學部學部委員。卒於 1986 年 5 月 3 日。

　　王力是繼王國維，趙元任之後的著名漢語語言學家，一生從事漢語教學與研究工作，對漢語語音、語法、訓詁、文字、辭彙的歷史和現狀，進行了深入廣泛的研究，在音韻學方面成就最大。在將近 60 年的學術生涯中，寫了1000 多萬字的學術論著，其中專著 40 多種，論文近 200 篇。著作中中不少被譯爲美、英、法、日、俄等多國文字，列爲研究生必讀之書和漢語基礎課教科書。王力和胡適、朱光潛、周培源、馮友蘭等人合列「北大名家名師」，是北大人所最爲自豪的學者之一。

外國語文學系

吳　宓

　　吳宓（1894～1978），字雨僧，陝西涇陽人。美國哈佛大學學士、碩士，原讀新聞學後改讀西洋文學，留美十年間，對 19 世紀英國文學尤其是浪漫詩人作品下過相當的功夫，有過不少論著。1921 年回國，即受聘在南京高師和國立東南大學（1928 年改名中央大學，1949 年改名南京大學）外文系任教授，講授世界文學史等課程，並且常以希臘羅馬文化，基督教文化、印度佛學整理及中國儒家學說這四大傳統作比較印證。1922 年吳宓與梅光迪、柳詒徵一起主編於創辦之《學衡》雜誌，11 年間共出版 79 期，於新舊文化取徑獨異，持論固有深獲西歐北美之說，未嘗盡去先儒舊義，故能分庭抗禮，別成一派。這一時期他撰寫了〈中國的新與舊〉、〈論新文化運動〉等論文，採古典主義，抨擊新體自由詩，主張維持中國文化遺產的應有價值，信奉白璧德（Irving Babbitt）的新人文主義學說，嘗以中國的白璧德自任。

　　吳宓兼有學者、詩人、批評家等身份，也是我國比較文學研究者中一位傑出的先驅。1941 年被教育部聘爲首批部聘教授，1943 年至 1944 年代理西南聯大外文系主任，1944 年秋到成都燕京大學任教，1945 年 9 月改任四川大學外文系教授。他講課的特點是不需要看講義就能準確、熟練地敍述歷史事實，恰如其分地評論各國作家及其作品的歷史地位和文學價值。教學極爲認眞負責，條理清楚，富於說服力和感染力。吳宓主張外語系的學生不應以掌握西方語言文字爲滿足，還應了解西洋文化的精神，接受西方思想的潮流並且對中國文學也要有相當修養和研究。外文系培養出了許多傑出的人才，與他的思想感染也有關係。文革期間備受折磨，晚景不佳，1978 年 1 月 17 日病逝於陝西老家。著有《吳宓詩文集》、《空軒詩話》等專著。

卞之琳

卞之琳（1910～2000），江蘇海門人。中小學時代愛好古典詩詞和新詩，1929 年入北京大學英文系，開始對英國浪漫派和法國象徵派詩歌產生興趣，大學畢業前出版新詩集《三秋草》（1933 年）。為徐志摩賞識而步入詩壇的卞之琳，受三十年代「新月」、「現代」兩大詩派薰炙，在詩體和技巧的實驗上，化「古」、化「歐」，卓立而自成一家。作為中國現代詩先行者之一，他的影響下及四十年代「九葉派」詩人，更遠至海外。抗戰開始後在四川大學外文系任講師。翌年，隨沙汀、何其芳訪問延安，又與吳伯簫等到太行山抗日根據地訪問。後在魯迅藝術學院文學系任教一學期。其間詩風大變，轉向大眾化、戰鬥化，回川後，於 1939 年底寫完《慰勞信集》〈新詩〉和《第七七二團在太行山一帶一年半戰鬥小史》（報導文學）。1940 年到西南聯大外語系任教。抗戰勝利後在南開大學任教。1947 年，應英國文化協會邀請赴英國牛津大學研究一年。1949 年回國，歷任北京大學西語系教授、北京大學文科研究所研究員、中國社會科學院外國文學研究所研究員。卞之琳的散文和小說表現了真實情感和豐厚學養，頗堪咀嚼。主要作品有：《十年詩草1930-1939》、《人與詩：憶舊說新》、《山山水水》；論文《莎士比亞悲劇論痕》、《略論巴爾札克和托爾斯泰創作中的思想表現》等多篇；譯有紀德、詹姆士、衣修伍德的小說和莎士比亞悲劇《哈姆雷特》等多種，是我國最傑出的莎士比亞研究學人和翻譯家之一。

馮承植

馮承植（1905～1993），字君培，又名馮至，河北涿縣人。1923 年加入林如稷的文學團體淺草社。1925 年和淺草社一部份同仁成立沉鐘社，出版《沉鐘》周刊（隔年改為半月刊）和七本《沉鐘文藝叢書》。1927 年北京大學畢業，1930 年赴德國留學，專攻德國文學，兼修美術史和哲學，1935 年獲海德堡大學哲學博士學位。回國後曾先後在同濟大學、西南聯大、北京大學任教。抗戰勝利後，歷任北京大學西語系教授、系主任，1964 年調任中國社會科學院外國文學研究所所長，離休後為該所名譽所長、顧問。1955 年被選為中國科學研究院哲學社會科學部學部委員。1982 年發起成立中國德國文學研究會，並任第一任會長。曾由德意志民主共和國（東德）授與格林兄弟文學獎（1985），由德意志聯邦共和國（西德）授與最高榮譽獎大十字勳章（1987）及宮多爾夫獎（1988）等；曾被奧地利科學院、聯邦德國美茵茨科學院及達

姆施塔特德語語言文學研究所聘任爲通訊院士，被瑞典皇家文學、歷史、文物學院聘任爲外籍院士。

馮至的著述豐富。出版有詩集《昨日之歌》（1927）、《北遊及其他》（1929）、《十四行集》（1942）、《西郊集》（1958）、《十年詩抄》（1959）；散文集《山水》（1947）、《東歐雜記》（1951）；中篇小說《伍子胥》（1946）；傳記《杜甫傳》（1952）；論文集《詩與遺產》（1963）；譯有歌德、海涅、里爾克、布萊希特等人的詩選、歌德長篇小說《威廉·邁斯特學徒時代》、海涅長詩《德國，一個冬天的童話》（1976）等。主編《中國大百科全書·外國文學卷》（1982），主編《德國文學簡史》（人民文學出版社，1958）。1993 年 2 月 22 日在北京逝世，享年 88 歲。

歷史學系

雷海宗

雷海宗（1902～1962），字伯倫，河北永清縣人。1919 年入清華學校高等科，1922 年赴美入芝加哥大學主修歷史〈副科爲哲學〉，1927 年獲博士學位回國，歷任中央大學、金陵女子大學副教授、教授，1932 年起任清華大學教授。在長沙臨大、西南聯大時期，曾幾度擔任歷史學系兼師院史地系主任。三校復員後回清華大學任教授、系主任。1952 年調到南開大學任教授，1958年患腎病，健康急遽惡化，仍堅持教育和研究工作，1962 年因尿毒症併發心力衰竭去世。雷海宗博古通今，學貫中西，博聞強記、精通多種外語，是以西方史學方法研究中國歷史的代表人物之一。他教學十分認眞，內容富於計畫性、條理性，講課生動，聲音宏亮。講課不帶片紙隻字，但對歷代人名（包括重要歷史人物的生卒年代）、地名、年代以及參考書目，隨手板書，從無錯漏，很受學生欽敬。著有《中國文化與中國的兵》（1940 年出版），學術論文有《歷史的形態與例證》、《中外的春秋時代》《上古中晚期亞歐大草原的游牧世界與土著世界》等。

鄭天挺

鄭天挺（1899～1981），原名慶珄，字毅生，福建長樂縣人，生於北京。1917 年入北京大學國文系，曾積極參加「五四」運動。1922 年考入北大文科研究所國學門，從孟森教授治明清史，並參與整理明末清初大內檔案。研究所畢業後留校工作，歷任副教授、教授，兼北大秘書長等職。抗戰開始，北平淪

陷，北大校長在廬山開會，鄭天挺不畏敵人強暴，保護師生安全離校，於 12 月與其他教授輾轉抵長沙。臨大遷昆，他又負責蒙自分校籌備工作。在西南聯大期間，除在歷史學系任課外，兼任北大秘書長、北大文科研究所副所長；1940 年起還任聯大總務長。他講課條理清楚，經常結合西南地方史實舉例，親切生動，很受學生歡迎。40 年代初期所寫《清代皇室之氏族與血系》等關於清史研究的論文，用大量史料證明滿漢民族之間密不可分的聯繫，有力地駁斥了日本為佔領我國而製造的「滿州獨立論」。這些論文收入《清史探微》，於 1946 年出版。聯大結束，三校復員後回北大繼續擔任史學系教授、系主任、北大秘書長等職。1952 年調至南開大學任歷史系教授、系主任，1963 年任副校長。著作有《探微集》、《清史簡述》。晚年還擔任《中國歷史大辭典》主編。

姚從吾

姚從吾（1894～1970），原名士鰲，字占卿，號從吾，中年以後以號行。河南襄城人。1917 年考入北京大學文科史學門，1920 年入北大文科研究所國學門，1922 年畢業，由學校派赴德國留學，在柏林大學研究匈奴史、蒙古史和史學方法論。1929 年任波恩大學東方研究所講師，1934 年回國，在北京大學史學系任教授、系主任。抗戰開始，在長沙臨大、西南聯大任教。三校復員後，任河南大學校長。1948 年赴台灣，任台灣大學歷史系教授，並創辦遼金元研究室。1958 年當選為台灣中央研究院院士。他是我國近代遼宋金元史學的奠基人之一。他原通蒙文，晚年又學習滿文，能吸收西方史學思想和方法，促進了傳統史學向現代史學的轉變。他講課不擅口才，但能旁徵博引，重視指導學生閱讀參考書籍，並認真批閱學生聽課和閱讀筆記，使學生受益不淺。他執教 30 餘年的講稿和史學論文編成十卷本《姚從吾先生全集》，由台灣正中書局出版。

毛　準

毛準（1893～1991），字子水，浙江江山人，1922 年畢業於北京大學史學門，後赴德國柏林大學留學，回國後在北京大學任教，並任圖書館長。抗戰期間一直在西南聯大任教授。復員後回北京大學。1948 年底赴台灣，任教於台灣大學。毛準學識淵博，主要開設史籍名著選讀與年代學、科學史等課程。選他的課學生不多，他仍認真講課、輔導、答疑，善於作啓發式的指點。晚年在台灣專注於「四書」的研究，發表過不少論文。

吳　晗

　　吳晗（1909～1969），原名吳春晗，字辰伯，浙江義烏人。早年入上海中國公學學習，經胡適推薦，1930 年到燕京大學圖書館工作，1931 年入清華大學歷史系爲工讀生，專攻明史。1934 年張蔭麟、孫毓棠、羅爾綱等組織史學研究會，在天津《益世報》辦《史學》雙週刊，發表不少論文。畢業後留校任教員。1937 年任雲南大學教授。1940 年任西南聯大教授，講授中國通史。他在講課時，常常借古諷今，抨擊當時國民黨的腐敗，在治學方法上擺脫了胡適學派專重考據的影響和束縛。1943 年 9 月，參加中國民主同盟，並任民盟雲南省委青年部長，參與主持《民主週刊》，與聞一多等經常參加愛國學生集會，宣傳民主，深受學生愛戴。三校復員後，回清華大學執教。1948 年赴解放區。1948 年冬他以副軍代表身份參與接管清華、北大，並任清華大學校務委員會副主任委員。1949 年以後，曾兼任清華大學歷史系主任，1950～1966年任北京市副市長。1955 年當選爲中國科學院哲學社會科學部學部委員，擔任北京市歷史學會會長等職。1960 年創作新編歷史劇《海瑞罷官》，並與鄧拓、廖沫沙共同使用「吳南星」筆名在《前線》雜誌開闢「三家村札記」專欄，發表謳歌光明正義，匡正時弊的雜文。「文化大革命」開始，首當其衝，大受批判，被捕入獄。1969 年 10 月終被迫害致死。1978 年後始得平反昭雪。清華大學校園內建造「晗亭」，並爲他塑像，以爲永遠紀念。

哲學心理學系

湯用彤

　　湯用彤〈1893～1964〉，字錫予，湖北黃梅縣人，1917 年在清華學校畢業，次年留美入漢姆林大學哲學系，1920 年入哈佛大學研究院攻讀西方哲學及梵文和巴利文，1922 年獲哈佛大學文科碩士學位。在哈佛時即有志以新方法整理國故，弘揚中國傳統文化，與吳宓、陳寅恪以此共勉，人稱「哈佛三傑」。回國後歷任東南大學、南開大學、北京大學、西南聯合大學哲學系教授，講授西方哲學、中國哲學和印度哲學課程，在西南聯大兼任哲學心理學系系主任，1945 年起任北京大學教授兼系主任和文學院院長。1948 年被選爲中央研究院院士、評論會委員兼任該院歷史語言研究所北平辦事處主任。1949 年後歷任北京大學校務委員會主席、副校長。1955 年當選爲中國科學院哲學社會科學部學部委員。

　　湯用彤爲弘揚中國傳統文化而借鑒外國哲學，目光比較寬廣，不限學習西洋，還兼及印度，在西方哲學中也不限於現代某派學說，而是遍及古今，所以他是學貫中西、兼通華梵的學者。他研究中國佛學史並不僅限於中國佛教，而且著眼於印度佛教的原來面目以及中國佛教所受中國固有思想的影響，研究印度佛教也要顧及全部非佛教思想。他研究魏晉玄學是結合佛教思想並且比較歐洲大陸理性主義哲學、特別是斯賓諾沙的思想來考慮的。他的主要著作爲《漢魏兩晉南北朝佛教史》，此外還有《印度哲學史略》、《魏晉玄學論稿》等。

馮友蘭

　　馮友蘭（1895～1990），字芝生，河南唐河縣人。1918 年北京大學文科哲學門畢業，次年留美入哥倫比亞大學研究院，1923 年獲哲學博士學位回國。先後在中州大學、燕京大學、清華大學、西南聯合大學任哲學系教授，並兼任中州大學、清華大學、西南聯合大學的文學院院長。1946 年任美國賓夕法尼亞大學客座教授，1947 年獲普林斯頓大學名譽文學博士學位，回國後任清華大學教授，1948 年被選爲中央研究院院士及評論會委員。1951 年獲選印度德里大學名譽文學博士學位。1952 年以後任北京大學教授。1955 年當選爲中國科學院哲學社會科學部學部委員。1982 年獲美國哥倫比亞大學名譽文學博士學位。

　　馮友蘭的生平著作可歸結爲「三史釋古今、六書紀貞元」。三史是《中國哲學史》、《中國哲學簡史》、《中國哲學史新編》等三套哲學史著作。六書是「貞元六書」包括《新理學》、《新世訓》、《新事論》、《新原人》、《新原道》、《新知言》等六本哲學著作。他在美國主要學習並吸取的是新實在論的哲學，借用其分析方法治中國哲學史，志在用現代觀點弘揚中國固有文化，早年即寫成《爲什麼中國沒有科學》的論文〈英文〉。抗日戰爭期間他將自己的哲學思想系統化寫成《貞元六書》。《貞元六書》是一套自成體系的哲學著作。《新理學爲其總綱，後五冊是分屬各章節，主要講純粹哲學。《新世訓》是社會觀，是新理學觀點在社會問題中的應用。《新事論》是生活方法論與道德修養論。《新原人》是人生哲學，以覺解的程度將人生分爲四個境界。《新原道》是哲學史觀，分析中國哲學之發展。《新知言》是方法論，總結中西哲學史的經驗。抗日戰爭以前所著的《中國哲學史》兩卷本，在國內外有較大影響。戰後在美國寫成《中國哲學簡史》〈英文〉，1949 年後寫成《中國哲學史新編》七卷本。全部著作收錄在《三松堂全集》。

賀　麟

賀麟（1902～1992），字自昭，四川金堂縣人。建立了「新心學」哲學體系，是中國新儒家的代表，同時也是哲學史和黑格爾哲學研究專家。1919 年入清華學校，1926 年畢業留美，1928 年在奧柏林學院獲學士學位，轉入芝加哥大學、哈佛大學研究西方哲學，1929 年獲碩士學位。在哈佛大學繼續研究一年後赴德國柏林大學研究德國古典哲學，1931 年 9 月歸國，任北京大學哲學系講師，並在清華大學哲學系兼課。1932 年任副教授，1936 年升教授。1937 年以後，在西南聯大講授西洋哲學史、黑格爾哲學等課程。1946 年以後在北京大學執教，1955 年起在中國科學院哲學研究所任研究員，主持西方哲學研究組。抗日戰爭時期，在昆明組織並主持哲學編譯會，翻譯西方哲學名著，培養了一批專業人才，這一事業後來在中國科學院哲學研究所時期仍繼續進行。

著作有：《德國三大哲人處國難時之態度》（1934）、《知難行易說與知行合一論》（1943）、《近代唯心論簡釋》（1944）、《文化與人生》（1947）等。主要譯著有：凱爾德著《黑格爾》（1936）、羅伊斯著《黑格爾學述》（1936）、斯賓諾莎著《致知篇》（1943）、斯賓諾莎著《倫理學》（1958）、黑格爾著《小邏輯》（1954）、黑格爾著《精神現象學》（1962）、黑格爾著《哲學史講演錄》。

金岳霖

金岳霖（1895～1984），字龍蓀，湖南長沙人。1911 年入清華學堂，1914 年官費留美，1920 年獲美國哥倫比亞大學的政治學博士學位，後在英、德、法等國遊學並從事研究工作，1925 年回國。1926 年任清華大學教授，創立哲學系。1937 年後任西南聯合大學哲學系教授至 1946 年，復員後回清華大學任哲學系教授兼系主任、文學院院長。1948 年被選為第一屆中央研究院院士。1952 年後歷任北京大學哲學系教授、系主任，中國科學院哲學研究所研究員、副所長。1979 年任中國邏輯學會會長。1984 年，金岳霖在北京寓所逝世，享年 89 歲。

金岳霖從事哲學和邏輯學的教學、研究和組織領導工作，是最早把現代邏輯系統地介紹到中國來的主要人物。他研究休謨所提出的問題，以及羅素所發展的數理邏輯，把邏輯分析的方法運用於哲學研究，結合西方哲學與中國哲學，建立了獨特的哲學體系。他所著的《邏輯》在我國邏輯教學上起了重要的推動作用，《論道》是他所建立的哲學體系，包含「道」「式」「能」三

個基本範疇，屬於實在論性質。《知識論》於 1949 年後出版，是中國學者在這個領域中的開創性力作。晚年著有《羅素哲學批判》，於去世後出版。

師範學院國文學系

沈從文

　　沈從文〈1902～1988〉，原名沈岳煥，湖南鳳凰人。祖母是苗族，母親是土家族。1917 年高小畢業後參加預備兵的技術班，次年正式入伍為上士司書。1923 年脫離軍隊，到北京大學旁聽，並開始嘗試寫作，刻苦自學曾得到胡適、郁達夫、徐志摩的支持，1926 年出版第一個創作文集《鴨子》。1928 年到上海與胡也頻、丁玲合編《紅與黑》、《人間》雜誌，參加新月社。沈從文是 30 年代有名的多產作家，以小說蜚聲文壇，與詩人徐志摩、散文家周作人、雜文家魯迅齊名。文學評論家夏志清曾在評點其作品《靜》時給予高度評價：「三十年代的中國作家，再沒有別人能在相同的篇幅內，寫出一篇如此有象徵意味如此感情豐富的小說來。」

　　1929 年起先後在中國公學、武漢大學、青島大學任教，兼任《大公報》、《益事報》等文藝副刊主編。1933 年與楊振聲一起編輯國文教科書。1939 年任西南聯大副教授，講授中國小說史、各體文習作等課程。學生習作總是認真批閱，提出具體的指導性意見，總批有時長達數百字。1948 年受到左翼文化人郭沫若等的批判，中止文學創作，轉入歷史文物研究，主要研究中國古代服飾。1950 年到 1978 年在北京中國歷史博物館任文物研究員；1978 年到 1988 年在中國社會科學院研究所任研究員。代表作品有：《邊城》、《長河》、《湘西散記》、《黑鳳集》等；研究專著《中國歷代服飾研究》〈1980 年香港商務印書館出版〉，是一部開創性的專著，馳譽海內外。

李廣田

　　李廣田（1906～1968），號洗岑，山東鄒平人。1923 年考入濟南第一師範後，開始接觸五四以來新思潮、新文學。1929 年入北大外語系預科，先後在《華北日報》副刊和《現代》雜誌上發表詩歌、散文，與本系同學卞之琳和哲學系的何其芳出版新詩合集《漢園集》，被稱為「漢園三詩人」。抗戰爆發後，隨任教中學流亡入川，任國立六中國文教員，繼續寫了不少散文，結集為《畫廊集》、《銀狐集》、《灌木集》。1941 年秋在西南聯大敘永分校講授大一國文。分校撤銷後應聘為西南聯大國文學系講師，講授大一國文、各體文習

作、文學概論等課程。三校復員後，任南開大學中文系教授，後在清華大學中文系任教授、系主任、副教務長。1948 年加入中國共產黨，同年出版《日邊隨筆》、《文學枝葉》、《創作論》及長篇小說《引力》。1949 年第一次全國文藝工作者代表大會，當選為文聯委員、文協理事。1951 年任清華副教務長。1952 年調任雲南大學副校長、校長。歷任中國科學院雲南分院文學研究所所長，中國作家協會雲南分會副主席、中國作家協會理事等。1968 年在昆明被「四人幫」迫害致死。

　　李廣田是中國現代優秀的散文作家之一，散文內容多表現故鄉的風貌及對童年生活的回憶。文字樸素，情感眞摯，流暢自然，給人一種親切感。先後結集的還有《雀蓑集》、《圈外》、《回聲》等書。

附錄三：國立西南聯合大學大事記

說明：本表節選自《國立西南聯合大學校史資料·國立西南聯合大學大事記》和《西南聯大歷史情境中的文學活動·大事記》。

1937 年	7 月 7 日	盧溝橋事變
	7 月 29 日	北平全部淪陷
	8 月	梅貽琦等人赴長沙籌組臨時大學。北大、清華、南開三校分別通知各地師生南下長沙。
	9 月 10 日	教育部令：宣布以北京大學、清華大學、南開大學及中央研究院組成國立長沙臨時大學。
	11 月 1 日	1937～1938 年度第一學期開始上課。
	11 月 19 日	文學院開始上課，南岳山上共有二十幾位教師，馮友蘭的中國哲學史、錢穆的中國通史、燕卜孫的英國詩、莎士比亞、吳宓的歐洲文學史、聞一多的詩經，是最受學生歡迎的著名課程。
	12 月 10 日	師生展開應否實施戰時教育的討論，部分學生要求赴抗日前線工作，第 33 次常委會決定成立國防服務介紹委員會及國防技術服務委員會。
	12 月 13 日	日軍佔領南京，學校開始議論再度遷校。
1938 年	2 月 19 日	湘黔滇旅行團出發，成員共 320 餘人，教授有聞一多、曾昭掄、袁復禮、李繼侗等。
	2 月 25 日	沿海路乘船或陸路坐車的部分教職員學生抵昆明。
	3 月	經臨大昆明辦事處多方接洽，在昆明各界人士支持下，租借昆華農業學校、拓東路迤西會館、全蜀會館等處為校舍，並在崇人街 46 號民宅開始辦公。
	4 月 28 日	湘黔滇旅行團抵昆明，全程 3500 華里，歷時 68 天。

	5月4日	蒙自分校學生（文法學院）集會紀念五四，請朱自清、張佛泉、羅常培、錢穆等人演講。
	5月20日	蒙自分校中外文系學生組織「南湖詩社」，參加者 20 餘人，請朱自清、聞一多為導師，以壁報形式出了 4 期詩刊。
	6月7日	《國立西南聯合大學校刊》第 1 期出版。
	8月23日	蒙自分校課程結束，文法學院學生遷回昆明。
	8月28日	日機 9 架首次轟炸昆明，聯大租借的教職員宿舍昆華師範學校被炸，軍事教官及其幼子遇難。
	11月5日	本校學生舉辦遊藝會，演出話劇《暴風雨前的一夜》，為籌募寒衣、慰問前方將士捐款。 第 95 次常委會決議：本校以「剛毅堅卓」為校訓。
	11月30日	滇緬公路全線通車，全長 958 公里。
	12月	學生社團群社成立，先後聘請余冠英、曾昭掄、吳曉鈴為導師。 西南聯大話劇社成立。
	本年	聯大中文系成立「大一國文」委員會，由楊振聲主持。
1939年	2月18日	聯大劇團在昆明最大劇場之一新滇大舞台演出話劇《祖國》，連續演出八天，獲得熱烈迴響。
	5月15日	《中央日報》昆明版發刊，同日，朱自清和沈從文等人合編的《平明》副刊，也在該報第 4 版創刊。《平明》共出版 290 期，至 1940 年 10 月 14 日結束。副刊作者主要為聯大師生，作品有散文、學術論文、詩歌等，詩歌以抒情詩為主。
	6月13日	聯大常委會決議，各學系教授會主席一律改稱系主任。關於系中設備及課程之支配，均請該系系主任負責主持。
	7月	制定聯大校歌。
	7月20日	文協昆明分會主辦暑期文藝講習班。
	9月	昆明空襲頻仍，許多教授遷往城外。金融市場混亂，物價上漲。
	10月4日	聯大在新校舍舉行開學典禮。
	10月31日	聯大教職工按月薪 5%捐助本年度前方將士寒衣。
1940年	1月9日	教職員工一律加入反侵略運動大會為會員。
	2月	行政院決定設立學術審議委員會。4 月產生第一屆委員包括蔣夢麟、竺可楨、茅以升、馬寅初、羅家倫、張道藩等人。第一次大會通過「補助學術研究及獎勵著作發明案」。
	3月5日	全校工友罷工要求增加工資。

	3 月 30 日	新校舍開始安裝電燈。
	4 月 1 日	聯大教師主辦的《戰國策》半月刊創刊。
	5 月	學生自治會康樂股主辦的聯大歌詠團成立；學生社團戲劇研究社成立；北平八校友演出《雷雨》。
	6 月 10 日	教務會議就教育課程設置諸問題呈常委會函，批評教育部統一教材的做法，標舉大學的學術獨立性，要求權能分開。
	6 月 16 日	《國文月刊》創刊，由師範學院國文學系編輯出版。
	7 月 17 日	第 149 次常委會決議：奉教育部指示，因時局變化不定，安南（今越南）不保，昆明堪虞，本校開始做萬一必要之遷校準備。
	9 月	冬青文藝社成立，出版《冬青》壁報和《冬青文抄》。
	10 月 10 日	教育部公佈《大學及獨立學院教員資格審查暫行規程》、規定大學已聘任或準備聘任的教師均須呈教育部，由學術審議委員會審查，核定等級，發給合格證明書。許多教授拒絕填表。
	10 月 13 日	日機 27 架轟炸昆明，師院（昆華中學北院）男生宿舍全毀，該院辦公處及教員宿舍亦有多處震壞，工友兩人死亡。由於此次轟炸後果嚴重，導致更多教師遷往郊縣，呈貢縣因此一時成為文化名城。
	11 月 13 日	成立四川敘永分校，楊振聲擔任分校主任，一年級新生在敘永上課。
	12 月 18 日	教育部發給本校學生空襲救濟金 10000 元。
1941 年	1 月 4 日	敘永分校 4 日選課、6 日開始上課。
	1 月 10 日	敘永分校助教 39 人，提出增加津貼的要求，常委會未予同意。
	1 月	皖南事變發生。下旬，昆中南院和新校舍門前等處貼出〈新四軍皖南部隊慘被圍殲真相〉和《新華日報》刊登的周恩來題詞。
	3 月 7 日	第 170 次常委會決議：規定以長沙臨時大學於 1937 年開始上課之 11 月 1 日為本校校慶日。
	5 月 16 日	梅貽琦赴重慶，向教育部請示經費等問題。
	6 月 9 日	《貴州日報·革命軍詩刊》創刊，至 1942 年 8 月 30 日結束，共出 11 期。該刊註明「西南聯大冬青社文藝社集稿」，惟第一期沒有聯大作者。
	6 月 10 日	梅貽琦在敘永分校傳達校務會議關於撤銷分校，下學期統一在昆明上課的決定。
	7 月 2 日	第 182 次常委會決議：本校已屆畢業學生，如有抗令不參加本屆總考者，遵部令取消其本學期考試成績，不予畢業，並不發給任何認明文件。

	7月7日	聯大部分教師編輯的《當代評論》創刊。
	8月14日	聯大慘遭日機轟炸。新校舍內學生宿舍4棟、北區常委辦公室、訓導處、總務處、圖書館藏書室及第7、8教室、南區生物實驗室、昆中北院的師院教職員宿舍、昆中南院的女生宿舍均被炸，公私損失慘重。
	8月26日	老舍應羅常培之邀，自重慶飛抵昆明進行六場演講。
	10月6日	本學期開始上課。清華大學文科研究所在昆明東北郊龍泉鎮司家營17號成立，聞一多主持文學部工作，全家移居所內。
	11月3日	朱自清自梨院村搬到司家營清華文科研究所內，與聞一多朝夕相處。司家營距龍泉鎮中心僅四里餘，馮友蘭、王力、陳夢家，等教師均住鎮上，成為昆明學術中心之一。 聯大常委會呈函教育部，附送本校教授會給校常委會函，請發給薪津，並附送昆明物價變動指數表一份。 聯大教師科研成果獲教育獎勵名單：馮友蘭的《新理學》、華羅庚的《堆壘素數論》獲一等獎，金岳霖的《論道》獲二等獎，許寶騄的數理統計論文獲三等獎。
1942年	1月6日	大公報社透露孔祥熙家族用飛機從香港把洋狗載回重慶的消息，引起聯大學生千餘人上街遊行聲討。
	1月	教育部次長顧毓琇道昆明與雲南省政府主席龍雲商談教育問題，應允增加戰區學生貸金為每人每月白米2.1斗，菜金18元。
	2月16日	《文聚》半月刊誕生，由聯大中文系畢業的林元為主要編輯，作者絕大部分是聯大師生。《文聚》以半月刊、月刊、不定期刊的形式一直出版到1944年，1945年林園和馬爾俄主辦《獨立周報》，《文聚》成為該報副刊。
	2月	雲南省主席龍雲發動百萬元募捐活動，以救濟本市各大學學生。
	3月16日	國文學會主辦的中國文學12講開始，首先由朱自清講〈詩的語言〉，其他有劉文典講〈紅樓夢〉、沈從文講〈短篇小說〉、馮友蘭講〈哲學與詩〉、羅常培講〈元曲中故事類型〉。
	4月16日	國際形勢系列演講開始。首先由錢端升講〈國際關係之思想背景〉，以後有周炳琳、吳啓元、邵循恪、王贛愚、何保仁、潘大達、崔書琴、蔡維藩、皮名舉、王信忠等陸續發表演講。
	8月20日	教育部訓令，為加強專科以上學校學生道德訓練，1942年新生，設置倫理學，作為一年級學生共同必修課。
	11月6日	國文學會和歷史學會聯合舉辦的文史講座開始，每週二、五晚上在昆北北食堂舉行講座。

	11 月 13 日	昆明《生活導報》創刊，爲當時昆明各類小報中素質較高的一種。王力、馮至、卞之琳、沈從文、孫毓棠、費孝通、王佐良等人經常爲之撰寫雜文。
	12 月	大理滇西幹訓團邀請馮友蘭、曾昭掄、潘光旦、燕樹棠、陳雪屏、陶雲逵、費孝通等寒假赴大理講學。
1943 年	1 月 1 日	梅貽琦主持國民月會，請英國劍橋大學里約瑟博士講演〈科學在盟國戰爭中的地位〉。
	2 月	聯大批准馮友蘭休假。馮友蘭赴成都、重慶爲國民政府官員講學，歷時四個月。
	3 月 22 日	昆明各報報導蔣介石《中國之命運》一書在昆開始發售。國民政府規定人人必須閱讀，聯大大部分知識份子不能認同，開始對「領袖」失去信心。聞一多被裡面充滿的義和團精神嚇了一跳，金岳霖公開拒絕閱讀此書。
	5 月	《明日文藝》在桂林創刊，第一期作者多聯大師生，有馮至、卞之琳、鄭敏和李廣田等。
	9 月 15 日	第 273 次常委會決議：設置黨義教學委員會，請陳雪屏、姚從吾、周炳琳、賀麟、崔書琴爲委員，陳雪屏爲主席。
	10 月 1 日	聯大《文藝》壁報創刊，請李廣田爲導師。
	11 月 12 日	教授會決定：四年級生一律徵調爲譯員。
	11 月 14 日	由軍事委員會外事局組織的第一期譯員訓練班在昆明農校開學，教授有多人前往授課，12 月 25 日結業。
	12 月	沈從文散文集《雲南看雲集》，重慶國民圖書出版社出版。
	12 月 5 日	晚間舉行歡送志願者參加通譯工作同學大會。
	12 月 22 日	林語堂應邀在新校舍講演，題爲〈精神文明與物質文明〉。
1944 年	1 月 26 日	社會系教授陶雲逵病逝，身後蕭條，夫人林亭玉生活無著，投滇池自盡，幸爲漁民救起。陶雲逵追悼會於 2 月 16 日在本校圖書館舉行，龍雲捐款 3 萬元撫助遺屬。
	3 月 11 日	國民政府行政院副院長孔祥熙在雲南大學至公堂爲雲大、聯大學生講演。學生對其不滿，聽講時喧嘩不已。
	3 月	馮友蘭《中國哲學中所說精神動員》刊行，爲國民政府 1939 年級頒布實行的「精神總動員令」尋找歷史倫理資源和學術依據。
	4 月 9 日	新詩社成立，請聞一多爲導師，出版《詩與畫》壁報。（後來一些愛好繪畫的社友另組陽光美術社，出版《陽光畫刊》，新詩社壁報改稱《新詩》。）
	夏	教務會議（即院系主任會議）討論西南聯大 1944 年度各院系修訂課程意見書，對各院共同必修科目決議：對三民主義、倫理學、世界通史等科目建議取消或改名。

	10月28日	教育部轉發軍事委員會關於徵集知識青年從軍的訓令，令聯大10月底前組織成立徵集委員會。
1945年	1月	沈從文長篇小說《長河》、穆旦詩集《探險隊》由文聚社出版。學生自治會舉辦國事與團結問題座談會。
	3月	因物價高漲，聯大、雲大教授朱自清、周新民等29人聯合提出「文章演講潤例」如下：文稿每千字以斗米之價值計，報紙星期論文每篇以兩斗米之價值計，每次講演以2斗米價值計（講演稿之發表需另依文稿付酬）。稿酬先惠，定時取稿，演講報酬亦須先惠。米價以惠籌時昆明中米市價為準。
	5月4日	上午，聯大、雲大、中法、英專四校聯合舉辦球賽；下午舉辦五四紀念會，通過決議組織昆明學生聯合會；會後舉行萬人大遊行。陽光美術社舉行陽光美展。
	5月5日	昆明文協、聯大國文學會、外國語文學會、文藝社、冬青社、雲大文史學會、中法大學文史學會聯合主辦文藝晚會。
	6月	蔣夢麟出任國民政府行政院秘書長，呈請辭北大校長職。
	9月4日	國民政府令：准免蔣夢麟北大校長一職，任命胡適接任，胡適未到校前，由傅斯年代理。
	10月1日	聯大十教授（張悉若、周炳琳、朱自清、李繼侗、吳之椿、陳序經、陳岱孫、湯用彤、聞一多、錢端升）為國共和談致電蔣介石、毛澤東，要求停止內戰，實現國內和平民主。
	10月2日	《時代評論》創刊，費孝通任主編。
	11月1日	聯大八週年校慶，舉辦慶祝大會、茶會、全校聚餐和營火晚會。
	11月25日	聯大、雲大、中法、英專四大學學生自治會聯合發起的反內戰時事晚會在聯大舉行。參加者6000餘人，晚會受到武裝士兵和特務的破壞，幾所大學醞釀罷課。
	11月28日	罷聯正式發表〈昆明市大中學生為反對內戰及抗議武裝干涉集會告全國同胞書〉（即〈罷課宣言〉）。
	12月1日	一二・一慘案發生。同日，罷聯刊物《罷委會通訊》創刊。教授會決議推派教授代表參加死難學生入殮儀式，建議學生自治會在校園內安葬死難同學，並向報界發表公開聲明。組織法律委員會負責研討法律程序，提出控訴。
	12月2日	自本日起，罷聯每天出動大批宣傳隊到街頭、工廠、農村，進行反內戰宣傳，採取現場朗誦詩歌，教唱反內戰歌曲等方式。朗誦詩成為一二一運動之後重要宣傳形式。
	12月3日	罷聯發出公告：在西南聯大圖書館設置四烈士靈堂，自14日起接受各界公祭。（一個半月內前來致祭悼謁的各界人士達15萬人次）。

	12 月 4 日	第四次教授會決議：自即日起停課七天，表示抗議。
	12 月 17 日	第六次教授會決議：勸導學生務必於 20 日復課，否則教授同仁只好辭職。
	12 月 24 日	梅貽琦、熊慶來舉行記者招待會，報告一二一慘案眞相，指出地方黨政軍當局「處置大錯」，「應負激起罷課風潮之責任」，並保證學校根據法律控告殺人犯。談話全文在 26 日昆明《中央日報》及其他報紙發表。
	12 月 27 日	罷聯宣布「停靈復課」，並在昆明各報發表〈復課宣言〉，全市 44 所大中學校學生一律復課。
1946 年	3 月 4 日	昆明學聯發表〈昆明各大中學校學生爲抗議任用「一二・一慘案」殺人犯李宗黃與爭取合理解決「一二・一慘案」罷課宣言〉。全市大中學生罷課一天。
	3 月 17 日	昆明學聯爲「一二・一」死難四烈士舉行盛大出殯。
	5 月 1 日	本校學生依志願分至三校肄業，計願入北京大學者 644 名，願入清華大學者 932 名，願入南開大學者 65 名。本屆先修班經考試後准予免試升學學生 129 名。
	5 月 4 日	全校師生在新校舍圖書館內舉行結業典禮，梅貽琦代表常委會宣布西南聯合大學正式結束。典禮結束後，舉行國立西南聯合大學紀念碑揭幕式。

附錄四：國立西南聯合大學校歌

萬里長征　辭卻了五朝宮闕，暫駐足　衡山湘水　又成離別。
絕徼移栽楨幹質，九州遍灑黎元血。盡笳吹弦誦在山城　情彌切！
千秋恥　終當雪，中興業　需人傑。便一成三戶，壯懷難折。
多難殷憂新國運，動心忍性希前哲。待驅除倭虜復神京　還燕碣。